Better Dads, Stronger Sons

훌륭한 아버지가 키워내는
잘되는 자녀

훌륭한 아버지가 키워내는 잘되는 자녀

1판 1쇄 | 2008년 5월 5일
1판 2쇄 | 2008년 5월 8일

지 은 이 | 릭 존슨
옮 긴 이 | 김유태
펴 낸 이 | 채주희
펴 낸 곳 | 해피&북스
주　　소 | 서울시 마포구 합정동 433-62
출판등록 | 제10-1562호(1995.10.29)
전　　화 | 02-323-4060
팩　　스 | 02-323-6416
이 메 일 | elman1985@hanmail.net

＊잘못된 책은 교환하여 드립니다.
＊값 12,000원

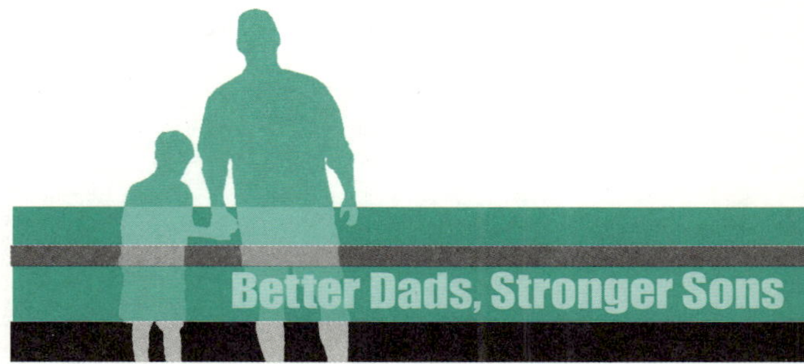

훌륭한 아버지가 키워내는

잘되는 자녀

해피&북스

가정의 수준을 결정짓는 아버지

가정은 국가의 심장입니다.

심장이 건강해야 몸이 건강하고 활력이 넘치는 것처럼 가정이 건강해야 사회가 건강하고 나라에 활력이 넘칩니다. 가정은 사람을 만드는 공장이라는 말이 있습니다. 공장에서는 좋은 제품을 만들어 시장에 내놓아야 합니다. 그래야 시장 경제도 살아나고 국가 경제도 살아나게 되어 있습니다. 공장에서 불량제품을 만들어 시장에 내놓는다면 시장경제는 무너지고 국가 경제도 어려워질 것입니다. 지금 우리 사회의 문제는 심장이 병들어 있다는 것입니다. 깨어지고 흔들리고 있는 가정에서 상처 받은 자녀들이 사회 속으로 쏟아져 나오고 있다는 것입니다. 문제는 가정입니다. 가정을 회복해야 합니다. 가정의 책임자는 아버지입니다. 가정의 수준을 결정짓는 사람은 바로 아버지입니다. 아버지의 부재, 아버지

역할의 부재, 아버지 역할의 혼돈이 빚어낸 비극이 바로 이 시대
의 비극입니다.

이제 아버지들이 자신의 정체성을 되찾아야 합니다. 자신의 삶
의 자리를 찾고, 삶의 자세를 추슬러야 합니다. 아버지는 영향력입
니다. 아버지는 세대와 세대를 연결시키는 연결고리입니다. 한 사
람의 아버지가 훌륭한 남편으로, 훌륭한 아버지로 살겠다고 결단하
는 순간 역사의 흐름은 바뀔 것입니다. 그리고 그 길을 걸어갈 때
새로운 역사가 씌어지기 시작할 것입니다. 이 땅의 모든 아버지들
의 꿈은 자녀들이 잘 되는 것입니다. 여기 그 길을 가르쳐 주는 소
중한 지침서가 있습니다. 알코올 중독자인 아버지를 둔 역기능 가
정에서 자란 저자 릭 존슨은 자신의 상처와 아픔, 문제를 진솔하게
고백하면서 자신이 어떻게 '아버지'가 될 수 있었는지를 고백하고
있습니다. 정말 좋은 책입니다. 진솔한 삶의 고백은 깊은 감동을 주
고, 훌륭한 아버지가 되는 실천적 방법을 아주 구체적으로 제시하
고 있습니다. 쉽지만 깊이가 있는 책입니다. 자녀가 잘 되길 원하는
이 땅의 모든 아버지들과 예비 아버지들에게 권하고 싶습니다. 가
정의 필독서로 곁에 두고 자주 읽어 보시길 권면하고 싶습니다.

(사)두란노아버지학교 운동본부 국제본부장
김 성 묵

남자의 회복

하나님은 신비롭게 일을 진행하신다.

나는 알코올중독자의 가정에서 자라났다. 과거 어느 저녁 우리 집에서 일어난 일을 나는 아직도 생생하게 기억한다. 그 당시 나는 어린 아이였는데, 나의 남동생과 여동생은 두려움 가운데 엎치락 뒤치락 하고 있었고, 나는 베개로 내 귀를 틀어막으며 옆방에서 들려오는 다툼소리, 비명소리, 때리는 소리들이 멈추기를 간절히 기도했다. 그러나 하나님은 그 당시 내 기도를 들어주지 않으셨다.

그런 불우한 가정에서 자라났기에 나에게는 영혼으로부터 흘러나오는 고통이 있었다. 물론 나는 나의 그런 상태를 솔직히 인정하지 않았다. 대신에 나는 고통을 경감시키기 위해 약물, 술, 담배 등을 남용했다. 나는 여러 여자들과 무분별한 성 관계를 가졌지만, 나에게 진정으로 필요한 것은 '사랑'이지 성(sex)이 아니라는 사실을 그 때까지는 깨닫지 못했다.

25살의 나이에 나는 한 여인을 만나 결혼했다. 그녀는 가정에서 남편의 리더십을 따르는 여인이었는데, 불행히도 자신도 모르는 사이에 나의 퇴폐적이고 저질적인 행동도 따라하게 되었다. 결국 서른 살에 우리의 첫 아들이 태어났을 때에서야 나는 스스로의 어리석음을 통탄하고 약물중독에서 빠져 나오려고 발버둥치기 시작했다. 이는 회복의 길로 들어서는 첫걸음이었다. 그 후로 수년간 나는 상담을 받았다. 나는 남자와 남편의 역할에 대한 건전한 본보기가 부재했던 가정에서 자라났으나, 좋은 남편과 아버지가 되는 '정상적인 삶'을 살아보려고 부단히 노력했다. 결국 나는 약물 중독에서 빠져 나왔다. 그런데 불행히도 또 다른 중독증에 빠지게 되었다. 그것은 '일 중독증'이었다. 내가 사는 사회에는 사회적인 성취와 성공이라는 '법적으로 인정된 마약'이 난무한다. 나는 '일'을 통한 성취와 사회적인 인정받음이라는 마약으로 술을 대치했다.

40세에 이르러서 나는 세상적인 기준으로 보면 그런 대로 남들이 부러워할 만한 위치까지 올라갔다. 누가 보아도 나의 삶은 만족스럽고 행복해 보였다. 사업도 잘 되고, 아리따운 아내와 자식이 둘이나 있고, 멋진 집에 새 자동차, 그리고 궁색하지 않게 쓸 여유돈까지 있으니 얼마나 완벽한가! 물론 나는 거부는 아니었다. 그래도 나는 비교적 편안하고 안락한 삶을 누리고 있었고 세상이 말하는 소위 '성공한 사람' 축에 들었다.

그러나 나의 영혼은 궁핍했다. 더 많이 성취하고 더 많이 성공을 거두면 거둘수록 인생에 참된 만족감은 점차로 줄어들었다. 그러면 그럴수록 나는 더욱 완강한 태도로 '세상과 대적하여' 싸우고자 했다. 그래서 수단과 방법을 가리지 않고 무슨 수를 써서라도 상대 경쟁업자들을 제압하고 출세하려고 몸부림치기 시작했다. 더 높은 꿈과 목표를 세우고, 더 열심히 일하고, 더 똑똑하게 사무를 처리해 내는 길만이 나의 운명을 개척하는 유일한 길이라고 나는 굳게 믿었기 때문이다.

그렇지만 나는 그 때까지도 나의 모든 노력을 수포로 돌아가게 만드는 어떤 현실이 있다는 사실을 간과했다. 내 자신이 세운 원칙들에 지나치게 충실한 나머지 현실을 현실대로 보지 못하였기에 타협과 합리화로부터 벗어날 수 없었던 것이다. 결국 나는 나 자신의 인생을 경멸하기 시작했다. 물론 내가 무슨 나쁜 짓을 했기 때문은 아니다. 세상의 기준으로 보면, 나는 상당히 괜찮은 사람이었다. 그럼에도 불구하고, 나의 영혼에는 채워지지 않은 그 무엇, 그 어떤 깊은 공허감이 도사리고 있었다. 그 빈곳을 채우려고 아무리 돈과 명예와 세상의 성공을 들어부어도 그곳은 채워지지 않았다.

이 세상이 제공하는 그 모든 것을 취하였는데 어찌하여 인생에는 만족이 없을까?

나는 고속도로를 달리면서 자살충동을 많이 느꼈다. 운전대를 조금만 오른쪽으로 틀어도 난간에서 떨어져 삶을 끝장 낼 수 있을 텐데! 그것이 내가 그렇게도 필사적으로 바라는 게 아닌가? 절망감과 좌절감으로부터 온전히 벗어나는 길 말이다.

지금 와서 돌이켜보면, 내가 자살을 하지 않았던 것은 오직 하나님의 은혜였다는 생각이 든다. 물론 그 당시는 아내와 자녀들에게 고통을 안겨주면 안되겠다는 생각에서 자살충동을 억누르기도 했고, 나는 자살할 정도로 용기가 있는 사람이 아니라는 생각도 했었다.

어쨌든 간에, 나는 나 자신의 삶을 회고하고, 조사하고, 숙고하고, 정리하고 하면서, 도대체 뭐가 잘못되었는지 알아보고 싶었다. 결국 나는 한 가지 실마리를 찾아내었다. 그것은 내 인생에 존경했던 남자는 단 한사람도 존재하지 않는다는 것이었다. 그래서 나는 역사상 훌륭했다는 남자들의 삶을 연구하기 시작했고, 나에게 없는 것을 혹시 그들은 가지고 있지 않을까 하는 기대감에 부풀어 열심히 공부했다.

나는 조지 워싱턴과 존 애덤스 등의 미국의 건국을 이룩한 훌륭한 선조의 전기를 읽기 시작했다. 또한 아브라함 링컨과 마틴 루터 킹 등의 역사를 바꾼 인물들도 연구했다. 그러다가 나는 그들 모두를 연결시키는 하나의 '공통분모'를 찾아내게 되었는데, 그것은 그들 모두가 '기독교인'이었다는 사실이었다. 나는 충격을 받았다. 왜냐하면 내가 자라난 가정에서 종교라는 것은 연약한 자들이 사용하는 버팀목에 불과하고, 기독교인들이라는 자들은 위선자의 무리라고 배웠기 때문이다.

나는 위에서 내가 얻은 그 통찰력이 잘못되었다는 것을 입증하려하였다. 즉, 기독교라는 것은 뭔가 잘못된 종교라는 식의 논박을 하고 싶었던 것이다. 그 당시 나는, 성경은 미신적인 야만인들을 위한 책이고, 예수라는 신화적인 인물을 믿는다는 것은 무식함의 극치라고 확신했었다. 한마디로 나는 기독교를 비웃는 자였다. 사실 내 눈에는 기독교인들이 코 꿰인 송아지 같이 이리저리 마구 휘둘림을 당하는 어리석은 자들처럼 보였기에, 나는 그들을 무시했다.

수년간 기독교에 관하여 연구해보았으나, 나는 기독교의 그릇됨을 증명하는데 실패하였다. 내가 발견한 사실은 나의 기독교에 대한 지식이 피상적이었다는 것이다. 그리고 나는 기독교의 진리에는 내가 알지 못했던 어떤 심오한 것이 있다는 사실을 인정하기 시작했다. 결국 시간이 한참 흐른 뒤에, 예수 그리스도는 실제 존재했던 인물일 뿐만 아니라 우리 죄를 위해 이 땅에 오셔서 대속의 죽음을 죽으시고 부활하셔서 영생을 약속하신 하나님의 아들이라는 확신이 나에게도 찾아왔다.

그래서 나는 하나님이 주시는 공짜 선물인 구원을 받아들였고, 예수님을 영접하게 되었다. 누가 나에게 강요했기 때문도 아니고 감정적으로 불안했기 때문도 아니다. 그것은 오직 나의 오랜 연구와 숙고에 기반을 둔 논리적인 귀결이었다.

예수님을 영접하고 나니 인생의 패러다임이 바뀌기 시작했다. 이전에 내가 가졌던 세계관과 가치관이 마구 흔들리더니, 세상이 뒤집어지는 것처럼 느껴졌다. 나는 속으로 이렇게 뇌까렸다. "그래, 하나님이 선택하셔서 나를 구원하셨는데, 이제부터는 어디로 가야 하나?" 혹자는 나에게 조언해 주기를, 기도해야한다고 했다. 그러나 솔직히 말해서, 나는 기도를 어떻게 해야하는지 알지 못했다. 그뿐만 아니라, 기도한다는 것 자체가 무서웠다. 나는 어렸을 적에 기도해 보았다. 그러나 하나님은 내 기도를 무시해버렸다. 그러나 기독교인이 된 현 시점에서 적어도 하나님의 지시를 충실히 따라야하지 않겠나 하는 생각이 들었다. 그렇지 않다면 위선자가 될텐데 하는 생각도 들었다. 사실 그것은 끔찍한 생각이었다. 왜냐하면 내가 자라난 가정의 가훈을 감안한다면, 위선자가 되는 것은 기독교인이 되는 것보다 더욱 나쁜 일이기 때문이다. 그래서 나는 기도하기 시작했다.

믿음 가운데, 나는 2가지의 기도 제목을 가지고 매일 기도를 드렸다. (사실 그 당시까지는 기도의 응답을 전혀 받아 본 적이 없기에, 기도의 능력을 믿을 만한 아무런 증거도 가지고 있지 않았지만!) 첫째로 하나님께서 나에게 복을 주셔서, 내가 나 자신을 좋아하게 해 달라고 기도를 드렸다. 왜냐하면 그 당시 나는 나 자신을 사랑할 만한 아무런 이유도 발견할 수 없었기 때문이다. 그렇지만 어떠하든지, 어떻게 그렇게 될 수 있을지 알 수 없었으나, 내가 내 자신을 좋아하게만 된다면 인생살이가 많이 달라지리라 생각했었다. 그렇게만 되면 적어도 자살충동은 일어나지 않겠지 라는 생각도 들었다. 그리고 둘째로 내 인생에 친구를 보내 달라고 기도를 드렸다. 나는 너무나 고독했다. 물론 그냥 아는 지인은 많았으나 진정한 친구는 없었다. 그런데 몇 년이 지난 지금, 하나님이 내 인생에 쏟아 부으신 축복은 가히 상상을 초월한다. 그 축복은 지나치게 풍성해서, 나의 기대나 꿈꾸던 바를 훨씬 넘어섰다. 이에 관한 상세한 이야기는 나중에 하도록 하겠다.

기도를 드리면서 나는 하나님께서 나에게 주신 모종의 장점, 재능, 좋은 자질이 있다는 것을 발견하였다. 그렇지만 그 당시 나는 그것들을 나 자신의 만족을 위해서만 사용하고 있었지, 봉사의 기회로 선하게 활용하고 있지는 않았다. 나는 하나님께서 그 부분들을 구체적으로 지적해 주시기를 바랬다. 그래서 나는 그 다음 해에 다양한 봉사활동을 감행했다. 교회에서 안내를 맡고 낙태 반대 운동에 참여해보기도 하면서, 하나님이 나에게 원하시는 것이 무엇인지 실험적으로 알아보고자 하였다.

그러다가 특히 주변의 문화에 관한 관심이 생겼다. 내가 기독교인이 된 이후로 배운 모든 자명한 진리로부터 우리의 문화가 어쩌다가 이렇게까지 동떨어지게 되었는지 참으로 의아했다. 우리 나라의 대중 문화가 급속도로 나빠지는 것을 느꼈다. 그렇지만 이 문제 많고 복잡한 세상에서 한 사람의 남자가 어떻게 변화의 물결을 창출해 낼지 전혀 막막했다. 그러한 과업은 전혀 불가능해 보였다. 그러다가 또한 아버지로서의 역할에 관심이 갔다. 나는 다음과 같은 문제에 대하여 고심을 하며 그 해답을 찾아 헤맸다. 모범이 되는 부모 밑에서 자라나지 못한 사람이 어떻게 좋은 아빠로서의 역할을 감당할 수 있을까? 내 영혼을 괴롭히는 이 문제에 대한 명쾌한 해답을 가진 사람을 만나보기란 쉽지 않았다.

그런데 2000년 8월에 우연히 나의 아들과 나는 '약속을 지키

는 남자들'(Promise Keepers)이라는 행사에 참가하였다. 그 행사
장의 발코니식 건물 2층에 위치한 자료 테이블을 이리저리 거닐다
NCF(National Center for Fathering : 아버지의 자녀 돌보기를
위한 전국 센터)라 명명된 곳에 나의 발걸음이 멈추었다. 마치 나
방이 불길 속으로 끌려 들어가듯, 그들이 제공하는 프로그램으로
나의 눈길이 빨려 들어갔다. 그들은 소그룹 지도자들에게 더 나은
아버지가 되기 위한 클래스를 가르치는 세미나를 제공하고 있었는
데, 하루종일 진행되는 한 트레이닝 코스가 유독 나의 관심을 끌었
다. "단 한사람으로서라도 어떤 변화를 창출해낼 수 있겠다!"라는
확신이 갑자기 들었다. 아버지들로 하여금 더 나은 아버지가 되도
록 도울 수만 있다면, 그 아버지, 아버지의 가족, 그리고 그 집안의
자녀들 모두가 변화 될 것이라는 확신이 들기 시작한 것이다.

　바로 내가 이 일을 위해 부름을 받고 있구나 하는 생각으로 나
는 그들이 제공하는 세미나에 재빠르게 등록신청을 했다. 그리고
몇 일 뒤에 나는 NCF로부터 전화연락을 받았다. 그러나 불행히도,
15,000명의 모인 무리 중에 단 5명만이 등록을 신청했다는 것이
다. 그리고 그 5명을 훈련시키고자 인력을 오리건으로 파견할 정도
의 재정은 안 된다는 설명도 들었다. 그렇지만 그들은 나에게 캔자
스시티로 올 것을 권유하였다. 그 곳에서는 소그룹 인도 방법에 관
한 강의뿐만 아니라, 대규모 남성그룹을 위한 4시간 짜리 강연 프
로그램을 인도하는 방법을 가르치는 3일간의 집중 프로그램도 제
공된다는 것이었다. 그 소식을 듣는 즉시, 그것이 하나님이 나에게

주신 모든 재능을 마음껏 발휘할 절호의 기회라는 생각이 들었다.

사실 NCF의 의도는 그 훈련을 받은 사람들로 하여금 자신이 위치한 지역에서 나름대로의 프로그램을 개설할 수 있도록 허락해 주는 것이었다. 그래서 훈련을 마친 나는, 자녀들의 삶에 보다 효과적으로 영향을 미치는 아버지가 되도록 영감을 불어넣고 아버지 됨의 지식과 소양을 갖추게 해주는 "더 나은 아버지들(Better Dads)"이라는 선교단체를 창립하였다. 그리고 나는 "영향력 있는 아버지가 되기 위한 7가지의 비결"과 "진정한 남자들, 진정한 아버지들"이라는 강의를 개설하여 교회의 남성그룹과 학교의 부모들에게 제공하였다. 그러자 얼마 안 가서, 지역 교육청에서 일하는 카운슬러가 "우리 지역에는 혼자 아들을 키우는 홀 부모들이 많습니다. 특히 편모들은 아들에 관한 질문을 많이 합니다. 그들을 위한 프로그램도 제공해 주실 수 있는지요?"라고 문의를 해왔다. 처음에 나는 그런 제안을 거절했다. 여성들을 위해 일하는 것은 나의 비전이 아니었기 때문이다. 그러나 그 카운슬러는 나를 설득시켰다. "성인 남자를 변화시키는 것보다는 소년을 잘 키우는 것이 훨씬 쉽습니다."라는 주장이었다. 그래서 나는 "용감한 엄마들: 훌륭한 성인 남성으로 소년을 키워내는 사람들"이라는 세미나를 부설했다. 그런데 그 프로그램이 빠르게 유명세를 타고 널리 알려지게 되어, 나는 미국 북서부 전역을 여행하며 순회강연을 하지 않으면 안되게 되었다.

하나님은 종종 우리의 이해력이 미치지 못하는 곳으로 우리의 삶을 인도하신다. 편모들을 위한 프로그램을 시행하기 몇 해전에 나는 내가 살고있는 지역의 한 대학에서 석사학위를 하고 있었다. 과목 하나만 통과하면 학위를 마칠 수 있는 지점까지 왔었다. 그러나 10주 동안 학교에 출석하는 것을 꺼렸던 나는 온라인으로 작문과목을 듣기로 선택했다. 그 당시 나는 주로 과학기술 연구보고서 작성을 과목으로 택하고 있었으나, 글쓰기에 다양성을 추구하며 소설의 작문도 시도해보고 싶었다. 그런데 지도 교수는 나에게 글솜씨가 있다고 하면서 계속 더 많은 글을 쓸 것을 권했다. 그래서 나의 글 중에 어떤 것을 작가협회에 기고하기도 했는데, 그 덕분에 작가 협회의 모임에도 참석하게 되었다. 한 작가 협의회에서 출판사의 편집인이 나에게 직업을 물어왔다. 나는 내가 설립한 "Better Dads (더 나은 아버지들)"이라는 단체에 대해서 설명했고 또한 편모들을 위한 세미나를 하게된 경위도 설명했다. 내 말은 들은 편집인은 관심을 보이며 내가 다루는 주제들을 책으로 출판할 것을 제안해 왔다. 그래서 엄마들을 위한 책과 아버지-남성을 위한 책, 이렇게 2권이 탄생하게 된 것이다.

이러한 경위로, 이제 나는 48살의 나이에, 인생경험과 실패들로부터 배운 바를 다른 남성들에게 전달하면 뭔가 그들에게 도움이 되리라는 희망을 가지고 새로운 인생을 추구하고 있다. 물론 나 자신도 완벽한 아버지가 아니다. 내가 우리 아이들에게 본서에 내용을 덧붙이라고 하면, 우리 아이들은 나의 부족한 점에 대하여 잘 증언할 것이다. 사실, 나는 내가 남달리 탁월한 아버지라는 확신도 없다. 더 나은 아버지들과 비교해볼 때에 나는 아직도 아버지노릇을 제대로 하지 못하고 있는 사람이다. 그렇지만, 이 세상에 완벽한 아버지는 존재하지 않는다. 그렇다고 해서 좋은 아버지가 되는 일을 포기할 수는 없다. 우리는 일생 배우는 자세로 하나님이 계획하신 것을 이루려고 노력할 뿐이다.

이제 각고의 노력을 통해 진정한 남성이 되려고 내가 경험하고 배운 것들의 결과를 본서를 통해 나누고자한다. 좋은 아빠가 되어 보려고 나는 험난한 길을 걸어왔다. 사실 아버지로서의 일은 끝이 없지만, 한가지 확실한 것은 우리의 아들들이 아버지에게 의존하고 있다는 사실이다.

contents

제1장

진정한 남성다움

- 남자란게 뭔가
- 고결한 아버지와 고결한 아들

진정한 남성다움

남성은 도전을 위해 창조되었다. 그는 도전에 응하고 극복해내며, 어떤 시련에도 참고 견디고 굳건히 서있도록 그렇게 만들어졌다. 남성은 인생, 사회, 그리고 가정의 기둥이다. 강인함과 안정감을 나타내 보이는 것은 남성의 책임 중에 하나이다. 수하에 있는 사람들을 보호하고 필요한 것을 공급하는 것도 역시 남성이 하는 일이다. 이런 일을 잘 감당하는 이가 바로 진정한 남성다움을 과시하는 사람이다.

프레스톤 길르함, 《오직 남자만이 아는 것들》 중에서

길을 막고 지나가는 사람들에게 "도대체 남성이라는 게 뭔가요?"라고 묻는 다면, 사람들은 어떻게 대답해야할지 몰라 쩔쩔맬지도 모르겠다. 왜냐하면 우리가 사는 사회는 남성이 누구이며, 남성이 무슨 일을 하는 사람인지 정확하게 규정짓고 있지 않기 때문이다. 그러므로 남성의 숙명 같은 것은 잘 가르쳐지지 않고 있다.

지난 5년간 나의 개인적인 삶을 회고해볼 때, 하나님께서 태초부터 나를 위해 계획하신 일들이 이루어져 가는 것을 경험할 수 있었다. 그러나 하나님이 원하시는 아버지, 하나님이 바라시는 남성으로 내가 성장하기까지는 험난하고 장구한 세월들을 거쳐왔다. 그런 과정을 거치면서 내가 한가지 뼈저리게 느낀 것은 훌륭한 아버지가 되기 전에 먼저 경건한 남자(godly men: 믿음이 좋은 독실한 남성)가 되어야한다는 사실이다. 그러므로 훌륭한 아버지가 되는 비법을 논하기에 앞서, 먼저 '과연 남자라는 게 무엇인가' 에 관한 정의부터 다루고자한다.

남자라는 게 뭔가?

세상의 가치관에 따르면, 남자는 학교를 졸업하고 돈을 벌기 위해 뼈빠지게 일하는 사람으로 알려져 있다. 그런 과정 중에 남자는 여자와 결혼하기도 하고, 자녀를 가지기도 하며, 이 세상에서의 자신의 성취를 과시할 멋진 집, 고급 의복, 비싼 자동차를 구입하기도 한다. 남자들의 쌓아올린 업적은 남들 앞에서 자랑거리가 되며 그가 사들인 물건들은 영예의 기장 같은 것이 된다.

그러나 그러한 세상적 사고방식의 문제는 헛된 것을 추구한다는데 있다. 죽도록 일만 하며 일생을 살아오다가 어느 날 문득 정신이 들어 살아온 생애를 뒤돌아보면, 인생에 참으로 중요한 것을 놓쳐버린 허망함을 느끼게 된다는 것이다. 자녀들은 이미 장성하여 출가해버렸고, 젊을 때와는 달리 아내와의 관계도 소원해지고, 심지어는 아내와 이혼하는 경우도 발생한다. 세상적인 기준으로 살아 온 대부분의 남자들은 은퇴 후에 얼마 안 가서 사망하는 것으로 알려져 있다. 그러한 삶이 하나님이 남자들을 위해 계획하신 바인가?

절대로 그렇지 않다. 하나님은 남자들의 인생을 위해 보다 나은 계획을 가지고 계신다. 진정한 남성됨(authentic manhood : 짝퉁이 아닌 진품의 남성, 옮긴이)을 추구하며 경건한 의도로 인생 길을 걸어가는 사람은, 개인적인 삶을 넘어서는 위대한 삶을 추구한다. 이는 '섬기는 리더'로서의 삶이다. '섬기는 리더'로서의 삶은 아내와 자녀들을 끌어올려서 하나님이 그들에게 주신 잠재력을 최대한 발휘하도록 돕는 삶이다. '섬기는 리더'로서의 삶은 주변에 어려움을 당하여 지원과 후원이 필요한 사람들을 돌보는 삶이다. 이렇게 의미심장한 인생(life of significance)을 살아온 남자들은 누구보다도 건강하고 행복하다. '섬기는 리더'로 살아간 남자들은 일 중독에 빠져서 그저 일만 알고 살아온 남자들보다는 하늘 아버지로부터 더 큰 상급을 받을 것임에 틀림없다. 참된 삶을 꿈꾸는 남자라면 수동성이라는 자연적 성향을 떨쳐버리고, 책임감을 느끼며 가정과 사회를 담대함으로 이끌어 갈 것이다.

인생이 중년기로 접어들면서 남성에게 필요한 것 중에 하나는 인생의 가치를 느낄 수 있게 해주는 그런 종류의 의미심장(意味深長)한 일에 관계하는 것이다. 그러한 종류의 생활 스타일은 모든 남성 안에 잠재해 있는 봉사정신(奉仕精神)을 일깨운다. 타인을 위한 봉사의 삶으로 인생의 방향을 전환시켜 보아라. 그러면 더욱 만족한 인생으로 그리고 더욱 가치 있는 인생으로 자신의 삶이 변하는 것을 체험하게 될 것이다. 하나님은 남자들로 하여금 그렇게 살도록 창조하셨다. 하나님의 목적을 완수하는 삶은 '봉사의 삶' 이다.

하나님이 주신 목적이 이끄는 대로 살면 진실한 인생이 된다. 그러면 단순히 하루하루의 필요를 채우며 사는 것 이상으로 인생의 질이 높아지게 되어있다. 물론 가정도 잘 될 것이다. 아내와 자녀들도 하나님이 주신 그 잠재력을 십분 발휘하여 많은 것을 성취하게 될 것이다. 그러나 거기에서 멈추는 것이 아니다. 하나님이 주신 목적을 이루는 남성은 많은 주변의 사람들에게 영향력을 행사하며, 은혜, 자비, 그리고 사랑으로 이 세상을 보다 더 나은 곳으로 만드는 일에 공헌하게 된다. 인생의 가치는 우리가 얼마나 세상의 인정을 받느냐가 아니라 얼마나 타인을 위해 선한 일을 하느냐에 따라서 결정된다.

하나님은 남자를 가정과 지역사회 공동체와 온 세계의 리더가 되도록 부르셨다. 그러나 하나님은 그 권위에 따르는 책임도 추궁하신다. 사탄은 항상 남자들을 속인다. 사탄의 전략은 남자에게 가정(family)이 중요하지 않다는 사고방식을 심어주는 것이다. 남성의 선결과제는 자신의 개인적인 만족과 사회적인 지위를 획득하는 것이라고 사탄-마귀는 지금까지 남성들에게 주지시켜오고 있다. 그러나 진실한 남성들은 그런 속임수에 말려들지 않고 하나님이 허락하신 운명을 개척하여 주님의 뜻을 이 땅에 실현시킬 것이다.

고결한 아버지와 고결한 아들

하나님의 지상명령을 제대로 수행하는 진정한 아버지가 되기 위해서는 행동하는 아버지가 될 뿐만 아니라 아들에게 존경을 받는 아버지가 되어야한다. 아들의 눈은 아버지를 항상 주시하고 있다. 아들의 눈은 특히 아버지가 세상의 불의에 대하여 어떻게 반응하는지를 항상 응시한다. 당신은 세상의 죄악에 관해 모른척하며 살아가고 있지는 않은가? 구체적인 행동을 보이는 진실한 삶을 사는가? 세상을 더 좋은 곳으로 변화시키기 위해 지금 무엇이라도 하고 있는가?

하나님은 남자를 너무 사랑하신 나머지 특별한 존재가 되도록 부르셨다. -- 고결한(noble : 고귀한, 고상한, 품위와 기품이 있는) 리더로 말이다. 남자는 하나님의 형상을 따라 만들어진 위대한 존재이다. 하나님은 피동적이거나 안일한 적이 없으시다. 그러나 불행히도, 오늘날 너무나도 많은 남자들이 무사안일주의에 빠져있다. 가정, 지역사회, 국가에서 참된 리더로서의 역할을 잘 감당하는 남자들이 드물다는 것이다. 현대는 남자들이 자신의 책임을 회피함으로 인하여 사회의 기본구조가 와해될 위험에 직면하고 있다. 이는 진정한 위기이다. 현대의 남성들은 '무감각과 수동성(apathy & passivity)'이라는 이중의 덫에 걸려있다. 어쩌다 그렇게 되었을까? 그것은 하나님께서 허락하신 가정의 공급자요 수호자로서의 역할을 감당하는 훈련을 어려서부터 받고 자라나지 못한 탓이다.

남성은 열의가 넘치고, 격렬하며, 고매한 그런 인격으로 창조되었다. 모든 남성에게는 중요한 일을 위해 투쟁하며, 숭고한 일에 몸을 바치고, 멋진 일을 위해 모험을 감행하는 그런 용맹이 있다. 멋진 과업에 직면하면 남성의 심장은 고동치게 되어있다. 그러한 사실을 아내 앞에서 드러내놓고 이야기하지는 않지만 그래도 모든 남성은 자신이 그런 존재라는 사실을 안다. 그런데 현대의 남성들에게는 뭔가 잃어버린 것이 있다. 그것은 남들이 오해한다해도, 모든 편견을 뿌리치고, 도저히 해낼 수 없는 일에 도전하여 세상을 변화시키려는 그런 충동이다. 그러한 거룩한 충동을 억누르고, 현대의 남성들은 그저 주어진 역할을 운명으로 받아들이고, 맡겨진 일이나 하는 것이 숙명이려니 하고 주저하며 물러앉아 있다.

하나님이 모든 남성들에게 주신 '거룩한 충동' 이라는 것은 진정 존재한다. 이는 개인적인 성공, 재물의 획득, 만족한 성생활, 그리고 세상적인 권력의 쟁취를 넘어선 의미심장한 일에 헌신하고자 하는 '영적 욕구' 이다. 바로 그러한 이유에서, 현대의 남성은 40대나 50대에 이르면 세상적인 성공을 거두었다 하더라도 뭔가 인생이 미완성인 듯한 강한 느낌을 받는다. 중년기의 위기는, 남자가 젊은 여자들의 뒤꽁무니를 쫓아다니고 고가(高價)의 자동차를 구입하는데 그 문제가 있는 것이 아니다. 많은 이들이 그런 방식으로 마음의 공허함을 메워보려고 하는 것도 사실이기는 하다. 그러나 사실 중년기의 위기라는 것은 인생에 아무런 의미심장한 일을 해 논 것이 없기에 발생하는 것이다. 잡다한 물건들을 사재기하여 일시적인 만족을 누리기는 했으나, 묘비에 몇 글자 남는 것 이외에는 아무런 의미 있는 일을 한 것이 없을 때에 느끼는 '존재의 허무감'이 바로 중년의 위기이다. 그런 인생은 하나님께서 허락하신 고결함을 허비해버린 인생이다. 그러나 진정한 삶을 사는 중년의 남자들은, 억지부리며, 젊은 체 하려는 무모한 짓을 하지 않는다. 하나님의 남자들은 지나간 과거를 잊고 미래를 개척하는 일에 정진한다. 그들은 위험을 무릅쓰고 부동의 현실을 변화시켜나간다. 그들은 자신의 육욕을 만족시키는 것을 넘어서서, 이웃을 위해 봉사하고, 불의에 대항하여 싸운다. 그런데 이 불의와 맞서 싸우는 전투는 너무나 강렬하기에 인간적인 힘만으로는 부족한 경우가 많다.

나는 이따금 그 엄청난 크기의 전투에 압도당한다. 그러나 타인을 섬기기 위해 불의(injustice: 부당한 행위, 불법, 부정, 불공평)와 싸우는 전투에서 패한다해도, 사실은 진짜로 패하는 것이 아니다. 왜냐하면 이것은 이기느냐 지느냐를 넘어서서 신실함에 관계된 문제이기 때문이다. 신실함은 언제나 감동을 주며 영향을 미치게 마련이다. 특별히 추종자들로 하여금 감명을 받게 한다. 역경의 맞바람을 헤치고 돌진하는 아버지들은 그 아들들에게 배나 존경을 받을 것이다. 그런 아버지에게는 반드시 자랑할만한 아들이 키워지게 되어있다. 고결한 아들을 키워내는 사람은 다름 아닌 고결한 삶을 산 아버지이기 때문이다.

하나님 아버지는 예수님을 이 땅에 보내셔서 단 한 사람의 영향력이 얼마나 위대한지를 여실히 보여주신 분이시다. 소년에게 단 한사람의 좋은 아버지만 있어도 그 소년은 위대한 사람으로 성장할 수 있다. 그리고 그렇게 잘 자라난 한 소년은 장성하여 수천 명의 사람들에게 영향력을 행사하기도 한다. 바로 그 소년이 당신의 아들이 될 수도 있다.

〈참으로 놀라운 인생(It's a Wonderful Life)〉이라는 영화에서 제임스 스튜어트(Jimmy Stewart)는 조지 베일리(George Bailey) 역을 담당했다. 조지 베일리는 극중에서 베드포드 폴즈라는 작은 동네에 시골뜨기 무지렁이로 사는 인생이다. 그는 자신이 가진 꿈을 실현할 아무런 기회나 방도가 없는 관계로, 인생에 많은 불만족을 가지고 사는 인생이다. 그는 동네가 올바로 돌아가도록 많은 선행을 베풀지만, 자신의 개인적인 꿈은 계속 무산된다. 그의 삶은 자신의 가계의 재산을 필요한 사람에게 대여해주는 비즈니스를 통해 타인의 유익을 챙겨주지만 자신은 계속 희생당하는 그러한 삶의 연속이었다. 마침내 인생에 위기가 닥쳤을 때 베일리는 자신이 차라리 태어나지 않았더라면 더 좋았을 텐데 라는 생각을 하게되고, 베일리의 수호천사는 그런 베일리의 소원을 마지못해 들어준다. 이 세상을 떠난 베일리는 자신이 살았던 동네를 다시 방문할 기회를 얻는데, 거기에서 그는 자신의 존재의 있고 없음의 대조를 통해 자신이 끼쳤던 영향력을 생생하게 바라볼 기회를 갖게된다. 베일리가 태어나지 않은 베드포드 폴즈라는 작은 동네에는 중산층에 자금을 빌려줄 사람이 없었다. 그래서 그가 관찰한 동네는 포터스빌이라는 소돔과 고모라 같은 모습을 띄었다. 조지가 없는 동네에는 조지의 동생인 해리를 유아사망이라는 비극으로부터 건져낼 사람이 없었다. 그래서 해리는 장성하여 2차 세계대전에 참전하고, 군사수송 작전을 통해 수천 명의 군인들의 생명을 살려내는 역할을 감당할 기회를 박탈당했다. 조지의 아내는 어여쁘고 활기찬 여성이 아니라 늙어빠진 하녀의 모습을 띄었다. 조지의 친구, 친척, 그리고 고객들도 역시 모두 초췌한 모습들을 하고 있었으며, 심지어는 정신이상으로 고생하거나 수감된 자들까지 있었다. 그러한 모습을 바라본 조지 베일리는 한 사람의 역할이라는 것이 진정으로 대단하다는 것을 실감하게 되었다.

나의 아내의 할머니인 에스더('나나 엠리'라는 이름의 여인)는 체구가 작고 조용한 성격의 사람이었는데, 가난에 찌들고 다리를 저는 분이었다. 내가 아내와 결혼했을 적에 나는 '나나 엠리'가 믿음이 좋은 기독교인이라는 사실을 발견하였다. 그러나 나는 교만한 마음에, 가난하고 비천하게 사는 나나 엠리 할머니에게 별반 관심을 두지 않았다. 그렇지만 얼마 안 가서 그 작고 수줍음을 많이 타는 할머니가 수천 명의 사람들에게 끼친 영향력을 보게 되었다. 사실, 그 할머니는 작고하신 이후에 지금까지도 계속 지대한 영향력을 행사하고 계시다. 아마 앞으로 오는 세대에도 막중한 영향력을 행사하리라고 나는 믿는다.

기독교로 개종하기 전에 나는 모든 기독교인을 위선자로 안 사람이다. 그래서 나는 '나나 엠리'를 의심의 눈으로 바라보았다. 그러나 나중에 나의 입장은 달라졌다. 그녀는 기독교인이 주장하는 바를 삶으로 산 사람 중에 하나라는 것을 뒤늦게나마 발견했기 때문이다. '나나 엠리'는 참으로 은혜와 겸손이 인품 안에 가득 배어 있는 분이었다.

나나 엠리는, 미국의 유명인사들이 '외 부모'로 아이들을 키우는 새바람을 일으키기 오래 전에, 남편도 없는 홀몸으로 6명의 자녀들을 키워낸 분이다. 나나 엠리는 13살에 가출한 나의 아내를 거두어드려, 철저하게 무장된 기독교인이 되도록 성서적 가치관을 심어 놓은 분이다. 그뿐만 아니라, 떠돌아다니는 뜨내기 아이들을 모아다가 먹여주고 재워주고 돌봐주는 일을 해내었다. 그녀는 가진 것이 거의 없었기에 아이들에게 치즈 샌드위치와 닭죽을 먹였는데, 치즈 샌드위치 안에 들어간 치즈는 너무나 얇아서 투명하게 보일 정도였고 닭죽은 주로 남들이 먹다 버린 닭 뼈를 고아서 만든 것이었다. 그렇지만 중요한 것은 그녀는 자신이 가진 것이라면 무엇이든지 기쁨으로 아이들과 함께 나누었다는 것이다. 아무런 대가도 바라지 않고 모든 것을 투자한 것이다.

나나 엠리의 수중에는 단 한번도 자금이 넉넉한 적이 없었다. 재원이라고는 기초생활보호대상자에게 지급되는 보조금 몇 푼만이 있었을 따름이었다. 그러나 나는 그녀와 함께 하는 20년 동안 그녀가 불평하는 말을 단 한번도 들어본 적이 없다. 그녀는 일생 정직하게 십일조 생활을 했고 죽는 그 순간까지 최선을 다해 선행을 베풀었다. 말년에 다리가 너무 아파서 교회에 출석하지 못하게 되었을 때에는, 천 조각으로 누비이불(quilt)을 만들어 여러 선교단체와 세계 방방곡곡에 구호물자로 보냈다. 그녀는 항상 강인한 기도 전사였다. 그녀는 매일 기도를 드렸는데, 몸은 이루 말로 다할 수 없는 고통으로 무너져 내리고 있었으나, 이 땅에서 하루라도 더 많은 선행을 베풀 수 있는 기회를 허락하시는 하나님께 무한감사를 올렸다.

신혼 초에 나의 아내가 자신의 남편이 얼마나 멍청한지 모른다고 속상해 하면서 나나 엠리에게 울며 달려갈 때마다, 나나 엠리는 "남편을 사랑해라, 오 사랑스런 나의 딸, 오직 사랑만 해라."고 조언해주곤 했다. 나나 엠리는 나에게 꾸지람하거나 충고조차 해주지 않았는데, 내 아내에게는 그것이 불만이었다. 그래도 나나 엠리는 "그리하여 그들이 젊은 여자들을 깨우쳐서, 남편과 자녀를 사랑하며"(딛 2:4)라는 성경말씀을 그대로 실천하라고 계속 권고하셨다.

나나 엠리의 태도에 감동을 받아서, 결국 나는 그리스도를 구세주로 영접하게 되었다. 그러한 결정은 나의 자녀들에게 지대한 영향을 미쳤다. 또한 나의 선교회 활동 그리고 나의 서적을 통해 접촉하는 모든 사람의 인생에 영향을 끼칠 것이다. 나는 나나 엠리가 남겨준 그 위대한 영적 유산에 부응하는 삶을 살고자 기도하며 열심히 노력하는 중이다. 나는 나나 엠리를 천국에서 만나, 조용하고 겸손한 한 여인의 신앙심이 얼마나 많은 이들을 변화시켰는지 그 진실을 볼 날을 고대하고 있다. 이제 천국에서는, 절름발이 지체부자유자였던 그녀의 주변에 넘치는 감사로 많은 이들이 몰려들 것이 확실하다. 그래서 천국에서 하나님이 잔치를 베풀고 나나 엠리에게 큰상을 내리실 것을 나는 상상해 본다.

하나님은 진정 인간이 기대하지 않는 그런 인물들을 통해 일하신다. 당신도 "주님, 내가 여기 있사오니, 나를 써주소서."라는 담대한 신앙의 자세로 하나님 앞에 서면, 하나님이 사용해 주실 것이다.

1 당신은 의미있는 인생을 살아가고 있다고 자부하는가? 이 문제에 대해 의심이 간다면, 아들의 의견을 들어보아라 (물론 아들의 견해를 기분 나쁘게 받아들이지 않을 자세를 가져야할 것이다). 아들의 말에 기분이 상했는가? 아니면 큰 통찰력을 얻게 되었는가?

2 당신의 삶에서 혹시 지금 갈등을 겪고 있는 분야가 있는가? 아니면 과거에 어려움을 겪은 삶의 영역은 없는가? 솔직해지자! 그러한 난국은 악령의 공격으로 인한 것으로 추정되는가 아니면 자연발생적인 것으로 추정되는가?

3 당신의 삶이 소극적이 되는 것에 관해 당신은 어떻게 대응하는가? 적극적으로 대응하는가 아니면 속수무책인가? 당신의 삶에서 개량할(improve : 결점이나 부족한 상태를 개선, 향상, 발전, 증진시킬) 부분은 없는가? 타인의 삶에 변화를 창출할 수 있는 기회와 가능성에 관해 그룹의 다른 남성들과 대화를 나누어보자.

4 만일 당신이라는 존재가 없었다면, 당신이 몸담고 있는 공동체나 지역사회가 어떻게 달랐었을까하는 것을 상상해 보아라. 당신 없는 공동체는 처참했을까, 더 좋았을까, 아니면 아무런 차이점도 없었을까?

제2장

진정한 아버지의 모습

- 없어서는 안 되는 아버지
- 아버지의 힘
- 영적 리더들
- 하나님과 아버지들
- 참된 아버지가 되는 여정을 위한 하나님의 축복

진정한 아버지의 모습

> 훌륭한 아버지이기보다는 그런 아버지가 되려고 노력하는 것
> 이 훨씬 수월하다.
>
> 켄트 네르번, 《나의 아들에게 보내는 편지》 중에서

남성들이여! 당신은 가정의 리더들이다. 물론 그런 역할을 감당하는 것이 탐탁지 않은 사람들도 있을 것이다. 심지어는 자신이 가장이 아니라고까지 주장하는 사람까지 있다. 그럼에도 불구하고, 남성은 틀림없는 가정의 리더이다. 믿든지 말든지 말이다.

전쟁에서 적들이 최고로 노리는 사람은 리더이다. 리더는 항상 적의 처단 목표 1순위가 된다. 리더만 쓰러트리면 전쟁에서 쉽사리 승리하게 된다는 사실을 원수 마귀도 잘 알고 있다. 마치 목을 자르면 몸은 그냥 쓰러져버리는 것과 비슷한 원리이다. 가정이 몸이

라면 가장인 남성은 머리이다. 머리가 잘려져 나가면 몸은 힘을 못
쓴다. 그러므로 투쟁하면서 하나님이 세우신 목적을 이루어나가
자. 남성으로서의 책임을 통감하고, 그 역할을 감당하며, 좋은 영
향력을 제대로 발휘해보자.

없어서는 안 되는 아버지

당신 스스로 생각해도, '나는 이 세상에서 지대한 영향력을 행
사하는 그런 큰 성공을 거둔 사람이 아니다' 라고 판단할 수 있다.
당신은 수입이 적고, 많은 사람을 수하에 거느리지도 않으며, 깜짝
놀랄만한 발명품을 고안해낸 사람이 아닐 수도 있다. 아니, 그와는
정반대로, 인생의 많은 고난에 얻어맞아서 자신감을 잃어버린 그
런 사람이 되어버렸을 수도 있다. 그렇다면 당신은 자신의 삶이 하
찮다고 생각할 것이다 – 별 볼일 없기에 있으나마나한 그런 인생.
그러나 당신의 아들에게 당신이라는 존재는 미미한 존재가 아니
다. 적어도 아들의 삶에 있어서 당신은 지극히 중요한 존재이다.
일반적으로 아들은 세상이 자기 아버지를 어떻게 생각하든지 상관
하지 않는다. 아들은 아버지를 집안에서 가장 크고, 가장 현명하
며, 가장 강력한 사람으로 안다. 물론, 아들은 아버지가 완벽한 사
람이 아니라는 사실도 잘 안다. 그러나 그것은 크게 중요한 것이
아니다. 중요한 것은 아들의 삶에 있어서 아버지는 있으나 마나한
존재가 아니라는 점이다. 아들에게 있어서 아버지는 참으로 막중

한 영향력을 끼치는 대단한 존재이다.

아버지 노릇을 하는 것은 남성됨의 핵심이다. 아버지가 되어보지 않은 사람은 아직 소년이지 진정한 남자가 되었다고 할 수 없다. 경건한 아버지는 자신의 이득을 취하기에 앞서 남을 먼저 돌본다. 만약에 이 책의 독자가 과거의 나 같은 인간이라면 대부분의 시간을 자신의 필요와 욕구를 채우는데 사용하고 있을 것이다. 물론 그것은 자연적인 인간의 태도다. 그러나 진정한 남자요 아버지가 되려면 그러한 이기적인 태도를 반성하고, 타인을 위해 희생함으로, 타인들이 번창하는 데로 나아가도록 돕는 사람이 되기로 결심해야한다.

아버지가 가정을 소홀히 하고 자신의 임무를 망각하면, 가정이나 집안은 약탈을 당하게 되어있다. 아버지가 부재한 가운데 자라난 후레자식들은 약탈을 일삼는 늑대같이 오직 자기만족만을 위해 여자와 아이들을 사냥하는 자로 전락할 수도 있다.

가족은 마치 양떼와 같다. 어린양은 순진하고 단순해서 세상 물정을 잘 모른다. 아버지는 그 양떼를 지키는 보호견(sheepdog)과 같다. 양떼를 지키는 개는 늑대의 습격으로부터 양떼를 보호한다. 마찬가지로 가정의 가장인 아버지도 세상의 죄악된 것들인 사악한 영화, 저질 음악, 허망한 텔레비전 프로그램, 오도하는 글, 나쁜 친구들, 그리고 다른 잡다한 악영향이 아이들의 삶에 자리잡지 못하도록 막아주는 역할을 담당해야한다.

보호견(sheepdog)은 늑대 속(屬:genus)이다. 그렇기에 늑대의 속성과 습관을 잘 알고 있다. 말이 들어맞지 않는가? 우리 아버지들은 양의 가죽을 쓴 늑대들이 우리의 자녀들을 먹으려고 어슬렁거리는 것을 보면 소름이 돋는다. 나는 한 때 나의 딸에게 이런 말을 한 적이 있다. "나도 어떻게 그렇게 감지하는지 잘 모르겠으나, 나는 늑대 같은 놈은 대번 보면 안다." 물론 나의 딸의 주장에 따르면, 아빠의 눈에는 모든 남자아이들이 죄다 늑대로 보인다고 하지만, 나는 내 자신이 한 때 늑대였기에 누구보다 늑대를 잘 알아차린다고 한 것뿐이다. '고수는 고수를 알아본다' 든지 '끼리끼리 논다' 는 말은 틀린 말이 아니다.

나는 젊어서 연애질 할 때에 여자친구의 아버지가 죽도록 무서웠던 사람이다. 사귀는 여자친구의 아버지들마다 자기 딸의 남자친구를 정기적으로 만나야만 한다고 고집을 부린다면, 그 젊은 남자는 아마도 죽을 때까지 독신으로 지내는 것이 차라리 더 나을 것으로 결론지을 지도 모르겠다.

나는 어느 한 싱글맘이 자기 아들을 좀 만나달라는 부탁을 받고 대형 아파트 단지를 방문한 적이 있다. 자동차로 그곳에 도착하자마자 내 눈에 띈 것은 주차장에서 놀고 있는 35명에서 40명 남짓한 아이들이었다. 그 아이들은 유치원 학생에서 청소년에 이르기까지 그 연령층이 다양했다. 그런데 그 중에 좀 나이가 든 아이들은 갱단 같은 차림새를 하고 있었고, 담배를 피우며 소리를 지르고 공격적인 행동들을 취했다. 그리고 야한 복장을 한 젊은 여자아이들이 그들의 주변을 맴돌며 관심을 끌려는 것 같았다. 귀청을 울리는 랩 음악은 온통 그 장소에 진동하고 있었고, 그 노래의 가사들은 비속하기 짝이 없었기에 내가 듣기에도 무안했다. 그렇지만 유아들조차도 그러한 환경이 마치 정상적인 양 태연하게 놀고 있었다. 그 곳에는 어디 먹을거리가 없나하고 서성이는 약탈자들 이외에는 다른 종류의 성인들이 없었다.

그 때 스치고 지나가는 생각은 "이 아이들이 자라나서 정상적이고, 생산적이고, 행복하고, 만족스러운 인생을 살아갈 확률이 얼마나 될까?"였다. 그리고 다음 생각은 "이 아이들을 지켜주어야 할 어른들은 지금 어디에서 무엇을 하고 있나?"였다. 나를 초대한 싱글맘과의 대화를 통해 내가 발견한 사실은, 그 동네에는 배회하는 건달들 외에는 아버지들이 상주하지 않는다는 것이었다. 나는 다시 한번 더 '아버지 없는 미국사회'를 실감하게 되었다.

수주 후 주말에 그 아파트 단지를 다시 방문할 기회가 있었다. 그런데 이번에는 아이들을 방문하러 온 아버지들이 아이들과 함께 놀며 그들을 돌보는 것이 목격되었다. 그래서 그런지 이번에는 주변을 둘러보아도 어슬렁거리는 건달들이 눈에 띄지 않았고, 조폭들과 같은 복장, 마약, 귀청 터지게 하는 힙합, 반쯤 벌거벗은 여자아이들, 욕지거리 등이 전혀 관찰되지 않았다. 제대로 된 성인 남성들의 존재유무가 이렇게까지 상황을 달라지게 만든다는 말인가! 마치 어두운 밤이 지나고 찬란한 햇빛이 비취는 대낮을 보는 것 같았다.

아버지 노릇을 한다는 것은 자기 자신의 아버지를 보고 배워서 하는 행동거지(modeled behavior)이다. 그런데 문제는 그런 귀감이 되는 아버지의 존재가 오늘날에는 희귀하다는 것이다. 현대에는 높은 이혼율로 인하여 집안에서 아버지 없이 자라나는 아이들이 부지기수(不知其數)이다. 그래서 소년은 아버지가 어떻게 행동하며, 그런 아버지의 행동이 어떤 좋은 결과를 초래하는지 관찰하지 못한 채 그냥 성년이 되어버린다.

　기독교인이 되기 전에도 나는 자녀양육의 기술에 관해 관심이 많았다. 그러나 나는 성장과정에서 본받을 만한 실존 인물을 만난 적이 없기에, 특정한 상황에서 구체적으로 어떻게 행동해야하는지 막막했다. 그래서 사전대책(proactive)을 강구하며 미리 게임플랜을 짜기보다는 벌어지는 상황에 대처(reactive)하기에 급급했다. 벌어지는 상황에 급하게 대응하다보니 지혜를 발휘하기보다는 화부터 먼저 내는 경우가 많이 발생했다. 자녀양육에 관련된 서적도 독서했으나 역시 자신감이 붙지 않았다. 많은 책들은 아이들을 교육시킬 수 있는 적절한 순간을(teaching moment) 포착할 것을 권했다. 그런데 나에게는 무엇이 그런 순간인지조차 모호했고, 또한 그런 순간을 만났을 때에 무슨 말을 어떻게 해야할지도 당혹스러웠다. 그래서 나는 자녀양육을 교묘히 피하고 책임을 회피하기 위해, 그냥 가만히 있으면 적어도 실수는 하지 않겠지 하는 안일함 뒤에 숨어있었다.

　우리 아이들은 있으나 마나 한 아버지를 기대하고 있지는 않을 것이다. 그들에게는 훌륭한 아버지를 가질 권리가 있다. 그리고 나의 아내도 아버지로서 내가 역할을 잘 감당하는지 항상 지켜보고 있다는 것도 안다. 그런 아내를 실망시키고 싶은 생각은 추호도 없다. 그렇지만 아직도 나는 내 책임을 백퍼센트 완수해 내지 못하고 있을 뿐만 아니라 종종 실패도 많이 경험한다. 열심히 하다가 실패하는 것은 그래도 나은데, 소극적으로 대처하다보면 아예 해보지도 못하고 실패하는 경우도 있다.

지금까지 나는 많은 남자들을 만나보았다. 그런데 그들도 나와 비슷한 감정을 가지고 있는 것을 발견한다. 아버지로서의 능력이 부족하다는 것이다. 자신이 아버지로서 부적당하다고 느끼는 사람들이 의외로 많다. 사실 적절한 훈련을 받지 않고 또한 본보기가 될 만한 인물로부터 배우지 않은 이상, 아버지 노릇을 제대로 하기란 참으로 어렵다. 그렇지만 저자인 프랭크 피톤의 말을 한번 깊이 새겨 들어보자. "아버지가 되는 것을 두려워하는 사람은, 아버지 노릇은 완벽한 사람이나 하는 것이라고 착각한다. 그러나 진실은, 아버지 노릇을 하다보면 사람이 온전해져 가는 것이다. 아이를 올바로 기르다보면 아이만 길러지는 게 아니라, 사실은 부모가 성숙함으로 나아가게 되어있다."

당신은 하나님으로부터 당신의 자녀들의 아버지로 택함을 받은 사람이다! 하나님은 다른 사람을 선택하실 수도 있었으나, 그 분의 무한한 지혜로, 바로 당신을 택하셨다. 비록 당신은 자신이 부모로서 완벽하지 않다고 생각할지도 모르지만, 하나님께서는 당신이 당신 가정의 가장으로서 가장 적합한 인물이라고 하신다. 하나님은 당신의 모든 약점과 강점을 아신다. 그렇지만 그래도 하나님은 당신을 당신 가정의 아버지로 세우셨다.

그러한 사실을 아는 것이 당신을 더 편안하게 하는가 아니면 더 겁먹게 하는가? 느슨하게 긴장을 풀어라. 당신에게는 지금 이 책이 주어졌다. 이 책을 통해 당신은 반드시 더 나은 아버지가 되는 비법과 지혜를 습득하게 될 것이다. 중요한 것은 당신의 마음가짐이다. 당신이 진실하고 참을성을 보이는 한, 하나님은 당신의 삶에 관계하셔서 당신의 진실한 갈망들을 축복해 주시며 도와주실 것이다. 나도 하늘 아버지에게 자녀양육을 위한 지혜를 많이 구한 사람 중에 하나이다. 그리고 하나님이 나의 처지를 진실로 알아주신다는 것을 체험하게 해주는 그런 기도응답을 많이 받았다. 특히 나는 하나님이 '깨닫게 해주시는 순간들'을 많이 경험했다. 물론 급속히 이루어진 것은 아니다. 많은 시간과 인내가 필요했다. 그렇지만 참으로 하나님의 은혜로 깨닫는 순간에, 수많은 지혜의 말들이 내 입술을 통해 흘러나오는 것을 경험했다! 그저 발생하는 사건에 반응하기만 했던(reacting) 내가 이제 의도적으로(intentional) 아버지 노릇을 하자마자, 하나님은 나의 노고가 헛되지 않게 축복해주시기 시작하셨다.

오늘날 나는 아버지 노릇하기를 즐겨한다. 그러나 사실 지난 몇 년을 돌아보면, 청소년의 아버지가 되는 것을 소름끼치는 일로 생각한 적도 있었다. 물론 지금은 달라졌다. 그리고 청소년이 된 자녀를 키워내는 그 도전을 상쾌한 것으로 받아들이고 있다. 청소년들은 자연적으로 호기심이 많다. 그들의 호르몬 수위는 오르락내리락한다. 그런 청소년을 행복하고 생산적인 성인으로 키워서 이 세상에 진출하게 하는 일은 보람된 일이 아닐 수 없다. 믿든지 말든지, 청소년들의 그 이상한 특질들이 나에게는 매우 흥미롭게 느껴진다. 물론 다루기 쉽지는 않지만. 하여간에 하나님께서 청소년들의 그 특이한 욕구를 만족시킬 만한 방안을 나에게 허락하실 때마다 나는 희열을 느낀다.

　나에게 내리신 것과 비슷한 희열과 성취감을 하나님은 당신의 가정에도 주실 수 있다. 그러므로 거룩하고 선한 싸움을 중도에서 포기하지 말고 계속 믿음을 유지하기 바란다.

　오늘날 진정한 남자와 아버지가 된다는 것은 참으로 어려운 일이다. 일터에서 분투하며 몸부림치고, 남에게 베풀며 헌신하고, 참을 수 있는데 까지 참아도 부족한 것을 느낄 것이다. 아버지로서의 중압감이라는 것은 잔인하리만큼 우리를 짓누른다. 그럼에도 불구하고 아버지로서의 역할은 다른 사람으로 대치될 수 있는 그런 성격의 일이 아니다. 적어도 당신의 자녀에게 아버지인 당신은 이 우주에서 가장 중요한 존재 중에 하나이다. 부권(fatherhood: 아버지로서의 위치 내지는 자격)이란, 그 말 그대로, 하나님이 남자에게 부여하신 특권이다. 선을 위해 책임을 감당하는 부권은 진정 하나님의 축복을 현재의 가족원들과 자손만대에 가져다줄 만한 그런 능력이다.

　특권, 권위, 책임, 희생, 이 모든 것은 남자됨(내지는 아버지됨)이라는 한 묶음 안에 들어있는 요소들이다.

　남자다운 남자가 되라. 남자로 굳건히 서라. 수많은 세대가 지나가도 잊혀지지 않을 만한 그런 남자다움(masculinity : 사내다움)의 본보기를 아들에게 보여주어라. 나는 종종 자기 증조 또는 고조 할아버지에 관해 자랑스럽게 이야기하는 사람들을 만나본다. 그분들이 남긴 정신적 유산은 마치 시간이 지나면 더 단단히 굳는 콘크리트와 같이 대를 거듭해 내려갈수록 더욱 견고히 서는 것 같다.

아버지의 힘

아버지는 그 힘을 하나님과 그리고 그 자신의 아버지로부터
물려받는다.

앨리스 밀러

아버지라는 존재가 왜 그리도 중요할까? 제임스 돕슨 박사에
따르면 우리의 생존 자체가 아버지의 리더십 여하에 달려있기 때
문이라고 한다.

그러나 좋은 아버지가 된다는 것은 좋은 부모가 되는 것을 넘어
서 얼마나 좋은 인간이 되느냐에 달려있다. 당신은 인품과 덕성을
갖춘 사람인가? 당신의 인생관은 무엇이며 아버지로서의 책임감에
대해서는 어떤 견해를 가지고 있는가?

아버지에게는 자녀에게 영향력을 끼칠 수 있는 자연적인 능력
과 소양이 있기 마련이다. 나는 그것을 '아버지로서의 힘'이라고
부른다. 그것은 아들이나 아내보다 몸집이 크기 때문에 과시할 수
있는 그런 종류의 힘이 아니라, 하나님이 가장인 남자에게 부여하
신 '거룩한 힘'이다. 이는 가족원들에게, 수 백년 동안 긍정적으로
나 부정적으로, 선과 악을 전달할 수 있는 그러한 종류의 힘이다.
아버지에게는 살아생전 만나지 못할 자손들에게까지 영향력을 행
사할 그런 큰 힘이 있다. 스투 웨버의 말을 들어보자.

에덴의 원초적인 동산으로부터 시작된 아버지 됨의 큰 강물

은 시간을 지나 영원으로 흐르고 있다. 당신의 가계를 타고 흘러 내려가는 그 강물의 지류(支流)의 코스를 어떻게 변경시킬 것인가? 당신은 적어도 그 흐름의 방향에 영향을 미칠 수 있다. 이는 당신이 온 마음과 정성을 다해 아버지 노릇을 하느냐, 아니면 두 눈을 감아버리고 손을 호주머니에 처넣고 모른 척 해버리느냐에 달려있다. 거기에 따라 강물의 물줄기는 이 방향 저 방향으로 틀어질 것이다. 그것이 아버지로서 자녀 돌보기의 본질이다. 그 누구도 아버지 됨의 능력과 가능성을 회피할 수 없다. 싫든 좋든, 수용하건 배척하건, 믿든지 말든지, 당신이 이 세상을 떠난 뒤까지 아버지로서의 당신의 영향력은 후손에게 미치게 되어있다.

예를 들자면, 아들이나 딸을 근친상간 한 아버지가 있다고 가정해보자. 불운하게도 그는 이미 그 자녀의 전 생애를 건드린 것이다. 그리고 그러한 폭력행위가 가계를 타고 흘러 내려가는 경우 자손만대에 영향을 끼치게 되어있다. 그러한 폭력행위(abusive behavior : 남용, 악용, 학대하는 행위)는 누군가 그 사슬을 끊고, 고통에서 헤어 나와, 치유를 발견하기까지는 가계를 타고 대물림 될 것이다. 반대로 아들의 필요를 자신의 욕구보다 앞세우고 봉사하는 아버지는, 새로운 가문의 전통(legacy : 영적 내지는 문화적 유산)을 이룩하게 될 것이다. 그러한 긍정적인 영향력은 눈덩이처럼 불어나 향후 수세기 동안 가지를 치고 무수한 열매를 맺기도 할 것이다.

나는 증조할머니 때로부터 가정에 남자들이 없어짐으로 인하여 난감해진 한 가문을 알고 있다. 그 가문은 여성들로 이어져 내려왔는데, 주로 청소년인 미혼모들로 이루어졌다. 그래서 그 가문에서는 여성들만이 자신의 가계의 전통을 대물림하고 있다. 남성의 사랑을 애타게 갈구하는 그 가문은 애정결핍으로 인하여 사랑과 성생활을 혼동하는 난잡함에 빠져있었다.

아버지들에게는 분명히 모종의 힘이 있다. 그런데 그 힘은 터놓고 인정하기도 싫고 또한 뭔가 분명치도 않은 그런 모호한 힘이다. 과연 그런 종류의 힘이란 무엇일까? 나의 관찰에 의하면, 성별과 나이에 관계없이 아버지의 사랑과 인정을 바라지 않는 사람은 이 세상에 없다고 생각한다. 나는 아버지로부터 "너를 사랑한단다." 내지는 "나는 네가 자랑스럽다."라는 말을 단 한번도 듣지 못한 것을 통탄하는 70세, 80세의 노인들을 만나보기도 한다.

스투 웨버는 그런 현상을 이렇게 묘사하였다. "진짜 권력이 있는지 알아보는 방법이 2가지가 있다. 하나는 권력을 행사할 때에 관찰해 보는 것이다. 그리고 다른 하나는 권력이 상실되었을 적에 어떤 현상이 일어나느냐를 관찰해보는 것이다. 어떤 경우라도 아버지들은 강인하다. 세상적인 힘이 있든 없든, 긍정적인 상황이든 부정적인 상황이든, 아버지들은 강하다. 아버지가 강한 손으로 감싸주는 것보다 더 귀한 것을 아이들은 이 세상 어디에서도 경험해 보지 못할 것이다."

하나님께서 아버지들에게 부여하신 그런 종류의 권력은 '삶을 창조해 내는 힘'이다. 그러므로 자식의 삶을 아름답게 창조해 내는 일에 일생을 헌신할 의향이 없으면 절대로 여성이나 아내에게 임신을 시키면 안 된다. 권력에는 항상 책임이 뒤따른다. 하나님은 가정의 안녕(安寧)과 복지에 대하여 가장에게 그 책임을 추궁하신다. 남자는 나이가 듦에 따라 자연적으로 성숙해 지는 것이 아니다. 남자는 오직 가정에 대해 책임을 지는 행위를 통해 성숙해진다.

아버지로서 우리들은 오는 세대에 지대한 영향력을 끼칠 그런 권력을 가진 사람들이다. 그렇다면 보다 긍정적인 영향을 끼치는 아버지가 되어야하지 않겠는가!

영적 리더들

역사에 위대한 일을 창출해낸 사람들은 여지없이 믿음의 사람들이었다.

에드윈 허벨 채핀

밤마다 딸의 방으로 들어가, 딸이 잠들 때 그리고 잠든 후까지도 무릎을 꿇고 기도를 드려준 어떤 아버지의 이야기를 나는 들은 적이 있다. 그녀는 장성하여 대학으로 떠나버렸다고 한다. 그런데 대학 첫해의 성탄절에 자기 집을 방문했다.

어머니와 대화를 나누면서 그 딸은 "내가 대학을 가버렸는데도 아버지는 밤마다 나를 위해 기도하고 계시는가봐요! 그렇지요?"라고 했다.

"아니 세상에! 네가 그걸 어떻게 아니?"라고 엄마가 되물었다.

딸은 확신을 가지고 이렇게 대답했다. "아 그거요? 내 침대 옆

카펫이 움푹 파인 자국이 역력히 보이는데요.”

당신은 성장기에 부모로부터 기도를 받는 축복을 누리며 자라난 사람인가? 나의 설문 조사에 따르면 아주 적은 퍼센티지의 남자들만이 ‘그렇다’ 라고 대답했다. 만약에 당신에게 그렇게 기도해 준 아버지가 있었다면 당신의 인생이 어떻게 달라졌을 것이라고 생각하는가?

이러한 실험을 한번 해 보라. 밤에 자녀의 방으로 들어가 무릎을 꿇고 앉아 자녀의 머리나 등에 손을 얹고 하나님의 축복이 임하도록 간구해 보아라. 그러면 강렬한 성령의 임재를 체험하게 될 것이다. 자녀들은 이불 속에서 꼼짝도 않고 가만히 있을 것이다. 왜냐하면 그 기도의 순간은 거룩하고, 순수하고, 진지한 순간이라는 것을 감지하게 될 것이기 때문이다.

한 목사님은 나에게 나의 자녀의 순결만을 위해 기도할 것이 아니라 내 자녀의 미래의 배우자의 순결을 위해서도 기도하라고 말씀해 주셨다. 또한 그 목사님은 미래의 배우자의 부모님을 위해서도 기도하라고 했는데, 이는 장차 며느릿감이나 사윗감이 될 인물을 하나님의 법도를 따라 제대로 양육하도록 그 부모들에게 지혜를 부어달라는 기도라는 것이었다.

부모가 자기들을 위해 기도를 드린다는 사실을 당신의 자녀들이 알 때에, 특히 그들의 순결과 미래 배우자의 순결까지 위해서 기도한다는 사실을 알 때에, 그러한 기도는 그들에게 인생의 이정표가 된다. 그런 기도의 실천자들은 부모로서의 권위를 억지로 세우려하지 않아도 저절로 권위가 세워지는 것을 경험하게 될 것이다.

하나님께 가까이 다가가는 것은 운명을 개척하고자 함일 뿐만이 아니라, 가족을 영적으로 이끌어 가족 구성원 모두를 구원의 길로 나아가게 하기 위함이다. 가장으로서 남자의 역할은 아내와 자녀들의 영적 멘토가 되는 것이다. 내가 그리스도를 갓 영접했을 때에 가장 감당하기 힘들다고 생각했던 역할이 바로 이것이다. 그러나 하나님은 현재의 자리가 아니라 미래에 변화될 자리에 더 많은 관심이 있으셨던 것 같다. 재미있게도, 나의 자녀들과 아내는 내가 영적으로 인도하는 대로 그대로 따라왔다. 내 가르침이나 인도함이 한심한 수준이었는데도 따라왔다는 것은 참으로 놀랄만한 일이다.

기독교로 개종한 직후, 나는 오리건의 그레샴에 위치한 선한 목자 공동체 교회에 출석하게 되었다. 그 교회의 담임 목사는 스투 웨버이다. 스투 웨버(Stu Weber) 목사는 《남자들이여 부드러운 전사가 되라 – 진정한 남자의 리더십》(Tender Warrior)과 《남자의 마음을 받쳐주는 네 기둥》(Four Pillars of a Man's Heart)과 같은 서적을 저술한 목회자로, 진실한 남자와 아버지로 내가 성장하는데 크나큰 영향을 준 인물이다. 나는 아내에게, 스투(Stu)목사의 설교를 듣는 것은 마치 춥고 비오는 날에 따끈따끈한 스튜(Stew: 쇠고기, 돼지고기, 닭고기 등에 버터와 조미료를 넣고, 잘게 썬 감자, 당근, 마늘 등을 섞어 뭉근히 끓인 요리, 옮긴이)를 먹는 것과 같다고 말하곤 했다. 설교를 듣고 나면 나는 항상 영혼이 채워지고 만족하게 되었으며, 고무되고 흡족하게 되었다.

선한 목자 교회에 대한 우리들의 첫 태도는 이례적인 것이 아니었다. 그 전에도 10년간 여러 교회들을 전전긍긍했기 때문이다. 비록 기독교인은 아니었어도, 우리는 자녀들에게 기독교적인 가치관을 심어주고 싶었기에 아이들과 가끔 이 교회 저 교회에 출석했다. 그러나 한 교회에 1년 이상 머문 적은 없었다. 대부분의 경우에, 우리는 교인들이 우리가 교회에 출석한다는 사실을 과연 알기나 할까 하는 의구심에서 교회를 다녔다. 왜냐하면 아무도 우리에게 접근을 해온 교우가 없었기 때문이다. 아마 교회들을 떠났을 때에도 우리가 떠났다는 사실조차 몰랐을 수도 있다.

우리 부부가 어느 주말에 사업상 여행을 떠났을 때에 에이미라는 젊은 여자가 우리 아이들을 돌봐준 적이 있었다. 에이미는 그날 우리 아이들을 선한 목자 교회라는 곳으로 데리고 갔다. 우리 부부가 여행에서 돌아왔을 때에 아이들은 "진짜 좋은 교회에 갔었어요."라고들 이구동성으로 말했고, 한 달 뒤에 우리 온 가족은 선한 목자 교회를 방문하게 되었다.

그 주일에 설교한 목회자는 랜디 알콘이었는데, 그는 인간의 존엄성 특히 태아의 생명에 대한 신랄한 말씀을 전했다. 그 말씀이 얼마나 통렬했든지 내 아내는 설교 중반에 예배당을 뛰쳐나갔다. 하여간 뭔가 시작부터 좋지 않았다.

그렇지만 하나님의 섭리 하에 우리 가족은 그날 저녁에 마련된 새신자 환영회에 초대되었다. 그 당시 나는 어느 교회든지 믿음을 강압적으로 밀어붙이는 곳이 있다면 그런 교회의 교인은 되지 않으리라 속으로 다짐했던 사람이었다. 아내가 또다시 발끈할 가능성이 없는 것은 아니었으나, 나는 위험을 감수하고, 아내를 그 환영행사에 데리고 갔다. 그런데 그 새신자 환영회에 참석한 선한 목자 교회의 3명의 목회자들의 진실성에 나는 반해버렸다. 그들의 신앙과 인격에 푹 빠져버린 것이다.

물론 나의 아내는 새신자 환영회라는 것 자체를 기뻐하지 않았고 나중에 내가 그 교회의 등록교인이 되겠다고 결심한 것에 관해서도 시큰둥한 반응을 보였으나, 적어도 영적인 문제에 있어서는 나의 결정을 따르기로 했다.

그 당시 내가 지금처럼 현명하거나 성숙한 기독교인이 아니었다는 것을 감안해 주기 바란다. 그 당시 나는 어느 모로 보나 영적 어린아이였다. 나를 무조건 따르기로 작정한 아내의 결정은 물론 내 아내의 인품을 말해 주는 것이기도 하지만, '남편이 가정에 영적 지도자가 되어야할 당위성'에 대해서도 시사하는 바가 크다. 내가 들은 바에 의하면, 교회에 출석하는 부인들의 남편에 대한 최고의 불만은 남편의 영적 무관심이다. 얀 헤티가 목사는 "오늘날 교회의 문제점 중에 가장 심각한 것은 남성들의 무관심과 여성들의 욕구불만입니다"라고 한다. 내 생각에는 여성들의 불평의 원인이 바로 남성들의 냉담(冷淡)이 아닌가 싶다. 남자들의 불참과 무관심한 태도는 교회에서뿐만 아니라 가정에서도 많은 문제를 야기한다. 오늘날에는 이곳저곳에 만연한 태도이기는 하지만 반드시 깨부숴야만 하는 태도이기도하다.

아버지들은 주로 자녀들 특히 아들에게 영적인 기반을 물려주는 역할을 담당해야한다. 미국의 통계에 따르면, 한결같이 엄마가 아들을 교회에 데리고 오는 경우, 그 아이가 자라나 성인이 된 후에도 동일한 교회에 출석하게 될 가능성은 15퍼센트에 불과하다고 한다. 그렇지만 아버지가 아들의 영적 성장에 적극 가담할 경우, 아들이 영적 여정을 계속할 가능성은 75퍼센트로 올라간다. 그러한 통계에 비추어 볼 때에 아들에 대한 아버지의 영적 영향력은 대단한 것이다.

그렇지만 많은 남자들이 가족을 영적으로 인도하는데 대해 꺼리거나 아니면 무서워한다. 나 역시도 많이 두려웠고, 자신감도 없었으며, 행동으로 실천하기가 귀찮았다. "내가 기독교 신학에 관해 뭐 아는 게 있단 말인가? 그런 영원한 결과를 초래하는 일을 책임성 있게 감당할 정도로 나는 준비된 사람이 아니다. 만약 실수로 가족을 엉뚱한 길로 인도하면 어떻게 하나?" 이런 생각들이 내 머릿속을 맴돌았다. 나는 너무나 겁이 나서 어떻게든 그 책임을 모면해 보려고 하였다.

1998년 여름, 12살 이였던 내 아들은 예수님을 영접하고 싶다고 하면서, "약속을 지키는 아버지들(Promise Kippers)"이라는 집회에 자기를 데려다 달라고 부탁하였다. 나는 왜 갈 수 없는지를 설명하느라 혼 줄이 났다. 그렇지만 나의 온갖 변명은 소용이 없었다. 아들은 나의 망설이고 지체하는 태도를 용납하지 않았다. 결국 우리는 집회에 참석하게 되었는데, 그 모임에서 주최측을 위해 일하는 자원 봉사자 한사람이 나에게 이렇게 말했다. "당신이 아버지니까 아들이 예수님을 영접하도록 인도해 보세요." 헉! 나보고 어떻게 하라는 말인가? 난처하게 된 나는 갈팡질팡하다가 결국 뭔가 적당한 문구를 생각해내어 아들로 하여금 마음에 예수님을 모셔드리도록 도와주었다. 그 후로 지금까지 나는 내 아들 프랭크가 기독교인으로 성장해 가는 것을 즐거움으로 바라보고 있다. 오늘도 나는 우리 아들이 성장하여 하나님께 크게 쓰임을 받는 날이 도래할 그런 꿈도 꾸며 살아간다. 그 집회에 참석한 후로 나의 두 자녀와 아내는 세례를 받는 축복을 누렸다. 참으로 황공(惶恐)스럽고도 겸허하게 하는 사건이었다. 하나님은 그러한 축복을 베푸심으로 나의 빈약한 영적 리더십에 힘을 더해주셨다.

이러한 영적 기적은 당신의 가정에도 발생할 수 있다. 그러므로 하나님께서 당신을 위해 준비하신 축복을 기대함으로 바라보아라. 지휘봉을 흔들며 가족에게 영적 방향을 제시하라. 가정이라는 배의 키를 꽉 붙잡고 가정을 바른 길로 인도하라!

하나님과 아버지들

마지막으로 다루고자하는 것은 하나님이 '아버지'에 관하여 무엇을 말씀하시느냐 하는 것이다. 하나님은 어떠한 역할이라도 감당하실 수 있는 분이나, 그 분은 우리의 하늘 '아버지'의 역할을 담당하시기로 선택하셨다. 신약 성경의 여러 군데서 우리는 예수님이 하나님을 '아바'라고 부르며 기도한 것을 관찰한다. 그리고 다른 이들에게도 그렇게 기도하라고 촉구하였다. '아바'는 문자 그대로 번역하자면 어린이가 아버지를 부르는 호칭인 '아빠'이다. 그 배후에 담긴 함축적 의미를 한번 생각해 보아라. 솔직히 말해서 하나님을 그렇게 부른 다는 것은 나에게는 좀 못마땅한 일이었다.

우리 교회에는 신생아들이 몇 명 있다. 아버지들이 신생아를 안고 얼굴을 비비며 상호작용을 하는 모습을 나는 즐긴다. 이는 나와 하나님의 관계를 비유적으로 보는 것과도 같기 때문이다. 아기는 완전 무방비의 무기력한 존재이다. 아기는 생존을 위해 어른의 자비에 온전히 의존할 수밖에 없다. 아기는 아버지라는 존재에 의해 지탱을 받으며 오직 그 분의 사랑으로만 자라난다. 영아는 아직 인생의 큰 그림을 볼 수 없다. 그러나 아버지라는 강력한 존재로부터 흘러나오는 사랑의 메시지는 확실하게 파악한다.

하나님이 '아버지'라 불리는 것 이외에, 인간의 아버지와 하나님이 어떻게 연결될 수 있을까? 성경은 진리에 이르는 지름길이다. 나의 단어 조사에 따르면, '아버지'라는 말은 성경에 무려 1,488번이나 등장한다. 이는 하나님께서 말씀을 통해 '아버지'라는 존재의 중요성을 강조하려고 하신 것이 아닐까?

예수님은 하나님 아버지로부터 전권을 물려받은 분이시다. 비슷하게, 남자들은 하나님으로부터 가정의 리더가 되는 전권을 부여받은 자들이다. 물론 권위에는 책임이 항상 따른다. 선한 영향력으로 가정을 축복하는 그런 책임 말이다. 그러나 불행히도 오늘날 많은 아버지들이 그 권한을 차버리고 책임을 내던져버렸다. 물론 어떤 이들은 사실 가장이 되기에 온당치 않다. 그렇다고 해서 아버지의 리더십을 공격하는 사회의 태도도 역시 바람직하지 못하다. C. S. 루이스의 표현인 "기사(騎士)를 추방한다고 해서 농부들의 고통이 경감되는 것은 아니다."처럼, 못난 아버지들이 있다고 해서 아버지의 권위 자체를 부정하는 것은 문제 해결에 별로 도움이 되지 않는다.

구약 성경의 맨 마지막 절에 아버지에 관련된 내용이 등장하는 것도 역시 우연이 아니라고 나는 생각한다. "그가 아버지의 마음을 자녀에게로 돌이키고, 자녀의 마음을 아버지에게로 돌이킬 것이다. 돌이키지 아니하면, 내가 가서 이 땅에 저주를 내리겠다"(말 4:6). 하나님은 다른 말들로 구약성경을 마무리 질 수도 있었을 것이다. 예를 들자면, "민중이 교회로 몰려들 것이다."라든지 "전쟁이나 기근이 없을 것이다."라든지 말이다. 그러나 하나님은 주님의 도래하심과 관련된 말씀에서 아버지와 아들의 관계회복을 예언하셨다.

'저주를 내리겠다'에서 사용된 '저주'의 히브리어는 괴멸(annihilation 전멸, 섬멸, 멸종)을 뜻한다. 이는 하나님이 내리신 임무인 가정과 공동체에서의 리더로서의 역할을 남성들이 포기하지 않는 한, 그 나라는 생존하고 융성할 것이라는 예언이기도 하다.

그러나 너무 걱정하지 말기 바란다. 당신이 훌륭한 아버지와 진정한 남자가 되도록 하나님이 인도해 주실 것이기 때문이다. 하나님은 당신을 선택하셔서 당신의 아들의 인도자가 되게 하셨다. 당신의 아들이 고결한 인물로 키워지게 하기 위해 당신을 선택하셨다는 말이다. 하나님은 당신을 선택한 후에, 그냥 내버려두어 실패하도록 하실 분이 아니다. 하나님께 기도하며 지혜와 분별력을 구하면, 하나님은 반드시 귀한 자녀양육의 은사들을 당신에게 허락하실 것이다. 그러므로 하나님의 도우심을 믿고 하나님을 신뢰하

자. 마음속에 희망의 촛불을 켜자. 우리가 마음 문을 열기만 하면, 하나님이 우리를 통해 일하실 것을 굳게 믿자.

그러고 나서 그 모든 선한 결과를 만끽하는 자가 되자.

참된 아버지가 되는 여정을 위한 하나님의 축복

아버지로서 초보였을 때에 나는 아버지로서 무엇을 어떻게 해야할지 잘 몰랐다. 그렇지만, 나의 노고에 영원한 보상이 따르기를 하나님께 열심히 기도하면서 지금까지 살아오고 있다. 그런데 하나님은 나의 기도에 응답해 주셨다. 하나님이 나를 축복해 주신 이유는 아마도 내가 배운 것을 확실하게 행동으로 옮겼기 때문이라고 생각한다. 나는 두려움으로 인하여 나의 활동이 마비되지 않도록 노력하였다. 이제 하나님이 나를 축복해 주신 것을 구체적으로 열거하고 싶다.

나는 과거에 사람들 사이에 끼여있으면 불행하고, 스트레스가 쌓이고, 불편했다. 그리고 다양한 상황 가운데에서 혼동과 절망, 그리고 처참함을 느꼈다. 그런데 기도의 응답으로 나에게는 나를 사랑하고 나의 인격을 존중해주는 아내가 생겼다. 그녀는 과분하게도 나에게 칭찬까지 곁들여 해주었다. 얼마나 멋진 인생인가! 좋은 부부사이를 기반으로 나의 삶의 많은 영역에서 변화의 물결이 일었다. 아니 삶의 모든 영역이 변화되기 시작했다.

결혼 초창기에 나는 성장과정에서 받은 상처를 그대로 안고 있었다. 그래서 나에게는 부모로서 존경을 받거나, 아니면 적어도 자녀가 나를 지혜를 가진 아버지로 믿어줄 그런 자질이 없었다. 그렇지만 나는 지금까지 24년간의 행복한 결혼생활을 즐기고 있다. 이는 진정 하나님의 은혜가 아닐 수 없다.

하나님께서는 나를 치명적인 고립으로부터 빼내셔서 수십 명의 다른 남자들과 풍성한 인간관계를 맺도록 인도해주셨다. 심지어는 나에게 정기적으로 조언을 구하는 일단의 무리까지 생기게 되었다. 또한 만사를 제쳐놓고 나를 적극적으로 돕는 사람들이 있다는 사실에 놀라움을 금치 못하곤 한다. 많은 남성들과의 친분관계는 진실하게 살려했던 나에게 크나큰 하나님의 축복이 되었다.

이제 나와 나의 가정은 절망 대신 희망을 안고 살아간다. 나의 아내와 자녀들은 나의 발자취를 따르고 있다. 나는 우리 자녀들이, 긍정적인 우리 가정의 풍토를 후손에게 널리 전할 것을 기대하고 있다.

이 책의 서문에서 언급한 것을 다시 되새기고 싶다. 내가 어렸을 적에 나는 하나님께 막연히 기도했다. 우리 집에서 다툼, 비명, 폭력이 사라지도록 말이다. 그러나 그 당시 하나님은 나의 기도를 당장에는 들어주지 않으셨다. 그러나 하나님은 내가 그 때 드린 기도에 지금 응답해 주시고 있다. 내가 가장인 우리 가정에는 다툼, 비명, 폭력이 난무하지 않는다.

그 이외에도 나는 최대의 만족을 주는 하나님의 축복을 진하게 느낄 때가 있다. 이는 나의 강연회에 참석했던 사람들이 방문하여, 나의 간증이나 가르침이 그들의 삶을 참으로 많이 변화시켜주었다고 하면서 감사할 때이다. 그 때마다 나는 가슴이 찡하다. 나로 인하여 그들의 가정이 좋게 변화되었다는 말을 들으면 내 가슴에 얼마나 큰 감격의 물결이 몰려오는지 모른다. 그런 이야기를 들으면 진짜 가슴이 벅차 올라 눈물이 펑펑 쏟아질 정도다.

나는 현재 하나님이 내려주신 많은 축복을 즐기고 있다. 이는 내가 새로운 것을 시도하는 것에 대한 불편함과 두려움을 극복해 내었기 때문이 아닌가 생각한다. 나는 더 좋은 아버지와 남편이 되기 위해 만사에 무던히도 많이 참아왔다. 나는 오직 하나님의 은혜를 나누며 타인을 돕고 의미심장한 인생을 사는 그런 경건한 남자가 되고 싶었기 때문이다. 물론 한심스럽고 서러운 때도 많았다. 그러나 하나님은 나를 측은히 여기시고, 나의 그런 가련한 노력들을 사용해주셨다. 하나님께서 나의 겨자씨 만한 믿음을 사용하셔서 참으로 내가 생각하기에도 놀라운 일들을 이루신 것을 보면 하나님을 찬양하지 않을 수 없다.

담대하고 진실한 아버지가 되자. 믿음으로 굳게 서자. 하나님은 당신도 사용하고 싶으셔서 안달하시며, 당신의 아들도 역시 사용하고 싶어하신다.

1 남자와 아버지로서 타인들의 삶에 영향력을 행사하도록 할 목적으로, 하나님은 당신에게 어떠한 능력을 부여해주셨다고 생각하는가?

2 당신은 아내와 자녀에 대한 영적 멘토로서의 역할을 어떻게 감당할 수 있다고 생각하는가? 그 임무를 완성하기 위해 당신의 삶의 어떤 영역이 더욱 개발되고 발전되어야한다고 생각하는가? 당신에게는 '가장의 리더십'에 관해 아내와 허심탄회한 대화를 나눌만한 의향과 용기가 있는가?

3 당신 자신의 아버지는 어떤 인물이었는지 한번 숙고해보기 바란다. 성장기에 당신과 당신의 아버지 사이에 일어난 사건이나 대화를 당신의 아들에게 이야기해주어라. 만일 당신의 삶에 아버지의 영향력이 부재했다면, 당신의 아들과 '아버지 없음의 폐해'에 관해 대화해보아라. 당신에게 자신의 아버지에 대한 섭섭하거나 후회함은 없는가?

4 아버지의 의무에 관해 아들과 대화를 나누어보아라. 그리고 하나님이 남자에게 부여하신 역할을 제대로 감당했을 때에 오는 보상과, 감당치 못했을 때에 오는 결과에 대해서도 아들과 이야기를 나누어보아라.

제3장

과거사 청산해내기

- 당신과 당신의 아버지
- 아버지와 화해하기
- 아버지와 어머니를 공경하라
- 손자(손녀)의 조부모가 되는 축복

과거사 청산해내기

변화되려고 노력하면 할수록, 어렸을 적에 받은 상처와 육신의 아버지와 그리고 우리가 되고자 하는 이상적인 아버지 상 사이에서 엄청난 갈등이 일어나는 것을 발견하게 된다. 그러므로 우리 모두는 자신의 아버지를 다시 한번 아주 가까이 만나야한다. 그 아버지를 알고 용서하고, 그래서 어떻게든지 자신의 아버지의 한계와 약점을 극복하고 넘어서야 한다.

아우구스투스 나피에르, 《깨어지기 쉬운 인연》 중에서

과거사를 제대로 이해하지 않고 삶에 큰 성취를 이루거나 지대한 영향력을 미친 경우는 드물다. 그러므로 효과적인 아버지가 되기 위해서는 키워주신 부모님들과의 관계를 제대로 정립하는 것이 선결과제이다. 그렇지 않으면 그들의 실수를 반복하게 된다.

당신과 당신의 아버지

나는 12살 때에 만취해서 집에 들어온 아버지와 말다툼을 하다가 아버지가 무심코 발설한 내용으로 크게 마음의 상처를 입게 되었다. 아버지의 주장에 따르면 내가 그 분의 진짜 아들이 아니라는 것이다. 사실 12살이 될 때까지 아무도 나에게 진실을 말해주지 않았기에 나는 우리 아버지가 나를 낳아주신 친부인줄로 알고 있었다. 그리고 솔직히 12살의 나이에 나는 의붓아버지와 생물학적아버지 사이의 차이점을 잘 인식하지 못했다. 그래도 아버지가 계부였다는 것은 넋이 나가게 하는 충격적인 사실이었다. 그 당시까지 나와 아버지는 긴장감이 맴도는 조금은 부자연스러운 관계였으나 그렇다고 해서 비정상적인 관계는 아니었다. 그러나 내 아버지가 계부라는 진실이 알려지면서, 마치 댐이 무너져 내린 것처럼, 아버지는 사사건건 나를 조롱하고 비판했다. 너무 많은 꾸중을 듣다보니 나는 내 자신이 경망스럽거나 경솔한 인간인 것처럼 늘 그렇게 느껴졌다. 아버지의 심한 비판으로 인하여 나의 자아상은 왜곡되었으며 매사에 자신감을 잃게 되었다. 동시에 나는 내 자신이 무가치한 인간이 아니라는 것을 증명하기 위해 죽도록 애쓰는 사람이 되었다. 그럼에도 불구하고 아버지 앞에서는 내가 인생의 부적격자라는 느낌을 떨쳐버릴 수 없었다. 물론 그런 지나친 행동들은 무의식적으로 진행되었지만 말이다.

사례를 하나만 들자면, 고등학교 때 나는 레슬링을 했었는데 시합에서 단 한번밖에는 져 본 적이 없었다. 그런데 공교롭게도 내가

진 게임이 계부가 참석했던 유일한 게임이었다. 아주 쉬운 상대에게 어이없게 2대0으로 패했던 것이다. 경기 중에 나는 진짜 최선을 다하고 싶었으나 내 몸이 얼어붙었던 것 같다. 이상하게도 몸이 전혀 움직여지질 않았다! 우리 팀의 코치는 너무나 화가 난 나머지 나를 팀에서 내쫓아버리려고까지 했다. 그렇지만 의붓아버지가 보는 앞에서는 자신감을 잃을 수밖에 없는 심리상태를 코치에게 어떻게 설명해야할지 나는 참으로 난감했다.

과거에 부모님으로부터 어떻게 양육되었는지 이해하지 못하면 아버지 노릇을 제대로 할 수 없다. 우리가 의식하지도 못하는 사이에, 우리의 모든 골칫거리들은 전부 자녀에게 대물림된다. 이러한 현상을 저술가인 켄 크랜필드는 "자신의 아버지 때문에 인생이 망가진 사람은 자신의 아들에게 그 망가진 배턴을 넘겨주게 되어있다."라고 표현했다.

당신이 자신의 아버지를 좋아하고 존경하건 아니면 아버지를 멸시하고 증오하건 상관없이, 좋은 아버지가 되기 위해서는 당신 자신의 아버지와의 관계를 정리할 필요가 있다. 특히 당신의 아들을 진정 괜찮은 사람으로 키우기 원한다면 이는 필수작업이다. 한마디로 말해서, 당신의 아들에게 좋은 아빠가 되려면 당신 자신의 아버지와 화해해야한다는 말이다.

아버지와 화해하기

1. 당신 자신의 아버지를 이해하고 용서할 수 있도록 하나님
   의 도우심을 간구하라.
2. 열린 마음으로 아버지에게 다가가라.
3. 과거사를 들먹이며 아버지를 힐난하지 말고, 공통분모를
   찾아라.
4. 아버지의 할아버지와의 관계를 묻고 아버지의 어린 시절에
   관한 정보를 얻어내라.
5. 아버지와 더 깊은 인간관계를 가지고 싶다고 말하라.
6. 아버지에게 사랑한다고 말하라. −필요하다면 용서를 빌어라.
7. 하나님이 명령하신 대로, 아버지를 공경하라.
8. 아버지가 이미 돌아가셨다면, 마음에서 우러나오는 편지를
   하늘로 띄워라. 어머니가 생존하신다면 그 편지를 어머니
   에게 읽어드려도 좋을 것이다 (그렇게 하는 것이 합당하다
   고 판단이 되는 경우에만).

당신의 아버지가 당신에게 해준 좋은 것이 무엇이라도 있다면, 그것을 당신의 아들에게 전수해주어라. 그러한 종류의 귀감(modeling: 모범)은 아들로 훌륭한 어른이 되도록 키워내는 최고의 교육방법이다. 말로 하는 것과 몸소 보여주는 것 모두를 포함하는 전인적인 전달과정을 사용하라. 그 중에서도 가장 중요한 것은, 아들과 함께 시간을 보내며, 남자가 하는 일은 무엇이며 남자가 일을 처리하는 방법은 어떤 것인지 직접 보여주는 것이다. 사실 나와

계부는 단 한번도 함께 공 던지기를 해본 적이 없었고, 낚시나 사냥을 같이 가본 적도 없었으며, 운동을 함께 하거나 자동차를 함께 고쳐본 적도 없었다. 우리 사이에는 '함께 하는 시간' 이라는 것 자체가 없었다. 그럼에도 불구하고, 계부는 집안살림을 꾸려나갈 만큼의 돈은 항상 벌어왔다. 가만히 되돌아보면, 나는 남자라는 게 뭐며 남자답게 행동한다는 게 뭔지 한번도 심각하게 생각해 본적이 없었던 것 같다.

성장기에 좋은 아버지 밑에서 자란 사람은 운이 좋은 것을 넘어서서 참으로 하나님께 축복을 받은 사람이라고 할 수 있다. 그런 경우라면 너무 늦기 전에 아버지에게 고맙다고 말하라. 나에게도 좋은 아버지 밑에서 자라난 친구들이 있는데 그들은 그런 것을 너무 당연시하는 것 같았다. 내 눈에는 그들이 이기주의자들처럼 보였다. 제발 내 말을 믿어주길 바란다. 당신의 아들이 보는 앞에서, 당신이 당신의 아버지에게 감사를 충분하게 표현한다면 그 모든 좋은 것들이 가계를 타고 자손만대로 전달될 것이다.

몬테라는 나의 친구는 하나님의 용감무쌍한 군사이기도하지만 동시에 사냥, 하이킹, 캠핑에도 전문가이다. 몬테는 정말 수려하게 자라난 남자이다. 그는 자기 아버지와의 결속을 다음과 같은 감동적인 이야기로 전해주었다. 아마도 이러한 이야기는 몬테의 가계를 타고 장구한 세월동안 그의 후세들에게 널리 전해질 것으로 믿는다.

우리 아버지는 끈기 있는 낚시꾼이었다. 물고기들이 미끼를 입질하고 또 입질하고, 그래도 아버지는 기다린다. 더 많이 물어 뜯고 거의 다 뜯어먹어도, 그래도 기다린다. "아버지, 줄을 당기세요. 다 먹고 도망가겠어요."

"아들아, 참을성을 가져라. 이제 막 걸려들기 일보직전이란다. 미끼가 물고기 입으로 완전히 들어갈 때까지 인내로 기다려야 한단다." 그리고는, 정확한 타이밍이 포착되면 – 아버지의 어떤 비밀스러운 감각이 발동하기 시작하면 – 물이 확 쏟아지듯 잽싸게, 낚싯대가 휘어지도록 날렵하게 낚아채면서 릴을 감아쥔다. 그리고는 자신 만만한 자세로, 아버지는 물고기가 굴복할 때까지 전투를 벌인다.

아버지는 이따금 직장에서 돌아와 저녁 늦게 낚시를 가곤 하셨다. 아버지가 낚시를 가시는 날은 직장으로부터 전화가 걸려온다. "한시간 뒤에 집에 도착한다. 낚시 도구들을 챙겨라." 그러면 나는 다른 자질구레한 소도구들과 함께 특히 말려서 소금에 절인 신선한 연어 알과 모기향을 정성껏 챙긴다. 이전에 그런 것들을 가져가지 않아 여행을 망쳐버린 적이 한번 있기 때문이다.

알래스카의 밤 12시에 떠오른 해는 우리로 하여금 빨간 연어, 은색 연어, 그리고 대왕 연어를 낚도록 도와주었다. 다른 모든 이들이 다리 밑이나 캠프장을 흐르는 샛강에서 고기잡이를 할 때, 우리는 포피 레인이라는 일종의 비밀의 장소를 찾았다. 스페어 타이어가 차체 전면에 부착된 우리의 1964년형 포드 픽업트럭은 덜커덕덜커덕 소음을 내며 녹슬어 색이 바랜 출입문을 향하여 내려가곤 했다. 거기에는 출입금지를 알리는 불길하게 보이는 표지판이 문에 부착되어 있었다. 이는 물론 위험을 알리는 경고였다. 그렇지만 아버지는 열쇠를 가지고 있었으므로 그런 경고 따위는 무시해버렸다. 문을 지나 반 마일쯤 달려 오솔길 아래로 수백 야드 내려가면, 거기에 우리들이 선호하는 장소인 케나리 강가가 있다. 나는 문을 잠그고 강가로 향할 때에 어떤 특권의식 같은 것을 느꼈다. "여기는 우리 아빠와 나만이 사용하는 특별한 장소다. 진짜 사나이들의 일이 여기서 벌어진다."

나는 아버지의 낚시하는 모습을 유심히 살펴보곤 했다. 물의 상태를 검사하고, 가장 큰 고기를 낚을 수 있는 최상의 지역을 확보하고, 놀라운 낚시 기술을 사용하는 것을 관찰했다. 우리는 무슨 전쟁터의 장군들처럼 강둑에 서서 고기들을 공략할 전술전략을 세우곤 했다. 마치 소총의 총열을 내려다보듯, 아버지는 강의 어느 특정한 지역을 손가락으로 가리켰다. "자, 아들아 저기 물살이 암초에 걸려 흰 선을 만들어내는 곳이 보이지? 거기 밑에 뭔가 큰놈들이 숨어있을 것만 같다." 그 말을 하고 내 어깨에 얹는 아버지의 팔 무게는 그 분의 애정을 확증이나 해 주는 듯 묵직했다. 낚시가 성공적으로 이루어져 어획량이 많은 날은, 집에서 반겨줄 사람들과 그들의 칭찬을 생각하며 기대에 부풀어 흥분되었다.

나는 아버지와의 일련의 낚시를 통해 남자로 성장하는데 필요한 많은 것들을 습득했다. 물론 아버지와 깊은 대화가 있었던 것도 아니고 아버지의 상세한 지시가 뒤따랐던 것도 아니다. 그렇지만 나는 아버지로부터 인생에 관한 많은 것을 배웠으며, 그로 인하여 좋은 성품들도 길러졌다. 좀 더 자세히 말하자면, 나는 아버지가 철저한 기획을 하고, 다양한 선택들을 고려하고, 최고로 적합한 결정을 내리고, 때가 되었다는 판단이 서면 자신감과 정확성을 가지고 행동으로 옮기는 것을 줄곧 관찰해왔다. 겸손히 자신감을 보인 사람은 성공이라는 보상을 받는 다는 것을 체험한 것이다. 아버지가 나에게 간접적으로나마 가르쳐 준 교훈들은 다음과 같다. 뒤로 도망갈 구멍을 막아버려라. 특권의식은 버려야한다. 망쳐진 부분은 그대로 방치하지 말고 반드시 고쳐야한다. 사람은 결국 자신이 벌인 일에 대해 언젠가는 대가를 치르게 되어있다. 세상에 많은 기쁨을 주는 일들이 있겠으나, 그 중에 애정과 우애는 지고의 기쁨을 가져다준다. 내가 이런 인생의 가치관을 신봉하게 된 것을 볼 때에 나는 우리 아버지의 아들임에 틀림이 없는 것 같다...

... 사슴 사냥 시즌이 시작되는 쌀쌀한 동부 오리건의 아침에 나와 나의 아들 브라이언은 작년에 내가 우수한 성적을 낸 산등성이로 향하고 있었다.

"아버지, 이 곳은 어때요? 용마루 저 아래까지 다 내려다보이잖아요?"

나는 묵묵히 쪼그리고 앉아 흙을 한 웅큼 쥐어 떨어트려 보았다. "자, 봐라. 바람이 우리 등뒤로 불고 있지. 바람 부는 방향을 고려해보자. 이리로 가면 우리가 사슴을 발견하기 전에 사슴이 우리를 먼저 발견할거야."

새벽 미명에 우리는 자리잡고 머물 곳을 찾기 위해 여러 곳을 물색했다. 우리는 함께 서서 지형을 분석했고, 바람의 방향을 조사했으며, 각각의 장소에 대한 장점과 단점을 논했다. 그런데 나의 그 '비밀스러운 감각'이 발동했을 때, 어떤 한 장소에 머물러 기다렸다... 그리고 주시했다. 그리고는 그 자리에서 날이 밝기까지 머물렀다. 그 날 아침은 사슴이 나타나지 않았다는 것만 빼놓고는 모든 것이 정상이었다.

이따금, 나는 우리 아들이 곁눈질로 나를 유심히 살펴보는 것을 관찰했다. 나도 아들을 주시하지만 아들도 나를 빤히 바라보았던 것이다. 그래서 나는 무엇을 악용하거나 쓰레기를 마구 버리거나 무례한 언동을 하거나 실례를 범하려는 유혹을 느끼더라도, 아들의 쳐다보는 그 눈초리 때문에 자제하게 되었다. 사실 말보다는 행동이 더 큰 영향을 끼친다는 것을 알고 있기 때문이다. '세월이 흐름에 따라 생기는 지혜'는 오직 행위를 통해서만 전달된다.

작년에 처음으로, 나는 내가 브라이언을 인도한 것이 아니라 브라이언이 나를 인도하도록 해보았다. '말 호이어 유닛'이라는 곳으로 사냥을 떠났는데, 우리 아들만이 소총을 소지하고 갔으며, 나는 그냥 그가 선호하는 방향으로 따라만 갔다. 긴 옛 오솔길을 지나니 일자로 쫙 뻗은 도로가 우리 눈앞에 펼쳐졌다. 나는 4분의 1마일밖에 지층의 노두(露頭)가 있는 것을 알아챘다. 나는 손을 들어 어떤 곳을 지적했고, 아들의 눈은 내 손가락을 따라 그곳을 바라보았다. "야, 바로 이거네요. 저기 바위 위에 나무들이 듬성듬성 있는 그곳에, 이제 해만 지면 사슴들이 먹이를 찾아 거기에 출현할 것 같네요." 그러자 갑자기 나는 한 시대가 지나고 또 다른 시대에 동일한 일이 발생하는 것을 느꼈다. 우리 아버지와 내가 함께 했던 그 추억이 되살아나면서, 나와 나의 아들이 그와 똑 같은 따뜻함을 나누고 있는 것을 문득 느끼게 된 것이다. 그러자 그 옛날의 그 냄새, 그 정취, 그리고 그 분위기가 느껴졌다.

산꼭대기의 평평한 분지에서 우리가 머물렀던 곳을 되돌아보았다. 묵묵히 우리 아들은 쪼그리고 앉아 흙을 한 웅큼 집어 떨어트렸다. 흙먼지가 사뿐히 가라앉는 것을 관찰한 아들은 "자, 보세요. 바람이 우리 정면으로 불고 있잖아요. 사슴사냥에 아주 적합한 장소입니다." 애정은 이 세상에서 지고의 낙을 제공하며, 특히 아버지와 아들의 우애는 인생에서 맛볼 수 있는 최고의 보상이라는 사실을 나는 다시 한번 더 체험하게되었다. 내가 이런 인생의 가치관을 재확인하게 된 것을 볼 때에 나는 우리 아들의 아버지임에 틀림이 없는 것 같다.

아버지와 어머니를 공경하라

용서하기 애매하고 까다로운 순간에도 부모를 용서하면 이는 부모를 최고로 공경하는 행실이 된다.

성경은 아버지와 어머니를 공경하라고 명령하신다. 그러나 도저히 존경심이 가지 않는 그런 엄마나 아빠 밑에서 자라난 경우는 어떤가? 그런 경우에도 하나님의 명령에 순종하여 약속된 축복을 받을 길이 있을까?

아버지와 화목하게 지내는 지름길은 어렸을 적에 아버지가 준 상처를 용서하는 것이다. 그 상처가 실제 상처이건 상상에 의한 상처이건 상관없다. 원한을 품으면 그 원한을 품고있는 사람도 다치게 되어있다. 그리고 때로는 상대방도 다치게 한다. 수많은 남성들과의 대화를 통해 내가 깨달은 사실은 이 세상에 애초부터 나쁜 아빠가 되고 싶었던 사람은 없다는 점이다. "자, 이제 나에게 아들이 하나 생겼다. 그러니 나는 이제부터 세상에서 가장 악독한 아버지가 되어 내 아들의 인생을 비참하게 만들어 놓겠다."라고 결심하는 아버지는 이 세상에 단 한 명도 없다는 말이다. 그러나 자신의 아버지로부터 심한 상처를 받은 남자 중에는, 자기도 모르는 사이에, 무감각하고 잔학한 부모가 되어버리는 경우가 있다. 그러나 일반적으로, 모든 사람은 좋은 아버지가 되기를 소망한다. 그럼에도 불구하고 가장 중요한 것은 바람직한 역할 모델과의 접촉이 있었는가 하는 것이다.

마음의 상처를 치유하는 비법은 용서와 이해라는 기술을 사용하는 것이라는 점을 다시 강조하고 싶다. 나의 경우에, 나를 키워주신 계부와는 전혀 바람직한 사이가 아니었다. 성장 과정을 밟으면서, 우리 아버지를 바라보며, 나는 앞으로 성인이 되면 적어도 저런 아버지는 되지 말아야하겠다는 결심을 수도 없이 하였다. 그렇지만 지금 회고해보면, 그 당시 우리 계부는, 지식과 지혜로의 한계에 부닥쳤지만, 아마도 최선을 다하지 않았나 하고 생각한다. 나의 계부는 종종 그의 무식함으로 나에게 심적인 고통을 안겨 주기도 했고 때로는 무관심으로 일관하기도 했으나, 이해하는 차원에서 살펴보면, 사악한 의도는 없었으리라 판단된다. 나의 의붓아버지는 나의 친부와 위스콘신이라는 주의 한 작은 삼림지대에서 함께 자라났다. 그 곳은 오지로서 아이들을 세련되게 교육시키기에는 적절한 장소가 아니었다. 그리고 그 둘 사이도 별로 좋지 않았다. 아마도 그런 것이 내가 계부와 좋은 관계를 형성하는데 방해거리가 되었을 수도 있다. 특히 나의 외모가 나의 친아버지를 꼭 빼어낸 닮은꼴이라는 것을 감안하면, 의붓아버지가 나를 경멸 (contempt: 치욕, 모욕, 멸시)하는 태도로 대한 것은 이해가 간다. 우리 의붓아버지의 아버지는 딱딱한 호밀 빵 안에 벨기에의 림버거 치즈(Limburger cheese)를 넣어서 매일 잠자리에 들기 전에 드셨던 기괴한 사람이었다. 우리 할아버지에 대하여 내가 들은 이야기로부터 유추해보면, 할아버지는 우리 계부가 좋은 아버지가 되는 데는 관심도 없었던 것 같고, 할아버지 자신도 좋은 아버지처럼 행동했던 적도 없었던 것 같다.

그렇지만 나의 과거가 나의 미래를 결정할 필요는 없지 않겠는가! 데니스 레이니(Dennis Rainey)는 이러한 문제를 다음과 같이 다루고 있다.

> 어렸을 적부터 학대받거나 희롱 당하거나 아니면 폭력의 희생자가 되었다하더라도, 하나님은 인생의 고난에 은혜를 더하여 주신다는 사실을 항상 기억하라. 사실 우리는 우리에게 폭력을 행사하거나 학대했던 부모까지도 공경할 수 있다. 그렇게 함으로 부모로서의 가치를 인정해 줄 수 있다. 존경받는 부모는 반드시 존경받을 만한 일을 해서 존경받는 것은 아니다. 자신 안에 남을 존경할 수 있는 그런 능력을 가진 사람이라면 누구라도 존경할 수 있다. 어릴 적에 학대를 받으며 자라난 부모는 십중팔구 자신의 자녀를 학대하게 되어있다. 그러므로 당신이 부모로부터 학대를 당했다면, 거의 할아버지나 할머니가 당신의 부모를 학대했을 가능성이 높다. 성경은 말하기를, 부모의 죄에는 적어

도 삼대나 사대에 걸쳐 대물림되는 성질이 있다고 한다(출 34:7). 문제는 간단하지 않다. 문제의 원인이 증조 할아버지 내지는 고조 할머니로부터 시발되었을 수도 있기 때문이다. 그렇기에 하나님의 뜻인 부모공경과 부모사랑을 젖혀두고 부모를 비난하는 것은 아무런 해결책을 제공하지 못한다. 그러나 만사를 젖혀두고, 일단 부모를 공경하기 시작하면 모든 것이 달라지기 시작한다. 누구라도 존중해주기 시작하면 그 사람과의 관계는 회복되는 것이다. 아내를 존중하면 건실한 결혼생활을 유지할 수 있게 된다. 다른 남성을 존중하면 좋은 친분관계로부터 오는 많은 이득을 취하게 된다. 자녀의 인격을 존중해주면 그들로부터 많은 존경을 받는 아버지가 된다.

나의 계부의 성장과정을 추측하며 계부의 입장에서 생각해보니, 계부가 나를 대했던 그 태도들이 이해되기 시작했다. 나의 계부도 사실은 알고 보면 자신의 무능력과 부적격을 극복해 보려고 몸부림친 한 인간에 불과하다는 것을 이해하고 나니, 나의 많은 불편과 불만이 해소되었다는 말이다. 우리의 성장 과정이 아버지로서의 역할을 감당하는데 미치는 영향이 크다는 사실을 감안할 때에, 당신의 아버지가 왜 그리고 어떻게 당신을 키웠는지 이해하는 것은 대단히 중요한 일이다. 본서를 읽는 모든 독자들에게 경고하고 싶은 사실이 하나있다. 자신은 절대로 아버지가 범한 그런 실수를 되풀이하지 않겠노라 호언 장담하는 사람들이 결국 동일한 짓을 반복하게 된다는 엄연한 진리 말이다. 그렇기에 우리는 항상 아버지를 용서해야만 한다. 우리의 아버지가 악의로 그런 실수를 범했다고 볼 수는 없을 것이다. 십중팔구 당신의 아버지도 역시 그의 어른들로부터 잘못된 지도를 받았을 것이다.

오늘 날 많은 남자들이 자신의 아버지보다 더 나은 아버지가 되기 위해 교육을 받고 있다. 그리고 하나님의 직접적인 개입으로, 혼자 힘으로는 불가능하다고 여겨지는 변화들이 이루어지고 있다. 당신 자신의 아버지(혹은 어머니)를 하나님의 은혜로 대하며, 당신과 부모 사이에 있는 문제의 찌꺼기들을 정리해 내는 것은 아버지로서의 당신의 역할을 제대로 감당하는데 큰 도움이 된다. 그것은 당신의 자녀들에게 선사할 최고의 선물이 되기도 한다. 아버지로서 몸부림을 쳐야하는 어려움을 겪었던 사람들도, 할아버지가 되어 이제 더 이상 가족을 부양하거나 자녀를 양육하는 부담이 없어지면 그 가정에 보배로운 존재가 된다. 할아버지의 존재는 손자의 삶에 있어서 막중하다. 요즘의 문화에서는 노인에 대한 경시풍조 때문에 할아버지의 중요성이 경감되는 것도 사실이지만, 사실 모든 사람은 할아버지의 손자들임에 틀림없다. 아버지가 대단한 존재라면, 아버지의 아버지는 얼마나 더 대단한 존재일까! 우리의 아버지를 길러내신 그 아버지 말이다! 할아버지는 일생을 통해 얻은 그 소중한 지혜들과 교훈들을 손자들에게 전달해 줄 수 있는 중요한 인물로, 특히 가정의 가치관 형성에 큰 역할을 담당할 수 있는 분이다.

우리의 조상 할아버지들을 이해하는 첩경은 그들이 남긴 정신적 유산을 살펴보는 것이다. 그러면 지금 당면한 문제들의 근원을 파헤치게 되어 문제해결에 실마리를 찾을 수 있다. 특히 당신과 당신의 아버지 그리고 할아버지의 닮은 점과 차이점을 한번 깊이 숙고해 보아라. 만약에 닮은 점들이 긍정적인 자질들이라면 당신은 조상으로부터 좋은 것을 물려받은 사람에 해당된다. 만약에 그 차이점이나 상이한 점이 부정적인 특질이라면 당신은 조상으로부터 부정적인 것을 물려받는 사람에 해당된다. 그러면 그러한 악순환이 계속 되지 않도록 사슬을 끊어주고 선순환으로 전환되게 하는 노력을 경주해야할 것이다.

아버지가 지금 살아 계시다면 당장 찾아 뵙고 진지한 대화를 나누기 시작하라. 너무 늦기 전에 빨리 아버지와의 대화에 착수해야 한다. 아버지의 사후에 후회하는 많은 이들의 모습을 나는 본다. 그들은 아버지 생전에 모든 앙금을 걷어내는 둘 사이의 화해를 하지 못한 것을 후회한다. 그렇지만 일단 돌아가시면 아무리 후회해도 소용없다. 당신이 먼저 시작하라. 물론 쉽지는 않을 것이다. 그러나 그 일은 당신의 일생에 최고로 보람있고 가치 있는 일이 될 것이다. 성장 과정에서 아버지와의 견해차이가 좁혀지지 않아 삶의 불협화음이 많았으나, 아버지 편에서는 그 불화를 종식시키려는 아무런 적극적인 노력을 하지 않았을 수도 있다. 이제 성인이 된 당신은 더 이상 어린아이가 아님으로, 아버지를 두려워하지 않기에, 그런 과거의 갈등들을 그냥 무시해 버릴 수도 있다. 그러나 안일함을 떨쳐버리고, 숨을 깊이 들이쉰 후에, 아버지를 찾아가라. 만약에 당신의 아들이나 딸이 당신에 대한 불만으로 적의를 가지게된 상태에서, 그들이 화해하고자 찾아온다면 당신은 받아주지 않겠는가? 내가 확신하건대, 당신의 아버지도 당신의 나이에 관계

없이, 당신을 받아주시리라 나는 굳게 믿는다. 자녀가 부모를 용서한다는데 받아드리지 않을 부모가 어디 있겠는가? 또한 부모가 자녀를 용납한다는데, 싫어할 자녀가 어디 있겠는가?

　　그러나 일정한 결과를 얻어내려면 집요하고 끈기 있게 시도해야만 한다. 지속성이 결여되면 큰일은 성취될 수 없다. 당신의 아버지는 가슴아픈 과거사를 들춰내고 싶지 않다고 할 수도 있다. 그러면 단호함으로 접근하여 공통의 입장을 발견해 내라. 아버지와 함께 했던 즐거운 추억거리는 없는가? 아버지에게 그 분의 어린 시절은 어떠했는지 질문해보아라. 아무리 당신의 불만의 원인(grievance: 불평거리, 노여움)이 정당한 것이라 할지라도, 처음부터 직격탄을 날리지는 말라. 그러면 아버지의 방어기제가 즉시로 발동하여 더 이상의 대화가 불가능해질 것이다. 정직한 것은 좋지만, 직설적인 것이 항상 좋은 결과를 가져다주는 것은 아니다. 당신의 아버지는 보통 인간, 그것도 불완전한 인간이라는 사실을 절대로 잊지 말라. 당신의 아버지가 당신에게 마음을 쓰고 있는 것을 당신이 느끼고 싶어하는 만큼, 당신의 아버지도 역시 당신이 아버지를 깊이 생각하고 있다는 것을 느끼게 되기를 바란다.

　　아버지로부터 "나는 너를 사랑한단다."와 비슷한말을 들어 본 적이 없다면, 아버지에게 그 말을 해 달라고 부탁해 보아라. 부탁드리지 않으면 죽을 때까지도 그 말 한마디를 들어보지 못할 수도 있다. 구세대의 사람들 중에는 자신의 감정을 표현하지 않도록 교육을 받으며 자라난 사람들이 많다. 그래서 마음은 있으나 말로 표현은 하지 않는 경우가 많다. 그렇지만 신세대의 사람들 중에는 사랑한다는 말을 들어야만 직성이 풀리는 사람들이 많다. 그러한 문화권에서 자라났기 때문이다. 모든 사람이 '사랑 받는다는 느낌'을 가져야만 하는 것은 사실이다. 나의 경우에, 하나님께서 나를 사랑하신 다는 것을 처음 느꼈을 때, 얼마나 기분이 좋았던지! 마침내 나를 끔찍이 사랑해주는 아버지를 만났구나 하는 생각을 하니 뛸 듯이 기뻤다.

당신도 나처럼 고지식한 사람일 수도 있다. 그러나 고지식하건 완고하건 간에, 아버지와의 관계에서 어긋난 것이 있다면 고쳐야 한다. 나는 장구한 세월 동안 나의 계부에게 접근하는 것 조차 꺼렸던 사람이다. 그러나 지금은 용기를 내어 좋은 관계형성에 진력하고 있다. 물론 아직도 가슴속깊이 맺힌 그 응어리가 전부 다 풀렸다고 할 수는 없지만 말이다.

아들들은 아버지 이외에 다른 남자들, 특히 할아버지의 귀염을 받고 또한 부모의 지도와 편달도 받아야한다. 그것이 우리의 아들들에게 큰 유익이 되기 때문이다. 그뿐만 아니라 다른 남자들도 우리 아들들의 성숙에 중추적 역할을 감당해야한다. 그러나 때로는 우리의 자만심 때문에 한 사람의 아버지로 족하다는 고집을 피우기도 한다.

손자(손녀)의 조부모가 되는 축복

베르니스 노이가르텐과 크리스티나 와인슈타인은 고전적인 연구를 통해 조부모가 되는 5가지의 유익을 간파해내었다.

1. 생물학적 갱생과 연속성의 확립

다시 젊어지는 기분을 느낀다. 가문의 명예, 이름, 전통, 자질, 성품 등이 자신의 삶을 넘어서 후대로 연속된다는 느낌을 받게 된다.

2. 정서적인 자기실현

귀엽고 재간 많은 손자/손녀를 바라보는 즐거움이 생긴다.

3. 자원을 공급해 주는 사람이 됨

조언을 주고, 가족의 역사를 말해주고, 재정적인 지원을 해주고, 가사노동을 도와줌으로 공헌하는 기쁨을 맛보게 된다.

4. 대리 성취감을 만끽함

손자/손녀의 성취를 통해 마음 뿌듯한 대리만족을 느낀다.

5. 탐닉

자녀를 버릇없는 응석받이로 키우는 것은 야유거리가 될만한 일이기는 하지만, 종종 손자, 손녀들은 조부모의 사랑에 탐닉하는 기쁨을 누리기도 한다. 그리고 조부모도 종종 손자, 손녀를 한없이 귀여워 해주는 탐닉에 빠진다.

당신의 육신의 아버지가 당신을 어떻게 키웠으며 어떻게 대했건 상관없이, 당신에게는 당신을 끔찍이 사랑하는 '하늘 아버지' 가 계시다는 사실을 항상 상기하라. 하늘 아버지는 당신을 너무나 사랑하셔서 그 분의 하나밖에 없는 독생자 예수를 당신을 위한 희생제물로 후히 베푸셨다. 희생을 통해 다른 이가 살아난다면, 당신은 흔쾌히 당신 아들의 생명을 내어줄 수 있겠는가? 그것도 당신이 미워하는 사람을 위해서 말이다. 나 같으면 아마 힘들 것이다. 그러나 바로 그것이 하나님 아버지가 우리를 위해 하신 일이다. 하나님은 당신의 모든 흠집과 결점에도 불구하고 당신을 있는 그 모습 그대로 사랑하신다. 하나님은 당신을 마음에 두고 생각해 주시는 분이시다. 그뿐만 아니라, 당신이 저지를 모든 흉악한 죄악과 실수까지도 용서해 주신다.

하나님은 우리를 창조하신 분이시며, 우리로 풍성한 삶을 누리게 하기 위해 예수님을 주신 분이시다. 그러나 그 분은 우리를 로버트처럼 순종하며 하나님을 자동적으로 사랑하도록 만들어놓지는 않으셨다. 하나님은 인간에게 자유 의지를 주셨다. 그러므로 우리 모두는 자원하는 심정으로 하나님을 섬기도록 선택해야한다. 하나님은 완벽하시다(거룩하시다). 그러나 우리 인간은 흠이 많다(죄인이다). 그래서 그 결과는 인간과 하나님이 함께 하지 못한다(하나님이 없는 곳 내지는 하나님이 죄인을 심판하시는 곳은 지옥이다, 옮긴이). 인간은 아무리 열심히 노력해도 완벽에 이를 수 없다. 결함이 있는 곳에는 완벽이란 없다. 죄 없음은 죄로 물든 인간에게는 얻어질 수도 도달 할 수도 없는 상태이다. 수정같이 맑고 깨끗하고 순수한 물 한 컵이 있다고 가정하자. 거기에 더럽고 기름기 있는 오물 한 방울만 떨어져도 물 전체가 혼탁하게 변하는 것을 우리는 관찰한다.

그러나 하나님은 우리의 죄에 대한 형벌(대가)을 자신 안에 받아들이고 감당하셨다. 그러한 대가는 하나님의 아들이신 예수님이, 우리를 대신하여, 십자가에서 끔찍스러운 죽음을 당하심으로 치러졌다. 그 결과 하나님과 인간 사이에 벌어진 간격이 메워지게 되었다. 예수님이 우리를 대신하여 죽으셨기에 이제 우리는 죽을 필요가 없게 되었다. 그러므로 누구든지 하나님과 개인적인 관계를 회복하고자하는 사람은 자원하는 심정으로 예수님의 희생의 선물을 받아들이기만 하면 된다.

당신과 하늘 아버지와의 관계는 너무나 소중하기에 무시되어서는 안 된다. 만약 당신과 하늘 아버지의 관계가 아직도 소원하다면, 하늘 아버지께 가깝게 지내고 싶다고 말씀드려라. 이는 당장이라도 할 수 있는 일이다. 지금 읽던 이 책을 내려놓고, 눈을 감고, "하나님 아버지, 나의 죄를 용서하여 주옵소서. 하나님의 아들이 나를 대신하여 십자가에서 죽으심을 믿음으로 받아들임으로, 나에게 약속하신 구원을 받기 원합니다. 이제 내 삶에 들어오셔서 내 마음을 다스려 주옵소서."라고 조용히 기도를 드려라.

물론 상당히 복잡한 일은 아니다. 그렇다고 아무 때나 손쉽게 할 수 있는 일도 아니다. 마음이 내키지 않으면 안된다. 어떤 경우는 이러한 기도에 극심한 마음의 고통이 동반되기도 한다. 하나님 앞에서 자신의 자만심을 내려놓고 겸손해져야하기 때문이다. 그렇기에 상당히 어려운 선택이 될 수도 있다. 그러나 일단 하나님 앞으로 나아가면, 자기 자신을 용서하지 못했던 사람이라도 하나님의 자비하심을 맛보고 자신을 용서하게 될 것이다. 일단 당신이 하나님을 마음속에 모시게 되면, 마치 쌍안경으로 멀리 있는 사물을 바라보듯 미래가 확연히 보이기 시작할 것이다. 그렇게 되면 인생에 대한 조명이 상당히 밝아지게 되어있다. 하나님과의 관계로 들어갔을 때에 가장 좋은 점은 그 관계가 영원히 지속된다는 점이다. 힘들고 어려울 때에도 하나님은 당신을 버리거나 떠나지 않으신다. 그런데 하나님 아버지와 당신의 관계가 인간 아버지로서의 당신의 역할에 어떤 영향이라도 미친다는 말인가? 물론 미친다. 하나님과의 올바른 관계는 일생 죽을 때까지 당신의 삶을 건축할 단단한 기반을 마련해주기 때문이다. 그 신앙을 바탕으로, 삶에 닥치는 많은 문제들에 대한 결정을 내려야할 시기에 우리는 바른 가치관에 입각한 올바른 방향설정을 할 수 있다.

당신이 예수 그리스도를 믿고 따르기로 결심했다면 그것은 참으로 축하할 일이다! 당신은 일생에서 가장 중요한 결단을 내린 셈이다. 당신은 이 세상에서 당신을 가장 사랑하는 '완벽한 아버지'(하나님)의 가슴에 안겨 영원한 사랑을 받는 자로 살아가게 될 것이다. 영원히 말이다. 이제 당신은 그 어느 때보다도 더 고결한 자녀를 양육할 수 있는 인물이 되었다.

1 당신의 아들과 함께 하는 신체활동이 있는가? 과거에 아들과 함께 했던 기억을 더듬어 큰 추억거리가 될만한 것이 있으면 토론그룹 내에서 서로 나누어보아라 (연습을 통해 이야기를 구사해내는 법을 개발시켜라).

2 온 가족이 통과해 나온 참으로 견디기 어려웠던 시절에 관한 이야기를 주고받는 시간을 가져보아라. 그 이야기들의 결말은 무엇인가?

3 친자식이든 의붓자식이든 그들과 아버지로서 친숙한 인간관계를 형성하는 방법에 관해 그룹에서 토론해 보아라. 당신에게는 아들과의 결속을 다지는 어떤 비법이라도 있는가?

4 당신의 아들이 성인으로 성장해 가는 과정에서 베풀어 줄 수 있는 성년식 내지는 통과의례에 관해 생각해 보아라. 미리 기획하고, 적당한 시기에 실행에 옮기도록 해 보아라. 그룹에서 서로의 아이디어를 교환해 보는 시간을 가져도 좋을 것이다.

제4장

아들과의 결속 다지기

- 웬 결속?
- 아버지와 유대관계가 깨진 소년에게 나타나는 현상
- 모든 소년이 아버지에게 바라는 것들
- 신체활동
- 어려운 시기를 함께 통과해 나옴
- 예식들
- 진짜 남자다운 남자로 발돋움한 한 남성의 여정

아들과의 결속 다지기

당신 자신의 아들이 태어나기 전까지는... 아버지의 마음속에서 일어나는 아들에 대한 애틋한 사랑과 기쁨의 감정을 느껴보지 못할 것이다. 또한 자신의 한계를 넘어서서 뭔가 선하고 희망적인 것을 아들에게 전달해 주려는 그 부모됨의 영예도 맛보지 못할 것이다. 그뿐만 아니라, 아들에 대한 꿈과 희망이 뜻대로 이루어지지 않아 갈등하는 아버지의 찢어지는 마음도 경험해 보지 못할 것이다.

켄트 네르번, 《나의 아들에게 보내는 편지》 중에서

우리 아들이 태어났을 때에 나는 진짜 입이 쫙 찢어졌다. 자녀가 남자 건 여자 건 상관없이 내가 나의 아기를 가지게 된 것이 참으로 신기하고 자랑스러웠기 때문이다. 그러나 사실은, 내심 우리 가문의 혈통을 이어갈 남자아이를 가진 것에 대해 무척 기뻤다. 하늘에서 뚝 떨어진 첫 아기가 '아들놈' 이라니!

아기에게 내가 걸었던 기대감과 꿈은 정말 대단했다. 이 아이가 자라서 유명한 야구 선수가 될 것인가 아니면 큰 기업의 사장이 될 것인가? 아니면 대학교수가 될는지도 모른다고 상상하며 들떠있었다. 아니 왜 대통령 감은 아닌가?

나는 아들의 이름을 생각해 보았다. 유명한 운동선수가 되어도 기업의 총수가 되어도 어울릴 만한 그런 이름 말이다. 나는 그 이름들을 되새기며, 우리 아들이 저명인사들의 환영을 받으며 씩씩하고 자신감 넘치는 태도로 악수하는 장면을 머릿속에 그려보았다. "프랭크 존슨씨, 만나 뵙게 되어서 참으로 반갑습니다!"

내가 좀 노망든 것처럼 보이지 않는가? 그렇지만 자기 자손이 영예를 얻는다는데, 조상으로서 그것보다 더 큰 자랑거리가 어디 있겠는가?

작명(作名)하는 것은 그리 어렵지 않았다. 그러나 문제는 그 다음부터였다. 세상 모든 사람이 우러러볼 만한 인물로 키운다는 건 쉬운 일이 아니다. 그러한 목적이 달성되려면 아버지와 아들의 강한 유대관계는 필수적이다.

웬 결속?

오늘날 특히 아버지와 아들이 긴밀한 유대관계로 밀착되는 것이 왜 중대사안으로 대두되는 것일까? 우리들의 아버지 내지는 할아버지 세대에는 그러한 종류의 결속(bonding: 긴밀한 유대관계의 형성)이 사회문제로까지 확대된 적이 없었는데 말이다.

어째서 그랬을까? 왜냐하면 과거에는 아들과 아버지의 결속이 자연적으로 이루어졌기 때문이다. 산업혁명이 일어나기 전에 아버지와 아들은 서로 어깨를 맞대고 24시간 같이 일하기 일수였다. 항상 그렇게 살아왔기에 아버지와 아들의 결속은 당연한 이치였다. 그 시절에 아들은 아버지와의 긴밀한 유대관계 속에서 성인 남자로 성장하는 것을 자동적으로 배워갈 수 있었다.

그러나 지금 이 시대에 우리들 대부분은 농가에 살지 않는다. 그렇기에 일부러 신경 써서 아들과 유대관계를 형성하지 않는 한 긴밀한 결속은 이루어지지 않는다.

아들과의 긴밀한 결속(結束)을 통해 아버지는 아들에게 남자다움의 정신을 전수한다. 모든 아들은 아버지와의 친밀한 관계를 꿈꾼다. 모든 아들은 소위 "아버지라는 양식(糧食)"을 먹을 필요가 있다. 그 특별한 양식(nourishment: 자양분이 많은 음식, 올바른 양육, 풍부한 영양분)은 오직 아버지에게서만 공급받을 수 있다. 모든 아들에게는 자기 아버지를 존경하고 따르고 싶은 충동이 있게 마련이다. 그러한 충동은 하나님이 그들의 마음에 넣어주신 본능이다. 아이들이 노는 놀이터에 가보면, 아직 말도 제대로 못하는 어린애들이 더듬거리며 "우리 아빠는 니네 아빠를 때려줄 수 있어!"라고 주절대는 소리를 들을 수 있다. 왜 남자아이들은 본능적으로 아버지를 닮아 가는 것일까? 나는 최근에 아버지가 잔디를 깎을 때에 그 아버지 뒤를 졸졸 따라 다니는 한 어린 남자 아기를 보았다. 그 아기는 잔디 깎는 장난감 기계를 몰고 아버지의 뒤를 따르고 있었다.

소년은 아버지가 이 세상을 어떻게 살아야하는지 어른들이 직접 보여주기를 기대하고 있다. 특히 소년은 남자로서의 책임을 잘 감당하는 것이 무엇인지 아버지가 보여주길 원한다. 소년은 또한 아버지가 본을 보여주면서 상세히 가르쳐 주기도 원한다. 이런 과정에 대해 켄트 휴가 주장하는 바를 읽어보자.

> 이제 당신은 막 조깅을 마치고 땀 범벅이 되어 현관 앞에 앉아있다. 온 몸이 땀 냄새로 진동하지만, 그래도 당신의 아들은 옆으로 다가와 당신 곁에 앉는다. 그리고 당신에게 기대며, "아! 땀 냄새가 좋네요."라고 말한다. 이런 것이 바로 아들과 아버지의 원초적인 관계이다.

아들에게 아버지는 필요 불가결하다. 그래서 잠언 17:6은 "손자는 노인의 면류관이요, 어버이는 자식의 영광이다."라고 말하는 것이다. '영광' 이라는 히브리어의 원 뜻은 '무게' 이다. 그러므로 성경을 풀어쓰자면 "아들의 중후함은 아버지에게 달려있다."라고 할 수 있다. 아버지가 아들에게 남성됨의 경계를 설정해주고 건전한 남성상을 제시해주면 아들의 인생에는 중후(重厚)함이 더해진다는 뜻이다. 그러나 반대로 아버지로부터 그러한 지도를 받지 못하면 심덕(心德)이 두텁지 못하여 아들은 경망스럽게(輕妄: featherweight)된다는 뜻이기도 하다. 그런 인간은 삶에 안정성이 없기에, 세속적인 문화의 바람에 휘둘림을 당하거나 동료집단의 압력에 쉽사리 굴복하고 만다.

정서적으로나 육체적으로 아버지와 분리되어있는 아들은 어떻게 살아야할지 몰라 방황하게 된다. 그렇지만 그 누구에게도 조언을 얻을 수 없는 경우가 허다하다. 그러한 답답함이 젊은이의 마음에 좌절감과 노여움을 야기한다.

프레스톤 길르함의 말을 들어보자.

남자는 양극단의 복잡 미묘한 합성물이다. 제대로 대우해 주지 않으면, 특별히 가깝고 돈독한 사이가 아닌 이상, 남자는 당신을 무시해버릴 것이다. 그러나 꿈을 짓밟아버리면, 남자는 깊은 상처를 받고 헤매게 된다. 먼발치에서 무례하게 행동하거나 경멸을 표시하면, 남자는 당신을 애처롭게 생각할 지도 모른다. 그러나 가까운 사람이 자존심을 건드리면, 남자의 자아정체성은 그 뿌리부터 흔들린다. 남자는 튼튼하고, 상처를 극복하는 능력이 있고, 추진력이 있으며, 독립심이 강하다. 그러나 그러한 성향들은 그의 아버지나 연장자들로부터 전수 받은 성향들일뿐이다. 남자의 상례적인 일과를 교란시키면, 남자는 우회한다. 그러나 소년이 성인 남자에 이르는 그 미묘한 과정을 어지럽히면, 남자는 이루 말할 수 없는 고통에 시달리게 되어있다.

아버지와의 유대관계가 깨진 소년에게 나타나는 현상

＊압박감 (억눌린 분노로 인한)
＊중독증이나 망상(강박관념)과 같은 극단적인 행동

＊상실감 (우유부단함과 인생의 방향감각 상실)

＊동성연애 (가족과 분리된 소년은 많은 상처로 인하여 만사
   에 초민감해진다)

아들과의 친밀한 유대관계를 형성함으로 아버지인 우리들은 세상이 본체만체하는 무시로부터 아들을 구해낼 수 있을 뿐만 아니라, 스트레스가 만연한 세상의 중압감으로부터 아들을 보호해줄 수도 있다. 아버지와의 긴밀한 결속을 다짐으로 아들은 자신의 개인적인 인생보다 더 큰 것을 추구할 수 있게 되며, 존경할 만한 영웅인 아버지로부터 위로를 받고 인생항로를 제대로 갈 용기도 얻게 된다. 다음의 문안을 한번 읽어보아라.

애들이 학교에서 자꾸만 놀리나요?
문제없어요. 아버지가 해결책을 말씀해 주실 거예요.
여자 애들이 이상한 짓을 하려고 덤벼드나요?
문제없어요. 아버지에게 조언을 구하면 됩니다.
숙제가 잘 되질 않나요?
문제없어요. 아버지한테 물어보면 돼요.

일단 아버지만 가까이 있으면 아들의 마음은 태평세월이다. 아버지는 나이가 더 많은 남성으로, 이 세상이 어떻게 대우하든 상관없이, 항상 아들을 사랑하고 아껴주는 그런 존재이다. 그런 아버지가 주변에 없으면, 아들은 험난한 세상 가운데 의지할 곳 없이 떠도는 방랑자같이 되어버린다. 아들이 경기하는 코트에 지도편달을

해줄 코치 같은 사람이 하나도 없다는 것은 참으로 안쓰러운 일이다. 인생에서 받는 상처를 이해해줄 사람 하나 없고 누군가와 대화를 나눌 상대 하나 없는 경우, 아들의 마음은 십중팔구 삐뚤어질 가능성이 높다. 그러나 아버지의 영향권 안에 들어있는 아들은 참으로 행운아다. 그 안에서 아들의 상처는 달래지고, 위로받고, 치료될 수 있기 때문이다.

아버지가 자녀들을 긍정적으로 받아들여주게 되면, 자녀들은 일평생 자신감과 자존감이라는 선물을 가지고 살게 되어있다. 하나님은, 아버지라는 존재에게 일종의 권력을 부여해주셨는데, 이는 자녀를 세우기도 하고 무너뜨리기도 하는 그러한 종류의 권력이다.

예수님의 공생애 초기에 예수님은 세례요한으로부터 세례를 받으셨다. 세례를 받으실 때에 예수님은 하늘 아버지로부터 음성을 들으신 것으로 성경은 기록하고 있다. "그리고 하늘로부터 '이는 내 사랑하는 아들이다. 내가 그를 좋아한다' 하시는 소리가 들려왔다"(마 3:17). 이 얼마나 긍정적인 평가인가! "아들아, 나는 네가 무척 자랑스럽다. 나는 너를 사랑한단다."라고 자신의 아들에게 말한 그 하나님 아버지의 태도는 모든 인간 아버지들이 보고 배울 만한 모범이다. 인간들도 자신의 아들들을 그러한 태도와 말로 대해야 할 것이다.

모든 소년이 아버지에게 바라는 것들

　＊아버지와 함께 하는 시간 – 이는 추억거리와 체험을 만든다.
　＊ '아버지 말이니까 무조건 들어라' 와 같은 태도가 아닌 동감
　　이 가는 '합리적인 설명'
　＊아버지의 좋은 모범을 봄으로 따라하고 싶은 충동이 생기
　　는 것 (가족이 진정으로 믿는 것 그리고 진심으로 바라는 것
　　은 무엇인가?)
　＊아버지의 속마음을 아는 것 (이 세상에서 남자에게 가장 중
　　요한 것은 무엇인가?)

　자녀들은 부모의 긍정적인 반응을 통해 자신의 잠재력을 발휘하게 되어있다. 긍정적인 반응과 지지를 받으면 자녀들은 성장하고 성숙하여 잠재력을 십분 발휘한다. 자존감(self-esteem), 자신감(self-confidence), 그리고 자긍심(self-worth)이라는 긍정적인 성향들은 부모가 자녀를 믿어주느냐 그렇지 않으냐에 달려있다. 오늘날 우리 아이들은 세상에서 무시와 멸시 그리고 따돌림당하기 일수다. 현대의 폭력적이고 부정적인 문화로부터 아이들을 건져내려면 오직 부모가 자녀를 인정해 주는 방법밖에는 없다. 특히 아버지는 모든 세상의 부정적인 영향을 제거하는 자가 되어야지 부정적인 영향을 도리어 가속화시키는 자가 되어서는 안될 것이다.

　모든 사람에게는 북돋아주는 사람이 필요하다. 스타디움에 가득한 군중들이 응원해 주는 것보다 아버지 한 사람이 힘차게 응원해 주는 것이 아들에게는 더욱 힘이 된다.

그러나 불행히도, 우리들 대부분은 가족을 먹여 살리기에 급급한 나머지 대부분의 시간을 일터에서 보내며 가족과 함께 하는 시간을 가지지 못한다. 그러한 장애에도 불구하고 아들과의 유대관계를 형성하는 몇 가지 방안을 여기에 제시해 보고자한다.

신체활동

야영, 사냥, 낚시, 운동, (보이나 걸)스카우트 활동, 래프팅, 도보 여행, 싸이클(자전거 타기), 등산, 교외캠프, 그리고 기타 야외활동은, 아버지와 아들의 관계를 돈독하게 해 주는 계기가 될 뿐만 아니라 남자라는 동물의 육체적 분출구가 된다. 이러한 종류의 체험들은 아버지와 아들이 영원히 간직할 추억을 만들 기회도 제공해 준다. 그러한 추억들에는 한 세대에서 다른 세대까지 대물림이 되는 강력한 힘이 있다. 아버지와 아들이 함께 할 수 있는 다른 종류의 활동으로는 수집(우표, 동전, 카드, 등등), 자동차 수리, 조각, 스포츠 게임 관람, 집의 관리와 보수, 함께 독서함, 정원 가꿈, 텃밭 관리, 동물 관찰, 소형 모델의 제작, 나무 깎기, 또는 그냥 앉아서 대화를 주고받음과 같은 취미생활이 있다. 이러한 모든 활동은 유대관계형성에 도움이 된다.

나에게는 사냥, 하이킹, 그리고 캠핑을 함께 다니는 '짐'이라는 이름의 친구가 있다. 짐은 밀어붙이며 돌진하는 성격의 사람이다. 나는 짐과 함께 험준하고 위험천만한 절벽 위를 지나면서, '도대체 내가 지금 제정신으로 이러고 있나' 하고 의심한 적도 있다. 그러나 짐은 "우린 지금 추억거릴 만들고 있어!"라고 소리지르며 태연해한다. 물론 나는 그런 짐의 변명이 귀에 듣기 좋지 않았다. 그러나 한 번도 사고를 당한 적은 없다. 항상 손에 땀을 쥐게 하는 모험을 끝내고 우리들은 무사히 집으로 돌아오곤 한 것이다. 나와 우리 아들도 그와 비슷한 파트너로서 모험을 즐긴 경험이 있다. 아마 우리 아들에게는 아버지와 함께 모험을 한 그 추억이 일평생 그의 뇌리를 떠나지 않을 것이다.

우리가 다른 가족들과 함께 사냥을 시작할 무렵 우리 아들 프랭크는 12살이었다. 나는 야외로 나가는 것을 항상 즐겼고, 프랭크도 보이스카웃에서 활동한지 이미 몇 년이 흐른 때였다. 그렇기에 우리 둘 다 야외활동에 친숙했으며 사냥을 하는 총기에 대해서도 이미 숙달되어있는 상태였다. 그렇지만 우리 둘이 함께 사냥을 나가 본적은 없었다. 오리건주는 12살에 첫 사냥을 나가도록 법적으로 허락은 하지만, 그 조건은 안전교육을 받는 것이다. 그래서 프랭크는 안전교육을 마치고, 그 해에 사냥에 익숙해지기 위해 나와 동행했다. 물론 프랭크는 사냥에 대해 그리 많이 알지 못했다. 나도 역시 사슴사냥에는 정통한 사람이 아니었다. 그러나 나는 부풀어 오른 자존심 때문에. 내가 사슴 사냥에 일가견이 없다는 진실을 아들에게 밝히지 않았다.

꼭두새벽에 기상하여 3일 동안 산중을 헤매었으나 사슴이라고는 눈을 씻고 보아도 없었다. 프랭크와 나는 조금은 좌절하기 시작했다. 물론 수백 야드 멀리의 산등성이에서 천둥치는 소리를 내며 이동하는 큰사슴(elk)의 한 무리를 관측하기는 했다. 진짜 지구가 다 흔들리는 것 같은 장엄한 광경이었다.

그 해 10월에 오리건주의 동부는 이상기온으로 무더웠고, 반 팔 티셔츠가 어울릴 정도의 날씨에 우리들은 늦은 오후까지 사냥을 하러 돌아다녔다. 내 속사정은, 어딘가 평평한 장소를 발견하여 편안하게 두 다리 쭉 뻗고 낮잠이나 한번 실컷 자보는 것이었다. 급기야 프랭크와 나는 죽어 나자빠진 소나무 밑에 있는 한 통나무를 발견하였다. 우리는 서로를 마주보며 거기에 털썩 주저앉았다. 나는 따사로운 오후의 햇살 밑에서 꾸벅꾸벅 졸고 있었는데, 느닷없이 프랭크가 속삭이듯 말하더니 점차 소리를 지르기 시작했다. "사슴, 사슴, 사슴, 사슴! 사슴! 사슴이 나타났다!" 나는 정신이 번쩍 들며 깨어났다. 뒤를 돌아보니, 꼬인 뿔을 가진 사슴이 육십 야드쯤 떨어진 언덕으로부터 우리 쪽으로 어슬렁거리며 걸어오고 있는 것이 아닌가! 그러나 내가 보자마자, 사슴은 마치 누군가가 자기를 관찰하고 있는 것을 감지나 한 듯 몇 발자국 뒤로 물러서더니 풀을 뜯으며 나무 뒤로 숨어버렸다. 사슴이 안전한 나무 뒤에 숨었다가 나올 때는 번개같이 재빠르게 움직인다는 사실을 잘 알고 있었기에, 나는 나무로부터 몇 야드 떨어진 쪽으로 정조준하고 있었다. 순식간에, 사슴은 나무로부터 튀어나와 빠른 걸음으로 질주하기 시작했다. 그가 내 사정거리 안으로 들어오자마자 나는 총을 발사했다. 그러나 사슴은 전혀 비틀거리는 기색도 없이 성큼 뛰어서 언덕위로 사라져버렸다.

나는 온 몸으로 스트레스 호르몬이 번져나가는 것을 느꼈다. 귓가가 빨개지면서 심장의 고동이 느껴졌다. 나는 뭔가 소리를 질렀으나, 소총의 요란하게 울리는 굉음 때문에 아무 것도 듣지 못했다.

"놓친 것 같네. 이렇게 근접한 범위에서 헛방을 쏘다니!" 나는 애석해하며 한탄했다.

"만일 내가 쐈더라면 아마도 맞혔을 텐데!" 프랭크가 씁쓸한 표정을 지으며 투덜거렸다.

우리들은 사슴을 뒤쫓으며 혹시 사슴이 핏자국을 남긴 것은 없나하며 추적했다. 프랭크는 "내가 발포했으면 벌써 잡았을 텐데!"라고 하면서, 나의 사격술의 정확성에 관해 계속 잔소리를 퍼부었다.

반시간이나 돌아다녔지만 핏자국 같은 건 구경도 못한 채 나는 단념하기로 결심했다. 그러나 프랭크는 포기할 수 없다고 고집을 부렸다. 나의 사격술에 대하여 비판을 가하면서도, 프랭크는 아버지가 사슴을 맞혔을 가능성이 있다고 우기는 것이었다.

돌연히 프랭크가 고함을 질렀다. "아버지! 핏자국이다!"

진짜였다. 아직도 축축한 피로 젖은 작은 바위를 발견한 것이다. 프랭크의 강요에 못 이겨 우리들은 그 지역을 격자 모양으로 나누어 샅샅이 훑었다. 찾아 헤매고 또 헤매도 더 이상의 핏자국을 발견할 수 없어, 지친 나머지 이제 막 포기하려고 하면 바로 그 순간에 핏자국이 하나씩 발견되곤 했다. 천신만고의 고생 끝에 우리는 결정적인 단서를 잡기 시작했는데, 핏자국이 점차로 더 선명해지고 커져 가는 지점을 발견하게 된 것이다. 둔덕의 정상에 오르자 프랭크는 환호성을 질렀다. "사슴이 바로 저기 있네요!"

확실했다. 기운이 빠진 상태로 터벅터벅 걷더니 사슴이 마침내 쓰러졌다. 우리들은 사냥에 관해서는 새내기들이었기에, 사슴이 총에 맞은 후로도 상당한 거리를 달려 도망갈 수 있다는 사실을 알지 못했던 것이다.

항상 그렇지만, 결정적인 순간에 우리들의 무전기 배터리가 죽었다. 보다 경험이 풍부한 동료를 부를 수 없었던 우리들은 내장을 꺼내고 사슴을 다듬는 작업인 필드드레싱(field dressing)을 손수 해야만 했다. 우리 풋내기 부자는 시행착오를 거치면서 가까스로 작업을 할 수밖에 없었다. 다행이었던 것은 그 전날 저녁에 캠프에서 ‘누룩반죽 밥’이라는 별명을 가진 사나이가 다른 신출내기에게 필드드레싱의 전과정을 설명해 줄 때에 내가 귀동냥했던 것이 많은 도움이 되었다.

동료 사냥꾼들이 우리에게 도착했을 시점은 이미 필드드레싱을 거의 다 마친 때였다. 팔꿈치까지 피가 흥건하게 묻은 우리 부자는, 친구들의 “와! 와!” 거리는 함성에 파묻혀 영광스럽기도 하고 행복하기도 한 그런 순간을 맞이했다. 그리고는 폼을 잡고 사진들을 찍었다. 인류의 역사가 시작된 이래 수도 없이 반복된 축하행사이기는 하지만, 그래도 우리들에게는 참으로 신기롭고 화끈한 순간이었다.

프랭크와 나는 이제 7년째 매년 정기적으로 함께 사냥을 즐기고 있다. 솔직하게 말해서 첫 노획을 제외하고는 지난 7년간 단 한 마리의 사슴도 잡지 못했다. 그래도 우리 부자(父子)는 때만 되면 사냥을 떠난다. 사냥시즌이 되기 2달 전부터 우리들은 안절부절못하면서 사냥을 갈 채비를 차리고 도구들을 챙기고 하면서 야단법

석을 떤다. 나는 포수로, 우리 아들은 목표물을 추적하는 사람으로, 서로 힘을 합하여 한 팀으로 활동했던 그 첫 경험은 진짜 죽을 때까지도 잊지 못할 추억거리다. 그 사건으로 인하여 아들인 프랭크와 아버지인 나 사이가 얼마나 견고해졌는지 모른다. 나는 사냥 캠프장의 모닥불 곁에서 우리 손자들에게 내가 프랭크와 가졌던 그 흥미진진한 모험의 담화를 줄줄이 풀어놓을 그 날을 손꼽아 기다리고 있다. 그 사슴 사냥의 이야기는 참으로 잊을 수 없는 추억거리임에 틀림없다.

어려운 시기를 함께 통과해 나옴

성인남자와 소년이 함께 어려움을 극복해 나가는 체험을 하는 것보다 그들 사이를 더 돈독(敦篤)하게 만드는 일은 없을 것이다. 서로 상대방의 짐을 져주면 인생의 어떠한 도전에서도 살아남을 수 있는 그런 유대감이 형성된다. 그러므로 모험과도 흡사한 엄격한 활동을 통해 난국을 함께 헤쳐나가는 것은 아버지와 아들의 관계에 큰 도움이 된다.

방심하고 있는 순간에, 인생의 험난한 파도가 들이닥치는 경우가 종종 있다. 아들의 아동기의 역경과 청소년기의 격동의 순간에, 아버지가 아들과 함께 나란히 걸어간다면 아버지와 아들 사이에는 오랫동안 지속될 막강한 유대가 형성되게 되어있다. 애환(哀歡)의 시기에 늘 아버지가 배후에 서 계시다는 것을 깨달은 아들은 자신감을 가지고 심각한 어려움도 극복해내고 위대한 업적도 이룩하게 될 것이다.

아들의 후원자가 되는 것도 중요하지만, 아들에 대한 높은 기대치를 유지하는 것도 중요하다. 그러므로 이따금 도전이 될 만한 일을 아들에게 시키는 것은 현명한 처사이다. 나의 경우를 이야기하자면, 우리 집에는 엄청나게 넓은 뒷마당이 있다. 내 아들 프랭크는 11살이 되었을 때에 단독으로 잔디를 깎을 수 있게 되었다. 아내인 수잔은 혹시나 아들의 발이 잔디 깎는 기계에 말려 들어가 발가락이 잘려나가지나 않을까 노심초사했다. 그러나 나는 잔디 깎는 기계를 붙잡고 뒤뚱거리고 비틀거리는 아들에게 구불구불한 우리 집 뒷마당의 잔디를 깎는 것을 허락했다. 그뿐만 아니라, 잔디 깎는 일을 마치고 땀 범벅이 된 아들에게, 쥐 뜯어먹은 것 같이 들쭉날쭉 보기 흉하게 깎았다고 하면서 잘 깎이지 않은 부분은 전부 다시 깎으라고까지 하였다. 덧붙여서, 가장자리를 말끔하게 정리하라고도 지시하였다. 물론 나는 아내의 따가운 눈총을 받으며 이 모든 일을 진행했다. 그렇지만 당신의 아들의 경우도, 적절한 시기에 이르면 자기 스스로 많은 책임을 감당할 수 있도록 해 주어야한다고 나는 생각한다. 예를 들자면, 잔디 깎기, 집수리, 자동차 정비, 용돈의 예산 집행 등을 혼자의 힘으로 하도록 독려하는 것을 들 수 있다. 때로는 고도의 기술을 요하는 작업을 하도록 요구하면서, 세밀히 그 하는 법을 가르쳐주고, 그것을 이루어 내도록 도전하는 것도 필요하다. 소년일 때부터 일상생활에서의 도전과 응전 그리고 어려운 일에 대해 책임을 지는 습관을 터득하게 되면, 당신의 아들은 나중에 어른이 되어서도 어려운 환경을 극복해 나가는 지혜와 인내를 나타내 보일 것이다. 특히 오늘날의 아이들에게는 책임을 지는 정신을 넣어주는 것이 필요하다. 예를 들자면, 아들이 유리창을 깨트린 경우, 유리 값을 배상할 만큼의 일을 하도록 시키는 것이 바람직하다. 그렇지 않으면 책임의식이 배양되지 않을 것이다.

물론 이러한 것들은 아버지와 아들 사이에 긴장관계를 유발시키기도 한다. 아들의 능력보다 조금 낮은 것을 시키면 아들은 쉽사리 모든 일을 잘 처리해 낼 것이다. 그럼에도 불구하고, 늘 아들에 대한 높은 기대치를 유지하라. 중요한 것은 아버지가 아들을 믿고, 아들을 인정해 주며, 아들을 자랑스럽게 여긴다는 것을 아들로 알게 해주는 것이다. 그러면 아들은 그러한 아버지의 견해를 자신 안에 내면화시킬 것이다. 예를 들어, 아들이 능력 있고 열심히 일하는 착한 사람이라는 견해를 아버지가 가지고 있으면, 아들은 그러한 인상을 내재화시켜 진짜로 그런 사람이 되어버린다. 왜냐하면 모든 아들에게는 자랑스런 아버지의 아들이 되고자하는 갈망이 있기 때문이다. 그런 선한 갈망은 하나님이 주신 것이다. 마이클 구리안의 말을 들어보자.

"모든 소년은 아버지의 명예를 지키기 원한다. 모든 아들은 아버지처럼 믿음직스럽고, 용맹스러우며, 부드럽고, 만사에 능숙한 사람이 되기를 꿈꾼다. 그리고 그런 인생 여정을 걸어감으로, 아버지로부터 '내 아들아 나는 네가 참으로 자랑스럽구나' 하는 말을 듣기 원한다."

존 맥스웰은 주장하기를, "스트레스를 많이 받는 상황의 한 복판에 놓일 때에 그 사람의 진면목이 드러난다. 이는 그 인격의 깊이와 성품의 본질이 드러난다는 뜻이다. 우리 자녀들로 하여금 진짜 어렵고 고통스러운 순간들을 통과케 하지 않는다면, 강인한 성품을 길러낼 수 없게 될 것이다. 사람들은 일반적으로 가치관에 관해 말로는 멋들어지게 말한다. 그러나 중압감이 무섭게 압박해 들어올 때에, 그 사람이 진짜로 가치 있게 여기는 것이 무엇인지 드러나게 되어있다.”

곤경에 빠진 아들을 무조건 도와주는 것이 좋지 않은 이유가 바로 여기에 있다. 아들을 무작정 지원해 주는 것과 아들 혼자의 힘으로 일어설 수 있도록 도와주는 것은 전혀 다른 종류의 일이다. 자녀들은 아주 어려서부터 자신의 행동에 대하여 책임을 지는 습관을 들여야한다. 자신에 대해, 부모에 대해, 세상에 대해 책임을 지는 그런 인물로 키워져야한다는 말이다. 남자로서 아들 스스로의 결단은 사실 다양한 결과를 초래하게 되어있다. 그러나 아들로 하여금 당신이 언제나 그 아들의 아버지로 머물러 있으며, 당신은 아들과 함께 하는 존재라는 것을 강하게 인식케 할 필요가 있다. 그럼에도 불구하고, 자신의 행동에 대해서는 언제나 자신이 최종 책임을 져야한다는 사실도 아들에게 심도 있게 가르칠 필요가 있다. 그러한 진실을 더 빨리 습득하면 할수록 아들의 인생은 쉬워질 것이다.

나는 시련과 역경을 통해 하나님으로부터 교훈을 많이 받은 사람이다. 만일 부자(富者) 아버지 덕분에 그런 고난으로부터 쉽사리 빠져 나왔다거나 내가 일확천금을 벌었다면, 나는 하나님의 뜻을 따르는 사람으로 변모되지는 않았을지도 모른다. 하나님은 견디기 어려운 난관을 통해 나를 단련시키셨으며 하나님의 선교사역의 도구가 되게 하셨다고 나는 믿는다.

이 땅에서 하나님을 대변하는 자로서, 기독교인인 당신도 당신의 아들로 많은 인생의 교훈을 얻도록 도울 수 있다. 그렇지만 극도로 어려운 시련을 겪지 않고서도 당신과 당신의 아들이 하나님으로부터 많은 것을 배우게 해주시기를 나는 기원한다.

예식들

소년이 자라나면서, 성인(成人) 남성이 되어간다는 것을 자각하려면 일정한 예식이 필요하다. 많은 경우에 남자들은 자신이 소년에서 성인 남자로 변화되는 과정을 겪고 있다는 사실을 자각하지 못하는 것 같다. 나도 역시 그랬으니까! 심지어는 내가 아버지가 된 후에도, 소년이 어떻게 성인이 되는지 잘 알지 못했다. 처음으로 술을 마시면 성인이 되는 건가? 대학을 졸업하고 자기 자신의 자동차를 구입하면 성인이 된 건가? 성교는 어떤가? 여자와 첫 성관계를 가지면 그것이 성인이 되었다는 증거가 되는가? 그러므로 당신의 아들에게 성인이 된다는 것이 무엇인지 정확하게 가르쳐주지 않으면, 당신의 아들은 아마 혼란 가운데에서 헤멜지도 모른다.

현대 문화는 고대인들이 수행했던 성년식(成年式)을 점차로 생략하는 방향으로 나가고 있다. 과거의 전통적인 성년식은 소년으로 하여금 혹은 주변의 사람들로 하여금 다음과 같은 것을 알게 하는 표시였다. "이 젊은이는 이제 성년이 되는 길로 들어섰습니다. 이제는 철부지처럼 어리광을 부릴 때가 지났습니다. 이제부터는 이 젊은이를 색다르게 대하면서 보다 높은 기대를 가져봅시다."

나의 아들 프랭크가 청소년기로 접어들었을 때에, 나는 기념하는 의미에서 조촐하게나마 의식을 거행했다. 그와 나는 멋진 레스토랑에서 저녁식사를 했다. 저녁을 먹으며 나는 그가 앞으로 몇 년 동안 겪게될 신체적 그리고 사회적 변화에 대한 이야기를 해주었다. 그 내용은 친구들의 강압, 성적인 욕망의 증가, 그리고 여자아이들과의 관계에서 느낄 혼돈 등이었다. 그리고 나는 프랭크를 위해 기도해 주면서 그에게 순결의 반지를 주었고, 우리의 나눈 대화를 절대로 잊지 말 것을 당부했다. 내가 만들어낸 그 특별한 예식은 프랭크가 이제 성인 남자로의 여정을 시작하는 시기를 기념하는 행사였다.

프랭크의 고등학교 졸업식이 다가왔을 시점에, 나는 그의 일생에 큰 영향을 미칠 의미심장한 일을 하고 싶었다. 그래서 졸업식이 있기 6개월 전부터 특별 저녁식사를 계획했다. 나는 영적으로 성숙하고 믿음이 돈독한 친구들에게, 이제 막 세상으로 나가려는 젊은이인 프랭크에게 하나님의 가호(加護)와 조언이 임하기를 위해 기도해 줄 것을 부탁했다. 그 행사에 하나님께서 크게 축복해 주시기를 나도 매일 기도했고, 하나님께 영광이 돌려지는 예식이 되도록 준비하였다.

때가 이르러 드디어 그날이 도래했다. 그런데 그날 저녁 저녁식사 시간에, 내 아들은 물론이고 그 자리에 참석한 모든 남자들이 전부 큰 은혜를 받았다. 모인 남자들이 각각 자신의 마음속 깊이 들어있는 것들을 털어놓았기 때문이다. 그들은, 자신의 성공과 실패, 그리고 실수와 후회도 숨김없이 드러내면서 프랭크에게 조언을 아끼지 않았다. 남성의 인생에 있어서 참으로 필요한 것들과 중요한 것들에 관한 담화로 꽃을 피웠다. 어떤 이는 친분관계의 중요성을 언급했고, 다른 이는 신앙의 중요성을 역설했다. 그리고 또 다른 사람들은 낙태와 음란물의 위험성에 대한 솔직한 의견도 제시했다.

마지막으로 내가 나서서 말할 차례가 되었다. 나는 프랭크에게 나와 프랭크와의 관계가 이제부터는 변하게 될 것을 시사했다. 지금까지는 아버지가 주로 권위를 가진 자로 군림했으나 이제부터는 인생의 코치처럼 될 것이라는 점을 분명히 했다. 우리는 그 예식을 비디오로 찍어서 프랭크에게 선사했다. 돈주고도 구입이 불가능한 조언들이 담긴 그 테이프는 프랭크에게는 더 말할 나위 없이 가치 있는 영적 자산이 되었을 것이다.

나는 우리 아들 프랭크가 결혼식을 올리기 직전에 위와 비슷한 종류의 예식을 가질 계획을 세우고 있다. 장기간 결혼생활을 영위하고 있는 성숙한 부부들을 초청하여 그들의 삶의 이야기와 행복한 결혼생활의 비결을 듣고자하는 것이다 (그들이 조언을 줄 때에 나 자신도 종이에 메모할 만반의 준비가 되어있다).

인생의 중대 시점에서 행해지는 예식은 소년의 삶에는 획기적인 사건이며, 인생의 이정표로서 소년에게 크나큰 유익을 안겨준다. 그렇지만 젊은이들에게 이러한 전례나 예식이 제공되지 않을 때에 발생할 폐해는 무엇일까?

마이클 구리안은 주장하기를, "청소년기에 통과의례(通過儀禮: les rites de passage)를 어른이나 사회가 제공해주지 않으면, 청소년은 자기 멋대로 성인으로 자라나는 시늉을 하게 되어있다"고 한다. 그러한 종류의 시늉은 종종 담배를 핀다든지, 미성년자로서 혼전 성 관계를 맺는다든지, 고의적으로 공공의 물건을 파괴한다든지, 아니면 다른 비정상적인 행동을 통해 자신이 어른이 되어간다는 것을 입증해 보이려는 이상행동들을 포함한다. 성인 남자가 소년에게 '남자가 된다는 것은 이런 것이다' 라는 표준을 보여주지 않으면, 소년은 자기 나름대로의 규칙과 의식을 만들어내게 되어 있다는 말이다. 사실 갱(gang: 폭력집단이나 몰려다니는 패거리)이라는 것은 남성으로서의 자아정체성을 찾아 헤매는 무리라고 볼 수도 있다. 갱 안에서도 나이가 적은 이는 나이가 더 많은 이를 보고 따르려고 한다. 그리고 그러한 따름은 아주 철저히 행해진다. 그런데 갱에 속해 있는 아이들 중에는, 좋은 역할 모델로서 삶에 지혜를 공급해 주는 어른들과 접촉할 기회를 박탈당한 아이들이 많다. 그럼으로 인하여 이 아이들은 위험천만하고, 기괴하고, 파괴적인 의식들을 만들어내어 그것으로 자신들이 성인남자가 된 것을 증명하려고 대드는 것이다.

식전(式典)은 아들에게 남성으로 발돋움해 가는 단계를 두드러지게 표시해 줄뿐만 아니라, 아버지와 아들 사이의 관계를 돈독하게 해 주는 매체(媒體)가 되기도 한다. 당신도 그러한 예식들로 도저히 잊을 수 없는 추억거리가 되게 하라. 그렇게 하기 위해서는 언제나 창조적인 기획이 필요하다. 물론 상당한 자금이 들어가야 할는지도 모른다. 그리고 시간이 들어가는 것은 필수적이다. 그렇지만 시간이라는 것은 아들에게 선사할 수 있는 최고의 상품(商品: commodity)이다. '시간'이라는 선물은 그 무엇보다 값진 것이다. 그러므로 아들에게 성인식(成人式) 같은 것을 베풀 기회를 엿보아라. 그래야만 어느 날 문득 "나는 언제나 남자 취급을 받게 되나요?"와 같은 엉뚱한 소리를 듣지 않게 된다.

진짜 남자다운 남자로 발돋움한 한 남성의 여정

여기에 소년을 남성들의 우애(fraternity)로 인도한 감동적인 이야기가 있다. 진짜 남자다운 남자들은 함께 있기만 해도 통과의례가 저절로 이루어진다. 브라이스 토슬리라는 사람이 기록한 '사슴 사냥터의 꿈'이라는 글을 읽어보자.

오늘날처럼 모든 곳에 문명의 이기가 침투해 들어오기 전인 1960년대에, 버몬트에 위치한 사슴 사냥터는 남자들만의 소유지였다. 거기에는 여자도, 애들도, 변명의 여지도 없었다. 이는 오직 남자들만의 영토로, 연기 자욱한 아지랑이, 진한 술, 치솟는 남성 호르몬, 거친 말, 심한 농담이 판치는 곳이었다. 그 곳은 남자들이 마음 풀어놓고 퍼지며, 털북숭이 시대로 돌아가 모두 남성다움을 과시하는 곳이다. 나는 바로 그 곳에 가고 싶어 환장하여 마음에 병이 날 정도였다.

　　그 '사슴 사냥 캠프'에는 일종의 자체규정이 있었는데, 그것은 적어도 16살 이상은 되어야한다는 것이었다. 나는 나이가 약간 모자란 상태였다. 그렇지만 내가 12살이었던 그 당시 그 규정은 좀 느슨해져서, 나는 하루를 방문할 수 있는 허가를 얻어냈다. 나는 그 규정을 뚫고 들어가려고 로비까지 펼쳤다. 얼마나 여러 번 마루를 쓸었는지 모르고, 얼마나 많이 석탄난로에 연료를 공급했는지 모른다. 하여간 무수한 봉사활동을 통해 그리고 캠프의 매니저를 구슬리는 우리 삼촌의 감언이설을 통해 나는 나이제한규정을 면제받았다. 그 결과 나는 그 사냥터에서 13살부터 사슴사냥을 하게된 최초의 사람이 되었다.

　　지금으로부터 36년 전의 일이긴 하지만, 나는 아직도 그 당시 있었던 일들의 조목조목 세부사항까지 기억하고 있으며, 특히 그 경외감으로 가득 차 흥분되었던 기분을 그대로 간직하고 있다. 낡은 나무들의 모양새, 젖은 수건, 고기 굽던 모습, 나무의 연기, 그리고 소위 '사슴 사냥 캠프의 특이한 냄새'라고 불리는 수천 가지 다양한 냄새들의 혼합도 기억한다. 그 모든 것들은 한데 어우러져 특정한 장소에 대한 특정한 추억을 형성하고 있다. 요즈음도 정신집중이 잘 되는 밤이 되면 그 당시를 회상하곤 한다. 나는 높은 사다리(사실은 계단이었으나, 계단이라고 보기에는 지나치게 가파르기에 사다리라고 표현한 것임)의 꼭대기에서, 지금은 낯선 사람이 되어버린 일단의 남자들의 무리를 바라보고 있었다. 나는 우리 할아버지와 다른 이들이 사슴 사냥에 관한 무용담을 푸는 것을 들었는데, 지나친 농담을 많이 사용하였기에 어린 나이의 나로서는 자세히 알아들을 수 없었다. 그렇지만 그러한 말을 듣고 있다는 그 자체가 그들과 한 동아리가 되는 소속감을 느끼게 해주었다.

나는 아직도 이상야릇하고 강렬했던 그 갈망을 느낀다. 그 갈망은 너무나 강력했기에 내 심장을 에이고 내 내장을 다 잡아먹을 듯 그렇게 무시무시한 것이었다. 그것은 다름 아닌 남자들의 무리에 끼어 그들과 함께 하고 그 무리 안에 소속되고 싶다는 갈망이었다. 내가 그 자리에 있었다는 것만으로도 나는 그들 안으로 받아들여졌다는 증거가 되기는 했지만, 정식으로 가입되고 또 일원으로 인정받게 되는 날을 손꼽아 기다렸다. 지금은 나이가 지극히 들어 모든 세월이 내 뒤에 있다고 느껴지는 시점에 있다. 그러나 나는 그 당시 내가 얼마나 그 남자들의 그룹에 의해 수용되고 싶어했으며 또한 그것이 어떻게 그렇게도 어려웠는지를 생생하게 기억한다. 남자로서 뭐하나 제대로 하는 일이 없었던 그 당시, 얼마나 불안했고 얼마나 떨렸든지! 시간이 지나야 숙달이 된다는 진리를 그 당시는 왜 몰랐던고! 그러나 방년 13살의 소년이 '시간이 인생의 문제를 해결해 준다는 진리'를 어떻게 알았겠는가?

나는 캠프에서의 첫날밤 흥분에 들떴었다. 캠프는 그 자체 안에 생명이 있는 것 같았고, 남성미라는 위력에 의해 유지되는 것 같았다. 그 남성미는 나 같은 소년이 감당하기에는 지나치게 그 세력이 크게 느껴졌다. 청소년 시절에 나는 그 캠프의 힘을 감지하기는 했으나, 그것은 나로 당황하게 만들었다. 지금 와서 생각해보면, 그것은 아마도 기대감이라는 위력이었던 것 같다. 그 기대감의 힘이란 바로 사슴사냥 시즌이 시작되기 직전에 사람들이 느끼는 그런 흥분의 도가니라는 힘이다. 그러한 흥분의 도가니라는 힘이 그 당시 사슴사냥 캠프를 가득 메우고 차고 넘쳐흘러서 거기에 모인 모든 남자들을 사로잡았던 것 같다. 그 당시 모인 모든 사람들은 이 세상에서 가장 절친한 친구들처럼 가까이 되고 하나되는 것을 느꼈다.

나는 아직도 그 다음날 아침에 우리 삼촌이 만든 '거한 아침식사'를 기억한다. 무엇보다 커피가 무진장 썼는데, 거의 혀의 껍질이 벗겨질 지경이었다. 장기간의 사냥으로 인해 나는 고막이 약간 파열되었고 또한 험준한 지형을 돌아다니다가 상해도 많이 입었지만, 칠흑같이 어두운 밤에 캠프를 떠날 때에 내린 눈을 밟으면 '빠드득' 하던 그 소리는 아직도 내 귓가에 쟁쟁하다. 북부지역의 차고 싱그러운 공기, 습기차고 연기 자욱한 캠프, 그리고 문을 나설 때 느꼈던 그 쌀쌀함이 모두 강한 대조를 이루며 내 기억에 생생하게 남아있다. 단풍나무에 등을 기대고 딱딱한 나무 조각의 모퉁이에 앉아 추위를 견디다 못해 떨고 있던 그날 그 시절로 상상의 날개를 펴는 것은 그리 어렵지 않다. 우리 할배(Gramp)가 나에게 빌려준 1892년형 윈체스터 총의 싸늘한 쇠 부분과 검은 얼룩이 묻은 부분이 아직도 내 눈앞에 선하다. 할아버지는 나에게 그 총을 맡기면서 이 세상에서 가장 소중한 보배처럼 다루겠다는 약속과 더불어 잃어버리지 않겠노라 굳게 다짐하는 맹세를 하게 했다. 그 총 한 자루는 나에게는 그렇게 귀중한 것이었다.

사슴 사냥 캠프에 들어가기 전에도 나는 사슴을 몇 마리 잡은 경력이 있는 아이였다. 그렇지만 사냥 캠프에서의 일과 비교해 보면 그렇게까지 인상적인 사냥은 없었다. 그뿐만 아니라 그 날로부터 오늘날에 이르기까지 나는 사슴사냥을 무수히 하였으나,

대부분의 행적은 내 기억에서 사라져버렸다. 그렇지만 1968년 그날 그 아침은 아주 특별한 아침이었기에 결코 잊혀지지 않는다. 무료함이 흥분으로 급변하는 그런 순간이었다. 지금은 귀찮고 아니면 적어도 그냥 통상적으로 하는 일도 그 당시는 신기롭고 흥미로웠다. 새로운 경험들이 나에게는 두렵기도 했으나 사실은 순수 흥분 그 자체였다.

울퉁불퉁한 비포장 도로, 군데군데의 큰돌과 숨겨진 바위들이 산재한 길을 몇 마일 지나서 진흙탕 속을 헤쳐나가면 캠프는 숲의 한 가운데 위치해있다. 그 날 밤 우리는 재수 없게도 큰 바위에 부닥쳤고, 바퀴에 체인까지 달았던 자동차는 사륜구동이었음에도 불구하고 진창에 빠져 한참 동안 나오질 못했다. 트럭에 타고 있던 사람들의 입에서는 욕이 튀어나왔고 성질들을 부리기 시작했지만 그래도 굉장한 모험이었다. 가까스로 캠프에 도착했을 때는 이미 한 밤중이었고 헤드라이트는 진흙으로 범벅되어 희미해졌다. 그래도 나는 장대에 거꾸로 매달려 있는 곰을 가까스로 볼 수 있었다. 잠깐 스쳐지나가면서 힐긋 쳐다본 곰의 모습이기는 했으나, 나는 무서움에 숨이 막혀버렸다. 그렇지만 동시에 거꾸로 매달린 곰 고기의 장면은 나에게 이상한 흥분을 자아내었다. "야! 이건 진짜다. 우리 사냥터에 곰들이 득실거린단 말이지!"라는 생각이 스쳐지나갔기 때문이다. 위험성의 요소, 모험, 흥분은 내 영혼 안에 뭔가 형언할 수 없는 동요를 일으켰으며 오늘날까지도 지울 수 없는 그런 깊은 인상을 남겼다. 그날 저녁 나는 사다리에 기대어 사람들이 곰 사냥했던 이야기 나누는 것을 엿들었는데, 무서움에 질려 숨도 제대로 못 쉬며 들었지만, 한 단어라도 놓칠세라 귀를 쫑긋 세우고 경청했다.

그 다음 주간에 그리고 그 다음 해에도 나는 사다리의 중간쯤
에 기대어 앉아서 사냥 이야기를 듣는 행복한 시간들을 가졌다.
그러한 모든 경험이 나의 인생의 방향을 결정짓는데 지대한 영향
력을 미쳤다고 나는 생각한다. 사슴 사냥 캠프에서 지낸 날들은
의심할 바 없이 나의 일생을 좌우했다. 지금까지도 내가 사냥과
수렵에 관심을 가지고 활기차게 살아가는 즐거움을 만끽하고,
진실함 가운데 인생을 영위하는 그 모든 기반이 바로 사슴 사냥
캠프에서 닦아졌다고 나는 믿는다. 사다리에 기대고 앉아있으
면, 나는 나보다 뭔가 더 크고, 묘하고, 색다르며, 신비롭고, 그리
고 무엇보다 바람직한 어떤 것의 일부라는 느낌을 받는다. 그것
은 아마도 그 영광스러운 사슴사냥 동우회의 일원이라는 자부심
일 것이다.

1 당신의 아들과 함께 하는 신체활동이 있는가? 과거에 아들과 함께 했던 기억을 더듬어 큰 추억거리가 될만한 것이 있으면 토론그룹 내에서 서로 나누어보아라 (연습을 통해 이야기를 구사해내는 법을 개발시켜라).

2 온 가족이 통과해 나온 참으로 견디기 어려웠던 시절에 관한 이야기를 주고받는 시간을 가져보아라. 그 이야기들의 결말은 무엇인가?

3 친자식이든 의붓자식이든 그들과 아버지로서 친숙한 인간관계를 형성하는 방법에 관해 그룹에서 토론해 보아라. 당신에게는 아들과의 결속을 다지는 어떤 비법이라도 있는가?

4 당신의 아들이 성인으로 성장해 가는 과정에서 베풀어 줄 수 있는 성년식 내지는 통과의례에 관해 생각해 보아라. 미리 기획하고, 적당한 시기에 실행에 옮기도록 해 보아라. 그룹에서 서로의 아이디어를 교환해 보는 시간을 가져도 좋을 것이다.

제5장

많은 아버지들이 범하는 과오

- 첫째 실수 – 장점은 무시하고 단점만 기억함
- 둘째 실수 – 애정결핍
- 셋째 실수 – 함께 하는 시간이 없음
- 넷째 실수 – 성적 등의 성취를 지나치게 강요함
- 다섯째 실수 – 함께 놀아주지 않음
- 여섯째 실수 – 절대로 실패(실수)를 용납하지 않음
- 일곱째 실수 – 부모로서 권력을 남용함
- 여덟째 실수 – 부모의 친구가 없음
- 성경이 친구관계에 관하여 말하는 것
- 아홉째 실수 – 일관성의 결여
- 열째 실수 – 안일하거나 소극적임

많은 아버지들이 범하는 과오

> 전문가란, 범할 수 있는 실수란 실수는 모두 저지른 후에, 실수할 확률을 최소화할 수 있는 비법을 터득한 사람이다.
>
> *알란 맥케이가 닐 보어의 말을 인용한 것, 《침착한 눈의 추수》 중에서*

위의 인용문이 사실이라면 , 나는 아버지 노릇하기에 이미 거의 전문가가 된 사람임에 틀림없다. 사실 이 책을 저작하게 된 동기도, 내가 하도 많은 실수를 범했기에 책에 쓸거리가 많았기 때문이다! 그러나 내 소망은 나의 실수를 통해 독자들이 뭐라도 배우는 것이다. 좋은 아버지 내지는 훌륭한 리더는 실수를 통해 계속 배우는 능력을 터득한 사람이다. 실수를 통해 아무 것도 배우지 못하는 사람은 동일한 실수를 거듭 반복하게 되어있다.

나는 수도 없이 "내 아이들이 어렸을 적에 진정으로 내가 아버지다운 아버지가 되는 법을 좀 더 잘 알았더라면"이라고 뇌까렸다.

사실 좋은 아버지가 되는 비결은 장구한 세월 동안 좋은 아버지가 되려는 부단한 노력으로부터 터득된다.

효율적인 리더가 되려면 시간이 걸린다. 실제 경험으로부터 얻은 지혜와 겸손함으로 얻어진 성숙함이 어우러져야만 효율적인 리더가 되기 때문이다. 그러한 경지에 도달하려면 많은 시간을 투자하여야한다. 인내함은 참으로 좋은 덕목이지만, 인내라는 성품을 개발해내는데는 오랜 세월이 흘러야 한다. 오랫동안 인내해야만 경험이 쌓이고 인품이 형성되기 때문이다. 이 세상에 완벽한 아버지란 없다. 물론 나 자신도 완벽한 아버지는 아니다. 사람마다 뭔가 빈틈이 있고 부족한 곳이 있게 마련이다. 그렇기에 부정적인 측면을 긍정적인 측면으로 계속 대치해나가면서, 무엇보다 장점을 키워나가는 것이 성공의 열쇠이다. 그러나 말처럼 그렇게 쉬운 일은 아니다. 오직 장기간의 노력과 투자가 있어야만 실효를 거둘 수 있다.

어떤 종류의 약점은 태생부터 그런 경우가 있다. 물론 자라면서 환경에 의해 특정한 약점이 형성되어지는 경우가 대부분이기는 하지만 말이다. 나의 경우에 가장 극복해 내기 어려웠던 것은, 자라면서 가정에서 얻은 부정적인 경험들이었다. 나는 억지로 내 마음을 훈련시켜야만 했는데, 이는 내가 타인에게 반응을 보이는 방법을 의식적으로 평가하여, '충동적'으로 반응하기보다는 지혜롭게 행동하는 것이었다. 그러나 그것은 결단코 쉬운 작업이 아니었다.

하나님은 남자를 하나님의 형상을 따라 만드셨다. 그리고 하나님은 남자들에게 가장의 위치를 허락하셨다. 그렇기에 적어도 하나님의 눈에 보시기에 남자는 가정의 리더격이다. 그렇다면 아들이 자라나 가정의 리더가 될 수 있도록 훈련시키는 것은 아버지의 임무가 된다. 그러한 훈련과정은 가장으로서 성공하는 비결과 또한 성공을 방해하는 요소들에 관한 가르침을 포함해야한다.

아래에 제시하는 아버지로서 범하는 실수들은 내 자신이 범했거나 아니면 다른 이들이 범하는 것을 관찰해서 얻은 지식이다. 내가 이러한 실수들을 지적하고자 하는 것은 내가 완벽한 아버지이기 때문이 아니라 실제로 모든 부모에게 문제가 되는 부분이라고 판단했기 때문이다. 자세히 살펴보고, 아들과의 관계에서 이러한 실수를 반복하지 않도록 온 가족이 노력하게 되기를 바란다.

첫째 실수 – 장점은 무시하고 단점만 지적함

아버지로서 나는, 우리 아들이 잘하는 일에는 관심이 적고 잘못하는 일에만 집중했었다. 그러나 운동코치로서 나는, 우리 팀원들에게 단점에는 신경 쓰지 말고 자신의 강점을 키우도록 당부하였다. 나는 그렇게 이율배반적이고 일관성 없는 삶을 살았던 것을 후회한다. 우리 모두는 하나님께서 주신 재능과 장점을 키우도록 자녀를 격려하는 부모가 되어야한다.

장점에 관해서는 아무런 언급이 없고 단점만 부각시키는 경우, 하나님께서 주신 모든 좋은 것들은 매장된다. 그러므로 하나님께서 허락하신 모든 장점과 단점들에 관해 아들과 소상히 대화를 나누는 시간을 가져보아라. 하나님은 특별한 재능으로 각자 개인들을 축복해 주셨다. 당신의 아들이 어떤 분야에서 특출함을 드러내는지를 관찰하고 그것에 관하여 진솔한 대화를 나누어보아라. 그리고 그러한 강점을 잘 계발하여 성공적인 인생을 살도록 부모로서 아들을 도와주어라.

나의 아들 프랭크가 초등학교에 다닐 때에 그가 스타덤으로 올라가는 운동선수가 될 가능성이 희박하다는 것이 거의 확실시되어졌다. 그러나 그것은 육신에 장애가 있어서도 아니고 발육과정에 문제가 생겼기 때문도 아니었다. 그는 스포츠마다 꽤나 두드러지게 잘했다. 그렇지만 문제는 열정을 나타내지 않았다는 점에 있다. 운동에 대해서는 휘몰아치는 의지도 경쟁적 갈망도 보이질 않았다. 뭔가에 성공하려면 '가슴에 불타는 열의'가 있어야하는데, 그런 것이 없었다. 솔직히 부모로서 나는 우리 아들을 스포츠 스타로 만들고 싶었다. 그렇지만 나는 그런 의지를 스스로 꺾기로 결심했다. 부모의 뜻에 맞추려고 억지로 몰고 가기보다는, 나는 프랭크의 강점을 살려보기로 했다. 감사하게도, 때마침 나는 운동이 나의 재간이기는 하지만 프랭크에게는 아니라는 사실을 깨닫게 된 것이다.

프랭크는 매우 지적이며 음악을 좋아하는 성격을 가졌다. 그래서 나는 그에게 밴드에 가담하여 악기를 배우라고 격려해주었다. 나는 이렇게 말하며 유도해 보려고 했다. "사실은 말이야, 나는 고등학교 시절에 무대 위에서 공연하는 애들이 너무나 부러웠단다. 밴드맨들은 항상 재미있게 노는 것 같았어. 우리 학교 악단은 운동

팀의 경기가 있을 적마다 수업도 빼먹고 응원을 갔고, 치어걸들과도 친하게 지냈단다."

나는 다른 전략도 짜냈다. 우리 가족이 텔레비전으로 운동경기를 관람할 때마다, 나는 악단을 지적했고, 그들이 얼마나 멋진지도 선전했다. 불행히도 악단원 대부분은 우스꽝스럽게 옷을 입고 얼굴에 페인트칠까지 하고 있기는 했지만, 그래도 하나같이 열광하며 응원에 몰두하고 있었다. 나는 이따금 악단과 같은 응원단은 공짜 표를 얻는다는 점을 강조했다. 특히 대학의 악단은 보통 사람으로는 감히 경기장에 갈 상상도 못하는 주말 미식축구 게임에 들어가기도 하고, 엄청나게 비싼 표를 구입해야만 관람이 가능한 야구경기에도 무료로 입장한다는 점을 첨가하여 설명해 주었다.

내 전략이 먹혀 들어간 탓인지는 몰라도, 프랭크는 6학년 때에 밴드에 가입해서 대학까지 줄곧 거기에 머물렀다. 프랭크는 악단 생활을 즐기기도 했지만, 여러 개의 악기를 연주할 수 있는 기술을 습득하였다. 그런 음악적인 기능의 습득으로 인하여 앞으로 그의 생애에 즐거운 일들이 많이 발생하리라 나는 기대한다. 음악에 대한 그의 긍정적인 경험은 특히 건전한 자존감의 형성에 도움이 되었으리라! 만일 내가 억지로 운동을 시켰더라면 아마도 자존감에 상처를 받았을지도 모르겠다. 그런 의미에서 나는 그를 실패의 길로 몰아넣지 않고 성공의 길로 인도했다고 자부한다.

그리고 진실을 밝히자면, 프랭크는 치어걸들과도 좋은 시간을 많이 가진 것으로 안다.

아들의 강점과 약점을 측정하는 법

1. 가장 잘하는 것은 어떤 것인가? 어려워하는 것은 무엇인가?
2. 좋아하거나 즐기는 일은 있는가? 몰입하며 미칠 듯 좋아하는 것은 없나?
3. 기질은 어떤가? 조용한가, 온순한가, 활달한가, 거친가?
4. 성격은 어떤가? 내성적인가 외향적인가?
5. 몸의 형태는 어떤가? (아이들은 자라면서 체형이 급격히 달라진다는 것을 염두에 두기 바란다. 우리 아들의 경우, 조무래기 같은 모습에서 거인으로 돌변해 버렸다.)
6. 하나님이 당신의 아들에게 부여하신 특별한 자질은 무엇이라고 생각하는가? 호감이 가는 성격을 가진 사람인가, 정이 많은가, 고집이 센가, 완고한가?

둘째 실수 – 애정결핍

일반적으로 남자애들은 애정 따위에는 관심이 없도록 양육되어진다. 신체접촉을 통한 애정표현은 남자들에게는 친숙한 것이 아니며, 왠지 불편한 종류의 일이다. 물론 남자들도 신체적인 접촉을 하지 않는 것은 아니다. 그러나 그것은 미식축구장에서 상대방을 넘어뜨리고, 레슬링 매트에서 뒹굴고, 권투 시합장에서 서로를 때리는 형태로 나타난다. 미국에서는 운동경기 중에 사기를 북돋기 위해 남자들이 서로 엉덩이를 두들겨주기도 한다. 그러나 애정을 표현하며 포옹하는 것 같은 것은 남자들에게는 뭔가 안쓰러운 행동이다. 남자끼리 신체적으로 애정을 표현하는 것은 사회적인 타부이다. 그렇지만 그것은 어린 시절 그런 방식으로 키워졌고, 무의식에 그렇게 각인 된 연고일 것이다.

아버지가 아들을 안아주고 뽀뽀해 준다는 것은 이상한 행동이 아니다. 아버지는 신체를 통해 표출되는 사랑을 아들에게 듬뿍 안겨주어야 한다. 아들이 점차 자라나 성인이 되어 가는 과정에서도 신체적인 애정표현은 지속되어야한다.

이러한 애정표현은 시대에 뒤떨어진 구닥다리 늙은이로서는 실천에 옮기기 좀 거북스러운 일임에는 틀림이 없다. 그러나 일단 실행에 옮기면 인간관계에서 마치 주식의 이익배당을 듬뿍 받는 것 같은 풍성함을 체험하게 될 것이다. 나의 경우는 우리 자녀가 아주 어릴 적부터 일찌감치 시작한 사람이다. 두말할 나위 없이 젖먹이 갓난아기일 때부터 시작하는 것이 훨씬 쉽다. 나중에 해보려면 멋적고 이상한 기분이 들어 실천에 옮기기가 여간 어려운 것이 아니다. 그래서 나는 내 아들이 태어나자마자, 내키지 않는 마음을 꾹 누르고, 내심 우리 아버지가 나에게 보여주었으면 하고 바라던 그 애정을 우리 아들에게 쏟아 부었다. 그런데 그 결정은 내가 결코 후회하지 않을 결정이었다.

내 아들이 청소년기에 들어서서까지, 차에서 내려 주차장을 걸어갈 때면 나에게 손을 내밀어 내 손을 다정하게 붙잡고 걸어가던 것을 생각하면 지금도 웃음이 저절로 나온다. 물론 우리 아들이 손을 내밀 때 나의 자연적인 반응은 움찔하며 주춤하는 것이었다. 그렇지만 나는 그럴 때마다 마음을 고쳐먹고, 아들의 손을 붙잡고 가게에까지 걸어 들어가곤 했다. 종종 지나가던 행인들은 우리를 웃긴다는 식으로 쳐다보았다. 그렇지만 남들이 뭐라던 내가 상관할 바가 무엇인가? 프랭크는 내 아들이다. 다른 모든 사람이 다 떠나가도, 나와 내 아들과의 관계가 좋다면 그것은 나에게 큰 기쁨과 만족을 안겨줄 것이다. 내 아들 프랭크는 대학시절에도 가끔 집을 방문할 때면 내 이마에 뽀뽀를 해주며 사랑한다고 말하곤 했다.

서로의 의견이나 관점의 차이로 인하여 대화가 궁지에 몰릴 때마다 나는 프랭크의 어깨에 내 팔을 드리우고 등을 두들기면서 합의점을 찾아보려고 노력하였다. 그러면 많은 경우에 상처가 치유되면서 난국으로부터 빠져 나올 수 있었다. 사실 나는 아직도 사과하거나 용서를 구할 때는 어려움을 겪는다. 그렇지만 비록 내가 말로 정확하게 표현할 수 없는 경우에도, 우리들은 언제나 바디랭기지(몸동작)를 통해 의사소통을 한다. 특히 신체적 접촉을 통해 우리 둘은 서로 연결되어 있기에, 이해하고 사랑하는 사이라는 것을 재확인하고는, 언제나 편안한 가운데 관계를 재개한다.

셋째 실수 – 함께 하는 시간이 없음

브리태니카 백과사전은 존 퀸시 아담스 대통령의 아들 찰스 프랜시스 아담스에 대해 반 페이지를 할애하고 있다. 어린 아담스는 아버지의 정치적 길을 밟았고 대영제국에서 미국에 파견된 외교관이 되었다. 백과사전에서 그의 가족에 대해서는 언급하고 있지 않지만 찰스의 일기에 대해서는 언급하고 있다. 어느 날인가의 일기를 보면 이렇게 적혀 있다. "오늘은 나의 아들과 낚시를 갔다. 오늘은 인생을 허비한 날이다." 그러나 아들의 일기에서는 다른 시각에서 그 일을 언급하고 있다. "아버지와 낚시를 갔다. 세상에서 가장 멋진 날이었다." 이 글을 쓴 사람은 찰스의 아들 브룩이었다. 흥미롭지 아니한가? 어린아이의 관점이 아버지의 관점과 어떻게 그렇게도 다를 수 있다는 말인가?

가정을 돌보지 않고 자기 일에만 몰두하는 아버지들을 비유할 때 해리 채핀의 '요람에 있는 고양이'라는 노래를 인용하는 것은 이제 상투적인 어구가 되어버렸다. 현대 문화에서 남자가 성공한다는 것은 일터나 사업에서 성공한다는 것이지, 가정에서 성공한다는 개념은 없다. 그러한 이유로 전문적인 직업이나 경력을 쌓는 일에는 몰두하지만 가정을 돌보는 일에 몰두하는 남자는 드물다. 가정을 돌보는 것이 남자의 책임이라고 생각하는 남자들을 찾아보기란 하늘의 별 따기다. 오! 우리 남자들은 가정이 중요하다고 얼마나 입버릇처럼 떠드는가! 그러나 우리의 행동을 보면 그런 말들이 헛소리라는 것이 증명된다.

한 어머니와 그녀의 어린 아들이 오래되어 낡은 사진첩을 들척이고 있었다. 그런데 소년은 그 사진첩에서 까만 곱슬머리의 용모가 준수한 미남을 보았다.

"이 남자는 누구예요?"라고 아들이 엄마에게 문의했다.

"그건 네 아빠잖아." 엄마는 자랑스럽게 대답했다.

"오, 그래요?"라고 하면서 그 소년은 "그럼 지금 우리 집에 거주하는 대머리 아저씨는 누군가요?”

그 집안의 아버지는 일에 파묻혀서 가족들과 함께 지낼 시간을 전혀 만들어내지 못했던 모양이다.

지금 내 아이들이 모두 장성한 이 시점에 내가 가장 아쉬워하는 것은, 일을 마치고 집으로 귀가하면 아이들이 “아빠다. 우리 아빠가 왔다!”라고 환호성을 지르며 나에게 달려와 안기곤 했던 그 순간이다. 아버지를 보면서 너무 기뻐 고삐 풀린 망아지처럼 펄쩍펄쩍 뛰던 아이들의 모습은 아버지의 가슴에 금이나 은보다 훨씬 더 소중히 간직될만한 것이다. 지금 와서 되돌아보면, 그 아이들과 발이 뒤엉키면서 함께 덩실덩실 춤추던 그때가 그립다. 그러나 불행히도 나는 그런 순간을 더 많이 즐기지 못하고, 남들보다 앞서고 이 세상에 성공의 신화를 남기겠다고 이리 뛰고 저리 뛰면서 밖으로 나돌았다. 그러면서도 그런 나의 몰지각한 행동을 가정에 물질을 공급하는 일을 한다는 이유로 합리화시켰다. 그 당시 나는 저녁 늦게 귀가했으며, 아이들이 아버지를 만나는 기쁨을 충분히 표시하기도 전에 내 방으로 사라져버리는 실수를 저질렀다.

산전수전 다 겪은 베테랑 아버지로서 나는 젊은 아버지들에게 충고하고 싶은 게 한가지 있다. 아이들과 함께 하는 시간은 일생에 아주 짧은 기간밖에는 존속하지 않으며, 그 기간은 시위를 떠난 화살 같이 날아가 버린다는 점이다. 내가 다시 한번 더 해보고 싶은 것이 있다면, 그것은 직장에서 집으로 돌아오기 전에 긴장을 풀고, 집에 와서는 아이들과 함께 마루에서 뒹굴며 노는 것이다. 일단 아이들이 청소년기에 접어들면, 아이들은 늙은이가(아버지가) 집에 오건 말건 별로 상관하지 않는다. 돈이 필요한 경우가 아니라면 부모에게 별로 관심도 보이지 않게 변해버린다는 말이다.

지치고 피곤한 몸으로 일을 마치고 늦게 귀가한 한 아버지에게 아들이 추근추근 달려들었다. "아빠, 뭐 하나 물어봐도 돼요?"

"또 뭐냐?" 신경이 아직도 곤두선 아빠가 대꾸했다.

"아빠는 시간당 얼마나 벌어요?"

"야! 그건 네가 알 바 아니잖아! 도대체 그런 건 왜 물어보냐?" 아빠는 짜증을 내며 반응했다.

"아니, 좀 알고 싶어서요. 아빠는 한 시간 일하면 얼마나 돈을 버시나요?"

"정 알고 싶다면 말해줄게. 나는 시간당 20불(2만원) 번다."

"오 그래요."하면서 아이는 머리를 숙였다. 그러다 머리를 들어 아버지를 빤히 쳐다보더니, "아빠. 10불만 좀 빌려주세요, 네?"

그 이야기를 듣자마자 아버지는 성이 났다. "바보 같은 장난감이나 살 의향으로 나에게 그런 질문을 했다면, 지금 당장 네 방으로 들어가 잠이나 자라! 그리고 네가 얼마나 이기적인 인간인지 한번 곰곰이 생각해 봐라. 아빠는 하루 종일 죽도록 일만 한다. 나는 애들 장난하는 것 같은 장단에 맞춰 줄 시간이 없는 사람이야."

그 이야기를 들은 소년은 풀이 죽어 조용히 자기 방으로 들어가 문을 닫아버렸다. 아들과 조금 전에 했던 대화를 곱씹어보던 아버지는 생각하면 할수록 더욱 화가 치밀어 올랐다. "돈 몇 푼을 뜯어내려고 그런 수작까지 부리다니! 그런 말을 들으면 내가 얼마나 자존심 상하는지도 모르고 마구 지껄이다니!"

 | 훌륭한 아버지가 키워내는 잘되는 자녀

그렇지만 한 시간이 경과한 후에 그 아버지는 생각을 되돌리기 시작했다. 아들에게 너무 심했다는 생각이 들었기 때문이다. 평소에는 별로 돈을 꿔달라고 요구한 적이 거의 없기에, 혹시 뭔가 아주 필요한 물건을 사야될 형편은 아닌지 하는 생각이 문득 들었다. 아버지는 아들의 방 쪽으로 다가가서 방문을 열어보았다. "자냐?"

"아니요, 아빠. 아직 깨어있어요."라고 아들이 대답했다.

"내가 가만히 생각해 보니까, 너한테 너무 심하게 한 것 같다."라고 하면서 그 아버지는 "오늘은 참 힘든 하루였어. 너한테 화풀이를 한 것 같아서 미안하다. 여기 10불 있다. 받아라."

그 아들은 똑바로 앉아서 반짝거리는 눈으로 10불을 쳐다보며, "오, 감사합니다. 아버지!"라고 큰 소리로 외쳤다. 그리고 아들은 손을 베개 밑으로 뻗어서 구겨진 지폐들을 끄집어냈다. 아들에게 이미 돈이 있는 것을 바라본 아버지는 또 다시 분노하기 시작했다. 아들은 돈을 차곡차곡 정리하더니 셈하기 시작했다.

"아니 돈이 그렇게 있는데, 왜 또 돈을 꿔달라고 한 거냐?" 아버지는 구시렁거리는 투로 말했다.

"왜냐하면 돈이 충분치가 않아서요. 그렇지만 이제는 충분해졌어요." 그리고는 아들은 이렇게 말했다. "아버지, 이제는 20불이 생겼어요. 내가 20불로 아버지의 시간을 사고 싶어요. 20불 드릴 테니까 나와 한 시간 동안만 함께 있어 주실 수 있어요?"

자녀들은, 아버지가 아무리 세상적으로 잘났다하더라도 아버지의 세상적인 성취에 크게 감동을 받지 않는다. 그러나 자녀들은 아버지가 자녀와 함께 하며 그들에게 관심을 쏟아줄 때에는 감명을 받는다. 반대로, 아이들과 함께 하는 시간이 너무 적으면 아이들은 분노하게 되어있다. 이 세상에서 사람에게 무시당하는 느낌보다 더 기분 나쁜 감정이 없기 때문이다.

자녀들은 어른을 사랑하고 어른을 존경하기 원한다는 사실을 깨닫기 바란다. 자녀들이 부모와 좋은 인간관계를 맺고 싶어하는 것은 참으로 멋진 일이다.

하워드 핸드릭스 교수가 편집한 〈진정한 삶〉에서 조 스토웰이 기고한 글 중에 일부분을 발췌해보았다.

"자녀들이야말로 이 세상에서 부모를 진정으로 사랑하기 원하고 존중하기 원하는 유일한 존재들일지도 모른다. 그렇지만, 이 세상의 다른 모든 일이 그렇듯이, 좋은 아버지가 되려면 노력해야한다. 우리가 자녀들에게 다가가 용서를 구하면, 자녀들은 언제든지 부모와의 관계를 정상으로 회복하는 일에 적극적으로 반응한다. 그러나 부모가 겸손해지기를 거부하고, 약속을 지키지 않으며, 공개적으로 자녀들을 타인과 비교하여 그들을 난처하게 만들고, 자녀를 학대하거나 무시하면, 분노의 불길이 그들의 영혼을 휩쓸고 지나가게 되어있다."

한번 깊이 생각해보자. 당신의 자녀들은 당신을 사랑하기 원한다. 이는 당신이 잘난 사람이기 때문이 아니라, 단순히 당신이 그 아이의 부모이기 때문이다. 그것은 아이들에게 내려진 신의 선물이다. 부모가 부자이건 가난하건 세상에서 성공했건 안 했건 상관이 없다. 자식은 부모를 사랑하고 존경하기 원한다. 심지어는 자기 아버지가 교도소에 수감되어있는 데도 아버지를 사랑하는 자식들도 보았다. 그러나 그들의 사랑이 받아들여지지 않는다면, 점차로 그 사랑은 식어지고 나중에는 사그라진다. (사실은 사랑이 없어지는 게 아니고, 단지 겉으로 표현하면 자꾸 상처를 받으니까, 자신을 보호하기 위해 그냥 감추는 것일뿐 인것이다, 옮긴이)

당신의 자녀는 당신을 존경하기 원한다. 그러나 우리는 종종 그러한 자녀들의 의사를 무시하고 짓밟아버린다. 부모에 대한 공경심도 역시 하나님이 허락하신 선물이다. 그러나 하나님이 주신 선물이라도 부모의 그릇된 말과 행동으로 인하여 소멸되는 경우가 있다. 그러므로 본능적이고 직관적인 감정인 부모에 대한 존경심을 키워주도록 노력하자. 부모에 대한 경의를 표시하는 마음은 하늘이 주신 것이기에 그 누구도 빼앗아 갈 수 없는 그런 성질의 것이다. 그렇지만 부모가 자녀들의 부모 공경의 마음에 상처를 줄 수도 있다.

부모를 공경하는 아이들의 마음에 관한 놀라운 사실은, 비록 그러한 마음이 잠시 짓밟혔다하더라도 부모가 회개하는 겸손한 마음으로 사과하고 용서를 구하면, 그 부모 공경의 마음이 되살아 나온다는 것이다. 그러므로 자녀의 존경을 얻기에 너무 늦은 경우는 없다.

당신 개인의 삶 때문에 가족을 버리는 일이 절대로 없도록 하라. 특히 자녀가 어릴 때에, 남자는 승부욕으로 빨리 성공해서 돈을 엄청 벌려고 한다. 그리고 중년기 이후에도 역시 계속 더 열심히 일해서 사회적으로 높은 지위를 획득하고 인정을 받으려고 혈안이 되곤 한다. 왜 그렇게 충동적으로 일에만 매달리게 되는 것일까? 아마도 부모님께 받지 못한 인정을 뒤늦게나마 받아보려는 보상심리는 아닐까? 아니면 부모님을 만족시켜드리지 못한 부족한 심정에서 자신의 존재가치를 증명해 내려는 발상에서인가? 그러나 과거에 받은 상처는 그 나름대로 따로 해결되어야한다. 그 문제가 당신과 당신의 아들 사이에 끼어 들어오게 해서는 안 된다는 말이다.

시간은 가장 소중하지만 한정된 자원이다. 그렇지만 우리는 자녀들에게 바로 그 아까운 자원을 나누어 주어야한다. 진실을 말하자면, 당신의 아들에게 진짜 필요한 것은 돈이 아니라 아빠와 함께하는 시간이라는 것이다.

넷째 실수 - 성적 등의 성취를 지나치게 강요함

나에게는 자녀들이 진력하는 바를 그들의 성취에 의거하여 판단하려는 경향이 있었다. 그렇지만 나는 자녀들이 타고난 재능이 없는 영역에서는 아무리 노력해도 최고의 결과를 가져오지 못 하는 경우를 관찰했고, 재능을 가진 영역에 대해서는 큰 힘을 들이지 않고도 많은 성취를 해 내기도 하는 것도 관찰했다. 그 결과 나는 성취보다 더 중요한 것이 있다는 결론에 도달했다. 그뿐만 아니라, 우리의 자녀의 마음 됨됨이가 성취를 많이 해내는 것보다 훨씬 더 중요하지 않은가? 올바른 이유로 올바른 일을 올바로 하는 것보다 더 중요한 것은 없다. 그러나 나도 종종 실수를 했던 것이 사실이다. 아이들의 마음가짐을 바로잡기보다는 규제와 규율로 아이들을 잡으려고 했던 짓 말이다. 아버지와 자녀의 관계는 자녀의 신앙생활에 지대한 영향을 미친다. 왜냐하면 하나님 아버지에 대한 상(像)이 육신의 아버지의 상(image)과 항상 맞물려 돌아가기 때문이다. 부모가 지나치게 비판적이거나 너무 심하게 체벌을 하면 하나님의 심판하시는 측면만이 지나치게 부각된다. 그러면 하나님의 은혜스럽고 자비로운 아버지로서의 상은 찌그러진다. 그러므로 가장 좋은 방법은 자녀들의 마음을 변화시키는 것이다. 강압적으로 부모의 권위에 복종시키기보다는, 마음에 변화가 일어나 자녀들이 자발적으로 행동을 교정하도록 유도하는 것이 가장 바람직하다.

남성으로서 우리는 이따금 나와 남을 비교하는 실수를 범한다. 자신의 성취와 다른 이들의 성취를 비교하면서, 외적인 것 내지는 양적인 것으로 인생의 성공을 판가름하려고 든다는 말이다. 그런데 불행히도, 주로 비교의 대상은 최상의 것들이다. 최상, 최고, 최대의 것들과 비교하여 자신을 평가하면 비현실적이 되어버린다. 기대치가 지나치게 높아지기 때문이다. 그러다 보면 비현실적인 판단기준에 근거하여 생각하기에, 쉽사리 불만과 혼돈에 빠지게 되어있다. 왜 나는 슈퍼모델 같은 여인과 결혼하지 못했을까? 왜 나는 억만장자가 아닐까? 그뿐만 아니라 우리는 우리의 자녀들도 다른 이들과 심하게 비교하는 경우가 많다. 왜 우리 아이는 직업적인 운동선수처럼 그렇게 멋지게 경기해내지 못할까? 왜 우리 아이는 성공한 음악가처럼 연주해내지 못할까? 그렇게 실현 불가능한 목표를 설정하고 밀어붙이는 것은 우리 부모 된 사람들에게도 온당치 못하지만, 우리의 자녀들에게도 공평치 못한 처사이다.

물론 높은 이상과 꿈을 제시하며, 자녀들에게 최선을 다하라고 독려하는 것은 정상이다. 그러나 반드시 부모로서 알아야할 것은, 자녀로 하여금 목표에 도달하게 하는 방법은 비판이 아니라 '격려' 라는 것이다. 일단 아버지가 아들을 잘 코치(coach: 지도)하기만 하면, 그 다음은 자동적으로 잘 돌아가게 마련이다.

다섯째 실수 – 함께 놀아주지 않음

우리는 너무 쉽사리 일상생활의 복잡하고 착잡한 스트레스에 억눌린다. 특히 지나친 책임감을 가진 아버지는 더하다. 사실은 지나치게 심각한 것도 문제가 된다. 그러나 즐겁게 놀아 줄줄 아는 아버지만큼 매력적인 사람은 없다. 엉뚱하기는 하지만 인생을 즐겁게 해주었던 익살맞은 일들을 한번 생각해보아라. 특히 아들이 아직 미소년일 때에 그와 더불어 인생을 많이 즐겨보기 바란다. 아들에게 인기 있는 아버지는 유머감각이 뛰어난 아버지이다. 마음이 산란한 아버지는 절대로 미소짓지 않는다. 그러나 마음이 안정된 아버지에게는 인생의 우스운 면을 들춰내고 그것을 아들과 함께 나눌 수 있는 여유가 있게 마련이다.

자녀들과 잘 놀아주는 부모의 행위는 자녀의 두뇌발달에 상당한 도움을 준다. 예를 들자면 아이를 공중으로 가볍게 던지는 행위는, 아이가 땅에 떨어지기 전에 제대로 받아주기만 한다면, 모험감행의 재미를 자녀에게 심어주게 된다. 자녀에게 많은 자신감과 모험심을 유발시키고 싶다면 자녀들과 함께 많이 놀아 주어라.

특히 남자아이는 모험을 감행한다는 것이, 물론 위험하기도 하지만, 해볼 만한 가치가 있는 일이라는 것을 배울 필요가 있다. 아버지와 아들이 함께 레슬링을 하는 것도 참 좋은 일일 것이다. 이는 육신의 발달뿐만 아니라 정서적인 안녕(安寧)과 즐거움까지 선사해 준다.

아버지와 아들이 함께 쓰레기 하치장을 방문하는 것은 참 재미나는 일이 아닐까? 아니면 채석장, 축제, 공사판, 화랑, 사냥터 등은 어떤가? 내가 어렸을 적에 경험한 가장 웃기는 일은 우리 계부가 긴 머리를 앞으로 드리우고 얼빠진 사람처럼 행동하는 것을 본 것이다. 우리 아버지가 그 모습으로 웃기는 이야기를 할 때에, 우리 집 아이들은 모두 박장대소하며 미친 듯 웃어대었고, 때론 얼간이 같은 모습을 취하며 함께 춤을 추기도 했다. 머리를 꼬불거리게 하는데 사용하는 컬러를 누나가 아버지의 머리에 말아서 이상한 머리모양을 만들어 내기도 했다.

내 아이들이 어렸을 적에 나는 아이들과 말타기 놀이를 했다. 내가 무릎을 꿇고 말처럼 되어, 아이들을 하나씩 등에 태우고 온 집안을 돌아다니는 놀이였다. 한참 하다보면 무릎이 상당히 아팠다. 우리들이 특히 즐겨하던 또 다른 게임은 곰 잡기였다. 우리 집 두아이들이 전속력으로 달리다가 나에게로 뛰어올라 나를 쓰러트림으로 곰을 잡는 놀이였다. 그런데 그 놀이를 한 참 하다보면 우리 딸이 결국 곰에게 잡히게 된다. 곰 밑에 깔린 우리 딸 켈시는 "살려주세요!"를 외치지만, 오빠인 프랭크는 동생을 버리고 도망가

버린다. 그러면 곰은 으르렁거리는 소리를 내며 수염으로 그녀의 목을 비벼댄다.

해학이나 익살은 인생의 흠집을(foible: 사소한 약점, 단점, 결점) 메워주는 기능을 한다. 그러므로 아버지로서 부적격자가 되지 않으려면 유머감각은 필수적이다. 아버지 노릇을 하다가 수렁에 빠졌을 때에 헤어 나오게 하는 것 중에 하나가 바로 유머감각이기 때문이다.

여섯째 실수 - 절대로 실패(실수)를 용납하지 않음

나는 실패의 두려움에 휩싸여, 내가 완벽하게 해낼 수 없다고 판단되는 일들을 모두 회피하며 살아온 사람이다. 그런 행동을 보였던 것이 후회 막심하다. 이 세상에는 2가지 종류의 고통이 있다. 훈련받을 때의 고통도 크지만, 사실은 충분히 훈련을 받지 못해 실수를 저지른 것에 대한 한탄의 고통의 크기는 더하다. 나는 내가 저지른 일에 대하여 후회했다기보다는, 해야만 했었는데 하지 못한 일에 대하여 더 많이 후회하였다. 해야할 일을 간과한 (omission: 누락, 탈락, 소홀, 태만) 만큼 나에게 크게 상처가 된 것이 없다는 말이다. 놓친 기회, 냉담했던 태도, 보람을 주는 일을 하지 않음 등이 가장 후회 막심했다. 나는 인생에서 가장 처참한 일은 실패라고 교육받으며 자라났다. 그러나 그것은 진실이 아니다. 이제서야 발견하는 것인데, 인생의 가장 큰 실수는 자신에게 주어진 가능성을 최대한으로 발휘할 시도를 하지 않는 것이다.

　아마도 이상하게 들릴지 모르겠으나 나는 실패하지 못한 것을 후회한다. 혹자는 자신의 인생에 이렇다 할만한 실수나 실패가 없었다는데 대해 자랑스러워할지도 모르겠으나 사실 그것은 수치스러운 일이다. 왜냐하면 위험부담이 되는 큰 일을 시도해 보지 않았다는 증거가 되기 때문이다. 나는 농구 감독인 존 우덴의 철학을 신봉하는 사람이다. 존 우덴에 따르면 실수를 가장 많이 하는 팀이 결국은 승리한다는 것이다. 실수를 하지 않는다는 것은 새로운 것을 시도해 보지 않는다는 증거라고 존 우덴은 주장한다. 그러나 최선을 다하는 팀은 성공과 함께 반드시 실수를 하게 되어있다고 한다. 열심히 뛰지 않고 그냥 서서 어정거리며 관망하는 자세로 게임을 하는 선수는 실수를 적게 하게 되어있다. 인생에 대해서도 동일한 원리가 적용된다고 할 수 있다.

　나는 내 자녀들을 성미 급하게 취급한데 대하여 후회하며, 그들이 당연히 받아야할 관심과 배려를 주지 못한 것도 후회한다. 나는 아들인 프랭크에게 거듭 말한 것이 한 가지 있다. 내가 삶에 어떤 실수를 했건 (사실 나는 많은 실수를 한 사람이다), 그것은 아버지의 실수일 뿐이지 그것이 아들에게까지 연장될 필요는 없다는 내용이다. 아버지의 문제는 아버지 선에서 끝나야한다. 아버지의 문제가 아들에게까지 전달되어서는 안 된다. 아버지 자신이 문제에 휩싸여 있다손 치더라도, 아들은 아버지로부터 사랑과 관심을 받을만한 가치가 있는 존재로 머물러 있어야한다. 나는 내 아들에게 이런 언급도 하였다. 내가 실수로 내뱉은 몹쓸 말들이나 모질고 악한 태도가 내 손자나 손녀에게 그대로 전달된다면 내 마음은 찢어질듯 아플 거라고. 내 손자 손녀들이 내 아들로부터 큰 상처를 받게 되고 그 상처의 근원이 다른 사람이 아닌 바로 "나"라면, 나는 그 아픔을 참아내지 못할 것 같았기 때문이다.

아버지에게는 자녀에게 상처를 주거나 도움을 주거나 할 능력이 있다. 인간존중의 자세로 자녀들을 대한다면 당신은 자녀들을 돕는 사람이 될 것이다. 그러나 자신의 문제에 휩싸여 그 문제를 자녀들에게 투사(投射)하게 되면, 자녀에게 상처를 주는 사람이 된다. 모든 권위나 권력을 가진 자는 결국 동일한 길을 걷게 된다. 그 힘을 건설적으로 작용하든지 파괴적으로 작용하든지 둘 중에 하나가 된다는 말이다.

나는 삼손의 경우를 들어 이것을 설명코자 한다. 삼손은 하나님으로부터 위대한 인생이 되도록 불림을 받은 사람이다. 그러나 그는 그저 힘만 센 놈이 되고 말았다(삿 13-16장). 모든 남성은 위대한 인물이 되도록 하나님으로부터 부름을 받았다. 그러나 대부분의 남자들은 조금 힘이 세진 것으로 만족하고 만다. 코치 우덴은 이렇게 주장한다. "당신이 할 수 없는 것으로 당신이 할 수 있는 것을 방해하지 못하도록 하라."

하나님이 당신을 이 세상에 내어보내신 이유를 한 번 생각해 보아라. 하나님은 당신에게 어떤 재간을 허락하셨는가? 하나님의 영광을 위해 그 재간을 사용할 기회를 엿보아라. 제발 실패할지도 모른다는 두려움은 버려라.

일곱째 실수 – 부모로서 권력을 남용함

　몇 해 전에, 아주 솔직하게 내 자신을 살펴볼 기회가 있었다. 그런데 그러한 성찰을 통해 내가 우리 회사 직원들을 아내나 자식보다 더 잘 대우해주고 있다는 사실을 발견했다. 예를 들자면 우리 직원들에게는 감히 상상치도 못하는 상스러운 말들도 가족들에게는 마구잡이로 거침없이 내뱉고 있었던 것이다. 만약에 다른 남자가 우리 아내나 아이들에게 그런 말을 했다면 나는 주먹으로 한판 붙었을 것이다. 타인에게는 감히 입도 뻥끗 못하는 그런 언행심사를 어떻게 이 세상에서 가장 사랑하는 사람들에게 버젓이 행하여 상처를 줄 수 있다는 말인가?

　그러나 사실은 사람과 가까워지면 질수록, 상처를 주고받는 감정을 경험할 가능성도 커지게 마련이다. 피해의식을 갖게 하는 감정으로는 짜증, 불평, 분노, 비난, 판단 등이 있다. 그리고 많은 경우에 이러한 감정들은 전이(轉移)된 것들이다. 다른 사람들에게 분노하거나 실망하거나 스트레스를 받은 것인데, 전혀 엉뚱한 사람들인 가족원들에게 대신 쏟아 붓는다는 말이다. 가족이 가장 만만하다고 생각되기 때문이다.

　그렇지만 그런 방식으로 가족을 괴롭히게 되면, 가장으로서의 권위가 떨어지게 되어있다. 그러면 가족의 리더로서의 기능을 제대로 발휘할 수 없게 된다. 그러므로 남자는 가장으로, 적어도 가정에서는 하나님의 대리자로 서있는 존재라는 사실을 절대로 잊어서는 안 된다.

요한 에머리히 에드와드 달베르크는 "권력은 부패한다. 절대 권력은 절대로 부패한다."라는 명언을 남겼다. 아버지로서 우리들은 적어도 가정에서는 막강한 권위와 권력을 행사하고 있다. 그렇지만 그 권력도 부패할 수 있음을 항상 직시하며 조심해야한다.

아버지라고 해서 무조건 뭐든지 자기 마음대로 할 수 있는 것은 아니다. 직위 자체가 권위인 시대는 지나가고 있다. 가족원들은 가장의 말을 들어야한다. 그러나 가장이라도 멸시나 차별이나 폭력으로 다스려서는 안 된다.

나는 성경의 두 군데에서 자녀를 부드럽게 대할 것을 권고한 구절을 발견하였다. 하나는 에베소서 6:4인데, "또 아버지이신 여러분, 여러분의 자녀를 노엽게 하지 말고, 주님의 훈련과 훈계로 기르십시오."라고 적혀있다. 다른 말로 하자면, 자녀를 훈련시키되 실정에 맞지 않는 가혹함으로 대하지 말고, 자녀를 조롱거리로 만들지도 말라는 뜻이다. 또 다른 성경구절은 골로새서 3:21인데, "아버지가 되신 여러분, 여러분의 자녀들을 격분하게 하지 마십시오. 그들의 기를 꺾지 말아야 합니다."라고 적혀있다. 아버지는 자신의 엄격함으로 인하여 자녀들이 좌절당하거나 주눅들지 않도록 조심해야한다는 말이다. 훈육이나 체벌은 합리적이어야 한다. 제멋대로 부리는 변덕이나 횡포가 있어서는 안 된다. 아버지는, 하나님이 인간을 가르치거나 훈련시키는 방법과 동일한 방법으로 가족원들을 다루어야한다.

과거를 돌이켜보면 나는 서슬이 시퍼렇게 선 날과 같은 그런 말들로 아이들을 혼낸 적이 한두 번이 아니다. 지금은 후회한다. 그런 말을 듣고 우리 아이들이 얼마나 분노하고 낙담했을까 하고 생각하면 죄책감마저 든다.

나에게 특히 자기훈련(self-discipline: 자기단련, 자제, 수양)이 필요했던 분야는 분노를 통제하는 것이었다. 노여움(anger: 성, 화, 분노)보다 더욱 인간관계를 파괴하는 요소는 없다. 여성과 어린이들은 특히 남성의 격노에 큰 상처를 받는다. 그러므로 남성으로 화를 절제하는 일에 성공하지 못하면 아들에게 고매한 리더의 자질을 전수시킬 수 없다.

물론 사람이 화를 내야만 하는 때도 있다. 그러나 그런 경우는 드문 경우이다. 일반적으로 화를 내는 경우는 분노하는 성질을 가진 사람이 시도 때도 없이 울화통을 터트리는 경우가 대부분이다. 그것이 아니면 리더십 스킬이 부족한 사람이 불안하고 걱정스러운 생각에서 화부터 먼저 내놓고 보는 경우도 있다.

휴 오닐이라는 사람은 남자의 억압된 분노에 관해 다음과 같은 주장을 한다.

"방이 지저분하기 때문에 화를 내는 아빠들도 있지만, 자신의 부서진 꿈 때문에 분노에 떠는 아빠들이 더 많다는 사실을 나는 안다. 내 말을 믿어주기 바란다. 아이들에게 화를 내고 있지만 사실은 아이들에게 화가 난 것이 아니라 자신이 만들어낸 허구의 자녀에게 화가 난 것이다. 그 허구의 자녀는 나의 꿈을 대신 이루어주리라 기대했지만 나를 실망시킨 내가 상상으로 꾸며낸 자녀이다."

나는 위에서 요약한 내용이 정확히 들어맞는 이야기라고 생각한다. 분노를 다루는 법에 관해서는 나중에 더 자세히 다루고자 한다.

하나님께서는 우리 남자들에게 선과 악을 창출할 수 있는 그런 능력을 부여하셨다. 남자들이 사고를 쳐서 만들어내는 문제들이 얼마나 많은지 주변을 한번 살펴보아라. 또한 남자들이 이바지하여 세상이 좋아지는 일들이 얼마나 많은지 한번 살펴보아라. 남자들이 가진 힘이라는 것은 대단하다. 그렇지만 책임을 지지 않는 권력은 부패하게 되어있다. 국제연합 사무총장이었던 다그 하마슐드는 "권력의 정당성이 매일 증명되는 사람에게만 권력이 주어져야 한다."라는 말을 남겼다.

어느 날 문득 나는, 나에게 이상한 습관이 있다는 것을 발견하고는 경악했다. 그것은 우리 아이들이 나에게 어떠한 것을 부탁해도 "안 된다!"로 일관하는 습관이었다. 그 표현은 나도 모르게 상투적으로 내 입에서 튀어나왔다. 이는 분명 아버지의 권력을 남용하는 행위였다. 나중에 곰곰이 생각해보면 그들의 요구를 거절할 하등의 이유가 없는데도, 그냥 "안 된다!"는 말이 반사적으로 튀어나왔다. 결국 나는 아이들에게 속사정을 털어놓았다. 깊이 생각할 시간이나 여유가 주어지지 않는 한, 아버지의 입에서는 무조건 '안 된다'는 말이 튀어나온다고 아이들에게 일러주었다. 그래서 그 후로는 뭔가 요구사항이 있을 경우, 아이들은 나에게 고려할 시간적 여유를 주는 요령을 터득하게 되었다.

남자는 특히 약속을 할 때에 조심해야한다. 허튼 공약을 남발하고는 지키지 못하는 남자들이 얼마나 많은지 모른다. 약속을 지키지 않는 경우, 부모의 생각에는 미미한 일도 자녀들에겐 큰 상처가 될 수 있다. 그러므로 아닌 것은 분명히 아니라고 말함으로, 아이들로 하여금 헛된 기대감을 가지지 않게 해야한다. 부모가 분명하게 해주지 않으면 자녀들은 괜한 기대심리로 부풀어 있다가 돌연 실망해버리기 때문이다. 그러므로 아이들에게 약속을 할 때는 심사숙고해야한다. 확실히 지킬 수 있다는 확신이 들면 그 때는 약속해도 된다. 그러므로 언제나 신중함이 최고이다. 부모의 말에는 큰 권위가 들어있다는 사실을 절대로 잊지 말자.

인생에 모든 것이 다 그렇듯이, 칼이든 총이든 약품이든 누구에 의해 어떻게 쓰이느냐에 따라 유익이 되기도 하고 해가 되기도 한다. 원자력도 마찬가지이다. 평화를 위해 쓰여질 수도 있고 엄청난 파괴의 목적으로 쓸 수도 있다. 당신은 핵무기를 아무렇게나 다루고 싶은가? (혹시 어떤 남자들은 호기심에서 핵무기를 분해해보고 싶은 충동을 느낄 사람도 있을지 모르겠다.) 하나님께서 남자에게 부여하신 권력도 마찬가지이다. 그 능력을 최대한 개발하고 발휘해야하지만, 가장 현명하게 써야한다. 당신의 아들에게 남자가 가진 권력을 남용할 때에 생길 파괴적인 결과에 대해서 말해주어라. 무엇이든지 순리대로 하지 않고 역리로 사용하면 그 결과는 좋지 못하다. 하나님은 책임을 지지 않는 권력에 대해 결국 심판하실 것이다.

여덟째 실수 - 부모의 친구가 없음

현대인들은 알고 지내는 사람은 많으나 진정한 친구는 없는 경우가 많다. 일로 인한 중압감 내지는 일하는데 거의 모든 시간을 소모하기에 남성들끼리의 좋은 친분관계를 유지하기란 쉽지 않은 것이 우리 실정이다. 당신의 아들도 동일한 과정을 반복하지 않게 하기 위해서는 아버지가 모범을 보여야한다. 아들은 아버지의 지도를 받아야할 뿐만 아니라, 아버지의 친구관계가 원만한 것을 목격하며 자라야한다. 만일 당신이 최고의 아버지가 되기 원한다면, 당신으로 믿을 만한 사람이 되도록 지탱시켜주고 당신이 어려울 때에 도움을 주는 그런 친구가 반드시 당신 주변에 있어야한다. 아버지로서 자녀를 양육하다보면 때로는 해도(海圖)에도 없는 미지의 세계로 항해해야만 하는 경우가 자주 발생한다. 그런 때에 다른 아버지들의 지혜와 도움은 큰 힘이 된다.

나는 나이 40에 기독교인이 되었다. 그 당시 나는 친구가 전혀 없던 외톨이었다. 그렇기에 내 삶은 참으로 고독했다 -- 처참하게 고독했다. 그래서 하나님을 믿게 된 직후 좋은 친구가 생기게 해달라고 매일 기도를 드렸다. 그런데 하나님의 축복으로, 6년 후에 나는 수십 명도 넘는 좋은 친구들과 풍성하고 충만한 교제를 나눌 수 있게 되었다.

프랭크는 고등학교 시절에 하루는 학교에서 발생한 사건에 대해 나에게 말하기 시작했다. 시사를 가르치는 선생님이 주장하시기를, 현대의 남자들은 진정한 친구가 없고 그냥 면식이 있는 사람이 있을 뿐이라고 했다는 것이다. 한밤중에 문제가 생길 경우 전화하거나 찾아갈 사람이 거의 없다고 했다고 했다. 그런데 프랭크의 의견에는 그런 말은 설득력이 없다고 생각했다고 했다. 왜냐하면 자기 아빠에게는 친구가 너무나도 많기에! "한밤중이라도 도움이 필요하다면 전화를 걸어 도움을 요청할 친구가 우리 아버지에게는 12명도 더 되는데"라고 프랭크가 말한 것이 아직도 기억에 생생하다. 사실 그건 맞는 말이다! 하나님은 친구를 달라는 나의 기도에 응답해 주셨고, 그로 인하여 나의 삶은 크게 달라졌다.

고립의 상태로부터 어떻게 벗어날 수 있을까? 래리 크랩 박사의 말을 들어보자.

어렸을 적에 아버지로부터 소홀히 여김을 당한 사람의 경우는 자기 자신의 자녀들과의 관계에서도 소원(疏遠)한 경우가 많다. 아버지의 죄가 아들에게 전가된 경우라 볼 수 있겠다. 아마 대부분의 경우 심리적으로 자기방어 기제가 작동한 결과일 것이다. 무시당하면 기분이 상한다. 그리고 자신의 가치에 대한 의구심이 일어난다. 그런 경우, 더 많은 거부나 거절을 당할 것을 우려한 나머지 움츠러들게 되는 것이다. 이 세상에 연속적으로 냉대를 당하고 싶은 사람은 아무도 없다. 아무리 자녀에게 체벌과 지식을 많이 공급해도, 상처받은 감정과 채워지지 않는 욕구가 그 가정에 지배적이라면, 그런 부모의 사랑은 의무를 이행하는 것뿐이지 해방시키는 열정으로부터 우러나오는 것은 못된다. 가장이 그런 식이라면 그냥 책임을 감당하는 성실한 사람은 될지언정, 가정사에 많은 것을 공유하는 사람은 될 수 없다. 왜냐하면 그런 가장에 대해서는 가족원들이 가깝게 지내고자하는 따뜻한 감정이 일지 않기 때문이다. 그런 남자에게는 가장 친한 친구(심지어는 아내)조차도 벽을 쌓게 된다. 왜냐하면 아주 가까이 하기에는 뭔가 남자가 긴장되어있고 매사에 동떨어진 느낌을 주기 때

문이다. 이런 현상은 진정한 친구가 없는 기독교 지도자들의 삶
에도 종종 발생한다.

마치 당신을 두고 말하는 것처럼 들리지 않는가? 친구관계를 형
성하고, 유지하고, 발전시키려면 위험을 부담해야한다. 친분관계를
잘 유지한다는 것은 쉬운 일이 아니다. 일단은 친해지고 싶은 남자
를 찾아 나서야한다. 그리고는 마음 문을 열어 보이는 모험을 감행
해야한다. 이는 취약성을 드러내는 위험한 행위이다. 속마음을 열
어 보인다는 것은 남자로서는 일반적으로 하기 어려운 일이다.

그러나 진정한 의미에서의 친선을 도모하려면 자신의 단점과
장점을 열어 보이는 개방성이 있지 않으면 안 된다. 그렇지 않으면
서로의 깊은 감정을 나눌 수 없다. 서로 마음이 통하고 서로 감정
이 통하면 그 때부터는 좋은 친구관계로 들어갈 수 있다. 그러나
부모가 자신의 마음과 감정을 드러내는 법을 본으로 보여주지 않
는 이상, 자녀들이 그렇게 되기는 어렵다. 특히 정서적 취약함
(emotional vulnerability)을 공개하는 것은(상처받을 것을 각오하
고 자신의 감정을 솔직하게 드러냄, 옮긴이) 남성들에게는 무척 행
하기 어려운 일이다.

친구를 사귀는 문제에 있어서 내가 발견한 사실은, 먼저 손을
뻗어 친구가 될 것을 제안(overture: 교섭의 개시)해야한다는 것이
다. 물론 많은 경우에 사람들은 그런 제안을 거절할 것이다. 그러
나 그런 거절당함을 너무 개인적인 것으로 받아들여 자존심에 상
처까지 받을 필요는 없다. 적절한 시기가 아니었든지, 아니면 상대

가 원래 소극적인 인물이든지, 하여간 수많은 다른 이유들이 있을 것이기 때문이다. 나는 가능하면 남에 대해 미심쩍은 점을 선의로 해석하려고 노력한다. 그러면 나도 남도 모두 너그럽게 봐줄 수 있게 되기 때문이다. 개인주의가 만연하고 먹고살기 힘든 오늘날에는 우정을 주고받는 것에 익숙하지 않은 사람들이 계속 늘어나는 추세이다. 나의 철학은 사람들을 대할 때는 늘 개방성과 존경심으로 대하는 것이다. 그렇게 해도 상대방으로부터 상응하는 반응을 받지 못할 때가 있다. 그러나 그것은 내 문제가 아니라 그들의 문제일 뿐이다. 만약에 상대가 호의적인 반응을 보이면 그 때부터 우리는 친구가 된다. 친구는 서로를 돌봐주는 사이이다. 친구는 자신의 이득만을 고집하는 것에서 떠나 상대방의 필요와 욕구를 채워주려고 노력하며 어떻게든 도움을 주려고 하는 사이라는 말이다.

성경이 친구관계에 관하여 말하는 것

성경은 남자에게 친구가 필요하다는 사실과 고립의 위험성에 관하여 반복하여 말씀하신다. 여기에 그 말씀 중 몇 가지만을 나열하고자 한다.

쇠붙이는 쇠붙이로 쳐야 날이 날카롭게 서듯이, 사람도 이웃과 부딪쳐야 지혜가 예리해진다.

잠언 27:17

다른 사람과 어울리지 못하는 사람은 자기 욕심만 채우려 하고, 건전한 판단력을 가진 사람을 적대시한다.

잠언 18:1

전략을 세운 다음에야 전쟁을 할 수 있고, 참모가 많아야 승리할 수 있다.

잠언 24:6

그 가운데 하나가 넘어지면, 다른 한 사람이 자기의 동무를 일으켜 줄 수 있다. 그러나 혼자 가다가 넘어지면, 딱하게도, 일으켜 줄 사람이 없다. 또, 둘이 누우면 따뜻하지만, 혼자라면 어찌 따뜻하겠는가? 혼자 싸우면 지지만, 둘이 힘을 합하면 적에게 맞설 수 있다. 세 겹줄은 쉽게 끊어지지 않는다.

전도서 4:10-12

당신의 아들에게는 친구가 필요하다. 그리고 아버지인 당신에게도 친구가 필요하다. 아버지가 아버지의 친구들에게 신의를 지키는 모습을 아들이 보아야한다. 아버지가 아버지의 친구들과 건전한 인간관계를 가지는 그 모습도 아들은 바라볼 필요가 있다.

고립은 남성에게는 죽음과도 같은 것이다. 오늘날의 문화는 사교적인 남성에 대해 왜곡된 관점에서 묘사하는 경향성이 있다. 현대인이 숭상하는 남성의 상은 아마도 독불장군(individualist: 개성이 강한 사람, 이기주의자, 개인주의자)이 아닌가 생각한다. 서부극의 영웅 존 웨인이나 첩보영화 007의 영웅 제임스 본드는 다른 남자들의 도움을 필요로 하지 않는다. 그 잘난 인물들은 무슨 문제이든 척척 혼자서 잘도 해결해 나간다. 그리고는 석양이 지는 곳으로 홀로 사라져버린다.

그러나 그것은 영화의 영웅에게나 해당되는 것이지, 실제 우리의 삶은 그렇지 않다. 현실의 남자는 다른 남자의 도움을 필요로 한다. 모든 남성들에게는 다른 남성이 공급해 주는 신의, 지원, 우애, 그리고 도움이 필요하다.

악마가 남자를 속이는 방법 중에 하나는 마음을 산란케 하여 다른 남자들로부터 고립시키거나 격리시키는 것이다. 그러면 악마는 그 남자의 영혼을 사로잡아 자신의 노예로 만들기가 훨씬 쉬워지기 때문이다. 악마의 노예가 된 남성은 가정과 사회에서 리더가 되라고 하나님이 부르신 그 소명(召命)을 의심하게 되어있다. 일단 그런 의심이 싹트게 되면 리더로서의 능력은 좀먹게 된다.

모든 남자는 어떤 종류의 일들은 혼자서 하지 않는다(해서도 안 된다)는 것을 직감적으로 안다. 예를 들자면, 야밤에 혼자서 숲 속으로 들어가지 않는다. 혹은 혼자 사냥을 가거나 혼자 테니스를 치러 가는 법도 없다. 일반적으로 등산을 가든지 야영을 갈 때에는 친구들과 함께 간다. 마찬가지로 당신이 진짜 똑똑하다면 인생을 혼자 살려고 하지 않을 것이다.

당신 자신이 피상적 인간관계를 넘어서 진정한 친구관계를 추구하는 동안, 당신의 아들에게도 친구의 중요성을 설명해 주어라. 깊은 우정을 나눌 수 있는 친구가 없으면 나중에 크게 후회하게 된다는 사실도 알게 해 주어라. 그리고 지금은 아버지와의 관계를 주로 가지지만 아버지의 사후에는 반드시 다른 남자들과의 친숙한 인간관계를 통해서 책임감 있는 인생을 살 것도 강조해주어라.

아홉째 실수 – 일관성의 결여

아버지 노릇을 제대로 하지 못하도록 방해하는 최대의 장애물 중에 하나는 '일관성의 결여'이다. 상황에 관계없이, 아이들은 부모가 일관성을 유지해주기를 바란다. 이는 역경을 만났을 때에 의지할 바위처럼 부모가 단단히 서있기를 바란다는 뜻이다. 인생이 우리 자녀들을 속이는 것처럼 느끼게 만들 때에라도, 자녀들은 부모가 바른 자세로 서서 그들을 위로해 주기를 바란다. 이런 것을 한번 상상해 보아라. 당신이 평소에 존경하고 믿고 따르던 인물이 스트레스를 받는 상황에서 느닷없이 정신이 무너져 내리면서 기괴하고 망측한 짓을 한다면 당신은 얼마나 놀라겠는가? 그런 꼴을 본 후에도 당신은 그 사람을 믿고 따를 수 있겠는가? 나라면 아마도 그렇게 못할 것 같다. 당신의 정서적인 안정성, 특히 스트레스를 많이 받는 상황에서의 침착성은 당신의 아들에게는 귀감이 된다. 건전한 한 남성으로 당신의 아들이 자라나는데 있어서 마음의 든든함을 제공해 주는 것은 부모의 건전성이다. 스트레스를 받는 상황이 발생하는 것을 막을 길은 없다. 그렇지만 그에 반응하는 것은 통제할 수 있다. 다른 모든 사람이 전부 정신을 잃는다고 해도, 반드시 초지일관으로 '원칙을 지키는 사람'이 되어야한다고 당신의 아들에게 조언해주어라.

'빌'이라는 남자는 일관성이 결여된 아버지였다. 그는 상황에 따라서 조석변개하는 변덕스런 스타일의 사람이었다. 그래서 그의 아이들은 무엇을 어떻게 예상해야할지 알 길이 없었다. 동일한 일에 대해서도 어떤 때는 웃으며 대했다가도, 또 자신의 기분이 나빠지면 벌컥 화를 내기도 했다. 그래서 아이들은 항상 불안했고, 겁먹었으며, 정신이 혼란스러웠고, 자신감까지 잃어버리게 되었다. 그런데 빌은 그의 아들과의 사이에서 일어난 어떤 우발적인 사건을 통해 일관성의 중요성을 깨닫게 되었다고 한다.

하루는 빌이 잔디 깎는 기계를 수리하고 있었는데, 공구인 렌치가 한쪽 손에서 미끄러져 빠져나가면서 엔진 위쪽에 위치했던 다른 손의 손가락마디를 찍었다. 성이 머리끝까지 난 빌은 소리 소리를 지르며 렌치를 힘껏 벽 쪽으로 내던져버렸다. 그런데 하필이면 그 때 5살 난 아들인 바비가 빌이 작업하던 문이 달린 차고 안으로 걸어 들어오고 있었던 것이다. 임박한 재앙을 감지한 아버지는 "안 돼, 바비야!"라고 소리를 지르며 뭘 어떻게 좀 손써보려고 몸부림을 쳤다. 그런데 아버지가 던진 그 공구는 바비의 바로 옆에 있던 문설주에 맞았고, 그 충격으로 나무문이 쪼개졌다. 바비는 너무나 놀라 움찔하더니 공포에 질린 얼굴로 엄마에게로 달려갔다. 천만다행이라고 생각한 아버지 빌은 아들을 달래려고 찾아갔다. 그렇지만 아들 바비는 몇 주 동안 아버지의 얼굴을 쳐다보지 않았고 입도 뻥끗하지 않았다.

한참 시간이 흐른 후에 결국 아버지와 아들은 그날 일어났던 사건에 대해 서로 대화를 시작할 수 있게 되었는데, 바비는 "아빠, 나는 아빠가 나한테 화가 나서 렌치를 던졌는지 알았어요. 어떤 때에는 아빠가 싱글벙글 웃고, 또 어떤 때에는 소리를 지르고 화를 내니... 나는 어리둥절해요. 아빠, 아빠는 왜 나를 미워해요?"라고 말했다.

그 순간 아버지인 빌은 자신이 앞으로 변화되어야할 것을 느꼈다고 한다. 특히 스트레스를 많이 받는 상황에서 자신이 처신하는 법을 포함해서 그의 감정을 다스리기 시작하기로 결심했다는 것이다.

열째 실수 - 안일하거나 소극적임

수년 전에 나의 인생이 만사형통으로 잘 나가던 적이 있었다. 나는 매 주일 교회에 출석했고, 성경을 읽었으며, 매일 기도를 드렸다. 누군가 나에게 물어보았다면, 나는 내가 아주 독실한 기독교인이라고 자신만만하게 말했을 것이다. 그 당시 나는 내 자신이 영적으로 서 있던 그 자리가 너무나도 자랑스러웠으며, 우리 가족도 내가 기독교로 개종하기 그 이전보다 훨씬 더 좋은 환경에서 생활하게 되었다. 사업도 그런 대로 잘 되고 있었으며, 비정상적인 일은 하나도 발생하지 않았다. 이제는 모든 것이 안정되고 평안한 가운데 만족스럽게 즐기며 살게 되었다는 생각이 들었다.

그런데 하루는 성경을 읽다가 이상한 현상을 경험하게 되었다.

독자들 중에 나와 비슷한 경험을 한 사람이 있는지 모르겠다. 예기치 않은 순간에 전혀 기대하지 않던 성경구절이 성경책에서 튀어나와 뇌리에 박히는 경우 말이다. 그 당시의 성경구절은 잠언 1:32인 "미련한 사람은 안일하게 살다가 자기를 멸망시키지만"이었다. 나는 속으로 이렇게 생각했다. "그것 뜻밖에 묘한 말씀이다. 안일함이 진짜로 멸망 받을 만한 일인가? 안일함은 살인이나 강간처럼 사악한 행위는 아니지 않은가?"

그렇지만 그 구절은 수 시간 동안 내 뇌리에서 지워지지 않았다. 결국 나는 사전에서 안일(complacency: 자기 만족, 자기 흡족)이라는 단어의 정의를 찾아보게까지 되었다. 사전에는 "실제적인 위험이나 부족함을 인식하지 못한 채 혼자 흐뭇함에 빠져있는 상태"라고 정의 되어있었다.

성경구절과 사전의 정의를 합쳐서 생각하며, 나는 벼락맞은 것처럼 기겁을 했다. 바로 그것이 그 당시 딱 나의 상태였기 때문이다! 나는 혼자 자기만족감에 빠져서 그 동안 내가 이룩했던 모든 것을 무너뜨릴 만한 위험의 요소들을 감지하지 못하고 있었다. 그러자 갑자기 심장이 마구 고동치며 위장이 울렁거리기 시작했다. 내가 혼자 망상 속에서 즐길 때에 내 사업의 재정적인 불안정은 심화되었고, 사업기획은 실패하였으며, 가정경제는 신용카드에 한계를 넘어가고 있었다. 그 순간 그 동안 내가 간과했던, 생산성 없이 일하는 나의 회사 직원들의 모습이 언뜻 떠올랐다.

그 때 마음속에 이런 생각이 문득 떠올랐다. "뭔가 조치를 취하지 않고 이대로 놔두면 내 사업은 망하겠구나!" 내가 지난 십 년간

심혈을 기울여 일구어온 사업체가 그 말 그대로 파산 쪽으로 기울고 있었던 것이다. 정신을 차린 나는 진정 겸손한 자세로 더 열심히 일하고, 원가를 절감하고, 직원들을 교체함으로 가까스로 사업을 회생시켰다.

그럼에도 불구하고 그 잠언의 말씀은 내 마음을 떠나지 않았다. 그 말씀을 더 깊이 숙고하면서 나는 내 자신에게 다음과 같은 질문을 던졌다. "내가 나의 개인적인 삶, 교회생활, 그리고 우리 가족을 이끄는 일에 있어서 안일하게 행동한 적은 없는가?" 그 결과, 나는 다른 이들의 삶의 질을 향상시키는 일에 그리고 하나님의 나라를 세우는 일에 별로 공헌한 것이 없음을 인정하게 되었다.

그 이후로 나는 가정의 가장으로서의 역할을 감당함에 있어서, 어떻게 해야 무사안일주의에서 빠져 나올 수 있을까 하고 나는 무척 고민했다. 그리고 활기 넘치는 삶을 꿈꾸며 하나님께 다음과 같은 기도를 올렸다. "주님, 한 사람의 남자로 제가 어떻게 이 세상에 조그마한 변화라도 창출해 낼 수 있겠습니까? 이 세상에는 문제가 너무나도 많이 산재해 있습니다. 주님, 문제들에 의하여 압도당합니다." 마침내 하나님은 내 마음에 말씀하셨고, 단 한사람의 힘으로라도 세상에 변화의 물결을 일으킬 수 있음을 확신시켜주셨다. 그러나 일단 뭔가를 시작해야한다고 말씀하셨다.

안일함의 타성을 깨려면 특정한 행동을 취하여야한다. 그리고 행동으로 옮기려면 반드시 용기와 열정이 필요하다. 그렇다면 그러한 열렬함과 용맹을 어디에서 얻을 수 있을까? 예수님은 이렇게 말씀하셨다. "나는 포도나무요, 너희는 가지다. 사람이 내 안에 머물러 있고, 내가 그 사람 안에 머물러 있으면, 그는 많은 열매를 맺는다. 너희는 나를 떠나서는 아무 것도 할 수 없다"(요 15:5). 바로 이것이다. 일단 예수님께 온전히 우리 자신을 내맡겨야 한다. 그런 다음에는 영혼 안에 있는 열정에 불이 붙여지도록 성령의 바람을 구해야한다. 그러면 하나님께서 행동으로 나설 수 있는 충분한 용기와 에너지를 공급해 주실 것이다.

상당히 오랜 기간동안 나는 집요하게 그리고 열성적으로 야고보서 5:16의 모델을 따라 기도하였다. "그러므로 여러분은 서로 죄를 자백하고, 서로를 위해 기도하십시오. 그래서 여러분이 나음을 받게 하십시오. 의인이 간절히 비는 기도는 큰 효력을 냅니다." 나는 주님께 진실로 주님을 따르기 원한다고 말씀드렸다. 그리고 내 삶과 내 가정은 주님의 것이라는 고백도 드렸다. 그리고 주님이 원하시는 대로 빚어지기를 원한다고 말씀드렸다. "내가 무엇을 어떻게 해야하는지 구체적으로 보여주세요."라고 나는 간절히 기도했다. 결국 하나님은 내 기도에 응답하셨고, 급기야 나는 '더 나은 아버지들'(Better Dads)이라는 선교사역 단체를 설립하여 남자, 여자, 아이들의 삶에 영향을 끼칠 기회를 얻게 되었다. 내 아내와 나의 자녀들이 나의 강연회를 많이 도와주었다. 그로 인하여 나 역시도 많은 긍정적인 경험을 하게 되었다. 놀랍게도, 하나님은 나에게 야구 코치로서의 자질이 있음을 발견하게 해주셨고, 덕분에 나는 지금 많은 청소년들의 멘토와 코치가 되어 그들의 삶에 영향력을 행사하고 있다.

이런 일들은 이전에는 상상도 할 수 없었던 일들이다. 과연 어떻게 이런 일들이 내 삶에 발생하게 되었을까? 우연의 일치인가? 아마도 아닐 것이다. 그 이유는 내가 잠언에 기록된 안일함에 관한 구절을 온전히 이해한데 기인한 것임에 틀림이 없다. 오늘날 우리 문화에서는 안일함과 소극성(passivity: 수동성)이 남자들을 죽이고 있다. 하나님께서 계획하신 그대로 꿈꾸며 강인하게 살아가려면 안일함과 소극성이라는 지뢰를 피해가야 한다.

하나님께서 스바냐를 통해 하신 말씀을 들어보자.

> 그 때가 이르면, 내가 등불을 켜 들고 예루살렘을 뒤지겠다. 마음속으로 '주는 복도 내리지 않고, 화도 내리지 않는다' 고 말하는 술찌꺼기 같은 인간들을 찾아서 벌하겠다.
>
> *스바냐 1:12*

하나님이 안일한 생각을 하는 인간들을 벌하신다는 뜻이다. 하나님은 사회와 교회 그리고 가정의 리더들에게 책임을 추궁하신다. 위의 성경 말씀에 따르면, 하나님은 축복도 안하고 심판도 안한다는 식으로 안이하게 사는 자들을 하나님이 가만 놔두지 않으신다는 것이다. 이 말씀을 우리에게 적용하자면, 소극적인 자세로 살아가는 기독교인들을 하나님이 손보실 것이라는 경고로 받아들일 수 있을 것이다. 많은 신자들이 하나님은 인간사에 무관심하시기에, 반드시 행동을 취해야할 때에 행동하지 않았다고 해서 하나님이 책임을 물을 리가 만무하다고 착각한다. 바로 그것이 그렇게도 많은 사람들로 함부로 결혼서약을 깨게 하는 이유이다. 이제 현대인들은 더 이상 하나님의 진노를 믿지 않는 모양이다.

스티븐 스필버그가 감독한 "쉰들러의 리스트"라는 영화에서, 리암 니슨은 이차세계대전 당시 독일의 한 그릇공장의 경영인인 오스카 쉰들러 배역을 맡았다. 돈을 벌 기회를 놓칠세라 쉰들러는 나치가 점령한 폴란드로 진입한다. 그는 먼저 블랙마켓(일종의 암시장)과 지하경제로 파고 들어갔고, 그러다가 점차 지역의 게슈타포(독일의 비밀경찰)의 거물급 인사들과 사귀게 된다. 쉰들러는 그 높은 양반들을 돈과 여자와 불법의 술로 녹여놓는다. 그렇게 해서 형성된 연줄을 통해 그는 한 공장을 인수하게 되는데, 그 공장은 가장 적은 임금으로 노동자들을 부리는 공장이다. 그 저임금에 시달리며 일하는 사람들의 대부분은 유대인들이었다.

처음에 그는 떠오르는 독일의 사업가와 같은 대접을 받았으며, 기업의 이윤을 취하는 방법이야 어떻게 됐건, 많은 수익을 올리는 기업인이 되었다. 그런데 시간이 흐르면서 뭔가 일이 이상하게 돌아가게 되었다. 쉰들러는 오직 성공하려는 욕심에서 유대인들을 착취하며 사업을 시작했지만, 전쟁이 끝나갈 무렵까지 그는 자신이 만들어낸 자산으로 1,300여명의 유대인 남녀들의 생명을 보존하는 역할을 담당하게 되었다.

매우 감동적인 영화의 마지막 부분, 즉, 연합군이 이제 폴란드를 점령하기 위해 침공해 들어오는 바로 그 순간, 쉰들러는 많은 공장의 노동자들에게 작별인사를 하고 떠난다. 감사의 표시로 유대인들이 쉰들러에게 금반지를 선사할 때에 쉰들러는 양심의 가책을 느끼며 감정이 북받쳐 흐느낀다. 더 많은 생명을 구하지 못한 것을 후회하면서 말이다. 공장 노동자들이 쉰들러가 그 누구보다 더 선한 일을 했다고 위로함에도 불구하고, 쉰들러는 자신의 안일함과 최선을 다하지 못함을 애석하게 생각하며 고뇌에 차 목놓아 운다.

쉰들러는 물론 안일한 삶을 산 사람은 아니다. 그렇지만 좋은 일을 더 많이 했더라면 하는 것을 깨닫는 순간 이미 때는 늦었다. 그래서 그는 심히도 비탄에 잠겼던 것이다. 누구도 그를 비난하지 않았으나, 그는 최선을 다하지 못한 삶을 산 것을 안타까워했다.

"쉰들러 리스트"에서 감동적이었던 그 장면을 회상하면서, 나는 내 자신을 포함하여 많은 이들이 흰 보좌의 심판대 앞에서 더 많이 의미심장한 일을 하지 못한 것을 후회하며 고통스러워할 그 장면을 상상해 본다. '그리스도의 심판대' 앞에 서는 순간은, 놓친 기회들과 잃어버린 상급을 인정하는 그런 시간이 될 것이다.

안일함이라는 수렁에 빠진 기독교인들은 하나님도 안일한 분이라 생각하기 쉽다. 그러나 하나님은 자기도취에 빠진 분이 아니시다. 하나님은 늘 활동적이며 열성적이다. 그리고 하나님은 우리들도 그런 하나님을 닮기 원하신다. 혹자는 잘못 믿기로, 하나님이 그들의 죄악을 적당히 보아 넘기시며, 바르게 교정하려는 적극적인 노력을 하지 않으실 것으로 상상한다. 그러나 그것은 오판이다. 그렇게 엉터리로 믿는 자들은 회개하는 일에도 느긋하다. 그렇지만 하나님은 언제나 인간의 잘못을 바로잡는 분이시다. 하나님은 적당주의자가 아니다! 하나님은 행동하신다. 때로는 우리가 참된 인내를 배울 때까지 하나님은 침묵하시며, 때로는 선한 청지기로서의 역할을 감당하게 될 때까지 경제적인 부유함을 허락하지 않으신다.

그렇다면 안일함으로부터 빠져 나오는 첫 단계는 무엇일까? 하나님께 기도하고 하나님의 응답을 들음으로 시작하라. 대부분의 사람들이 사는 방식인 평범함(mediocrity: 凡庸)의 덫에서 벗어나 꿈을 추구하는 비범한 세계로 나아가려면 열정이라는 내적 에너지가 필요하다. 그러한 영적 에너지는 기도를 통해 하나님으로부터 공급받을 수밖에 없다.

에베소서 4:22-24은 옛 생활방식을 떨쳐버리고, 마음을 새롭게 하여, 새로운 사람으로 변화되는 영적 성장의 과정을 역설한다. "여러분은, 지난날의 생활방식에 얽매여서 허망한 욕정을 따라 살다가 썩어 없어질 옛 사람을 벗어버리고, 마음의 영을 새롭게 하여, 하나님을 따라 참된 의로움과 거룩함으로 지으심을 받은 새 사람을 입으십시오." 여기에서 사도 바울은 기독교인의 삶을, 죄 많은 과거의 더러운 옷을 벗어버리고 그리스도의 의로 희게 된 새 옷으로 갈아입는 과정으로 설명하고 있다. 안일함의 어리석음과 그에 대한 하나님의 심판의 확실성을 믿은 후에는, 태도를 옳게 바꾸어, 믿음을 행동으로 옮기려는 최선의 노력을 경주하라는 말씀이다. 자신을 하나님께 맡김으로 그리스도의 새 옷을 입게 되면, 하나님은 심령이 가난한 자들(우리의 자녀들)이 울부짖는 소리를 듣게 하시며, 그들(자녀들)을 돕는 일에 힘이 솟구치게 해주실 것이다. 하나님은 자녀들뿐만 아니라 지역사회에서 어려움을 당하는 사람들의 처지와 형편도 알게 해주시고 그들을 도울 수 있는 힘과 용기도 허락해 주시리라 나는 믿는다.

　　안일함에는 큰 위험이 도사리고 있다. 안일함이 우리의 삶으로 기어 들어오면 남성다움으로 가는 길이 막히고 영적 성장에 방해를 받게 된다는 것을 명심하라. 그러한 진리를 당신의 아들에게도 잘 가르치기 바란다. 텔레비전을 너무 많이 시청하거나 비디오게임에 빠져드는 아이들은 영락없이 안일함이라는 덫에 걸려드는 것을 나는 수도 없이 목격해왔다. 안일함과 소극성이라는 진창에 빠진 소년이 고결한 리더가 되기는 만무하다. 그런 사람은 오직 수많은 후회로 점철된 인생을 살뿐이다.

1 당신이 아버지로서 범한 실수를 3가지만 들어보아라. 그러한 실수로부터 배운 것은 없는가?

2 당신의 아들이 소유한 강점과 약점들의 목록을 작성해 보아라. 당신의 아들의 강점을 살려서 그로 성공적인 인생을 살도록 도와줄 수 있는 방도는 없을까?

3 일주일을 단위로 당신이 당신의 아들과 함께 지내는 시간대와 활동 사항을 도표로 그려보아라. 당신이 짐작했던 것과 실제가 서로 같은가 다른가?

4 아버지와 남편으로서, 당신 자신의 안일함에 어떻게 대처할 수 있다고 생각하는가? 당신에게는 실패할 가능성에 대한 두려움이 있는가? 있다면, 실패를 무릅쓰고라도 도전적으로 새로운 일을 감행해볼 의사는 없는가? 있다면, 어떻게 실패의 두려움을 극복할 수 있겠는가?

제6장

고매한 사람으로 키워내기

- 강인한 남자
- 참을성
- 회생능력
- 헌신
- 정직
- 겸손
- 신용
- 영예 : 고결한 남자의 정수
- 영예를 가르침

고매한 사람으로 키워내기

성경은 '용맹스러운 남자'의 상을 종종 부각시킨다. 성경이
선호하는 이 '용맹'이라는 말은 인품을 지칭하는 표현이다. 웹스
터 사전의 정의에 의하면 '용맹'은 '영혼과 마음의 강인함'이라
고 설명되어있다. 바로 이 영혼의 강인함과 인격의 담대함이 남
자로 하여금 확고부동한 자세로 역경과 맞서 싸우게 하는 것이
다. 이러한 전사(warrior)의 마음인 용기, 희생, 그리고 사리사욕
이 없는 이타주의 정신이 아버지 됨의 근본이다.

스투 웨버, 《영적 전사》 중에서

2001년 9월 11일 맨해튼의 무역센터가 무너진 다음주 금요일
에 나는 절친한 친구인 '짐'과 점심식사 약속을 했다. 짐은 내가 거
주하는 지역인 오리건의 한 개척교회를 담임하는 목사이다. 식사
를 주문하러 줄을 서있는데, 짐은 내 귀에 대고 "부시 대통령이 요
청했다고 주장하면서, 대중들 앞에서 큰 소리로 기도할 예정입니

다."라고 속삭였다. 짐은 상당히 긴장된 듯 보였고, 혹시 나에게 좋은 복안이 있으면 제안해 달라는 시늉을 했다. 그러나 나는 "아니에요, 그 문제에 관한 한 나보다는 당신이 훨씬 더 잘하겠지요."라고 말했다.

거의 낮 12시가 되었을 때, 짐은 느닷없이 일어서더니 레스토랑에 모인 모든 사람들을 향해 큰 목소리로 "자 여기 좀 보세요. 미합중국의 조지 부시 대통령이 미국인들에게 오늘 점심 시간에 기도할 것을 요청했습니다. 저는 여러분 중에 그 누구도 성가시게 할 의도는 없습니다. 그렇지만 나는 내 테이블에서 기도하려고 합니다. 함께 동참하실 분들은 이리로 오세요."라고 외쳤다.

어리둥절해진 사람들은 아무 말도 하지 않았다. 솔직히 말해서, 나는 좀 쑥스러웠다. 짐은 그 자리에 앉아서 12시가 되기까지 5분을 더 기다렸는데, 아무도 우리 테이블로 오는 사람이 없었다. 그런데 이제 막 기도를 시작하려는 참에, 어린 아들을 이끌고 한 여인이 다가왔다. "함께 기도하고 싶어요. 아주 좋은 생각인 것 같습니다."

정오가 되었을 때에 짐은 기도를 시작했다. 짐은 큰 소리로 기도했고 나는 눈을 감고 있었는데, 몇 몇 사람이 우리 쪽으로 이동하는 인기척 그리고 의자가 끌리는 소리들이 들렸다. 짐은 우리 나라, 대통령, 지도자, 그리고 맨해튼의 재해가 난 세계무역센터에서 작업하는 긴급구조대원들, 군인들, 그리고 피해자의 가족들을 위해 큰 소리로 기도하였다. 그는 마음 깊숙한 곳으로부터 우러나오는 감동적인 기도를 드렸다. 내가 생각하기에 그의 열정적인 기도는 한 20분 정도 진행된 것 같다. 그런데 짐이 기도하는 동안, 아무런 다른 잡음, 음악, 또는 이야기 소리를 듣지 못했다. 심지어는 문이 열리고 닫히는 소리조차 들리지 않았다.

기도가 끝나자 나는 고개를 들어 주변을 살펴보았다. 그런데 참으로 놀라운 광경이 벌어졌다. 한 25명 남짓한 사람들이 식사를 하던 레스토랑에 가게 주인과 요리사를 포함하여 거의 모든 사람이 우리 테이블 주변에 둘러 서있는 것이 아닌가! 그 들 중 많은 이들의 눈에는 눈물이 고여있었다. 영업이 가장 바쁜 그 시간에 장사도 중단하고 종업원 모두가 기도에 동참했던 것이다. 그 가게의 주인은 우리에게 다가오더니 눈물을 글썽이며 감사하다고 말했고, "언제든지 우리 가게에 와서 기도하셔도 됩니다."라는 말까지 덧붙였다.

한 사람의 리더십, 단 한사람의 용기가 모든 사람을 의미심장한 기도로 인도한 것이다. 그 후로는 나는 '짐'이라는 이름만 들으면 이 사건을 떠올린다.

나는 특히 어린 아들을 데리고 기도에 첫 동참한 그 여인이 참으로 마음에 들었다. 그 여인이 침묵을 깨고 행동으로 뭔가를 시작했기에, 다른 이들도 따라하기 쉽게 되었기 때문이다. 얼어붙은 분위기를 깨고 부드러운 분위기를 창출해 낸 그 용기있는 여인과 아들은 참으로 축복 받을 사람들이라고 나는 생각한다.

강인한 남자

어떤 사람의 이름을 들으면, 그 사람의 이름과 관련된 이미지가 우리의 심상에 떠오르기 마련이다. 그리고 그 사람의 다양한 인격의 자질들도 역시 마음에 떠오른다. '선량한 사람'이라는 말을 들을 때에 당신의 마음에는 어떠한 특징적인 성품이 떠오르는가? 스트레스를 많이 받는 상황에서 그 사람이 행동하는 바를 보면 그 사람의 인품을 가히 짐작할 수 있다는 말에 대하여 당신은 어떻게 생각하는가?

프레스톤 길르함은 "전통적으로 남자에 관한 담화는 옳고 그름, 그리고 선과 악 사이에서의 투쟁을 다룬 이야기들이다. 남자는 부단한 긴장 속에서 살아가는데, 이는 인생을 정복함으로 자신이 남자다움의 참 뜻을 이해한다는 것을 증명해 보이기 위해 투쟁을 하고있기 때문이다"라고 주장한다.

어떤 심리학파는 "말한 그대로 되어진다."는 자기실현의 예언을 강조한다. 예를 들자면, 어떤 사람에게 "당신은 용맹스럽습니다."라고 단언하고, 그 사람이 용감하게 되도록 도와주면, 그 사람은 용감한 사람이 된다는 것이다. 그러한 것을 염두에 두고, 아들에게 당신이 원하는 모든 것을 말하여보기 바란다. "아들아! 너는 용기 있고, 충성스러우며, 솔직하고, 강직하며, 고고하고, 자비심이 많은 사람이다." 아들에게 그와 비슷한 인격적 자질이 있다는 사실을 계속 주지시켜라. 그리고 그의 인성에 이러한 덕목이 자리 잡도록 아들을 도와주어라. 아들에게서 그 덕목들 중에 한가지라도 모양새가 나타나면, 즉시 칭찬해 주어라. 다른 이들에게 나타나는 덕목을 아들에게 실례를 들어 지적해주어라. 아들이 자신의 눈으로 직접 보고 배울 수 있게 말이다. 위에서 말한 '짐'이 보여준 그런 용기 있는 행동은 좋은 실례가 될 것이다. 당신 자신이 직접 행동에 옮길 수 없다하더라도, 다른 이들의 사례를 들어 설명해주는 것만으로도 큰 효과가 있을 것이다.

소년들은 용기를 북돋아 주면서 격려해 주는 그 방향으로 나가게 되어있다. 헬라의 철학자인 헤라클레이토스가 말한 대로, "남자의 품격은 그의 운명과 직결된다." 이전 단원에서 우리는 남자들이 범하는 실수들을 살펴보았다. 이제부터는 우리 아들에게 심어주면, 고결한 남성으로 운명지어지게 하는 성품의 자질들에 관해 살펴보도록 하자. 이런 자질을 가진 남성은 참 좋은 남성이라고 나는 생각한다. 이런 특질들을 당신의 아들의 심령에 심어주도록 노력해보아라.

참을성

이 세상에 불요불굴의 끈기를 당해낼 것은 없다. 재능은 물론 상대가 안 된다. 이 세상은 재능은 많으나 성공하지 못한 사람들로 가득하다. 천재성도 역시 상대가 안 된다. 빛을 발하지 못하는 천재들이라는 말은 거의 숙어가 되어버릴 정도다. 교육도 역시 상대가 안 된다. 이 세상은 고등교육을 받은 낙오자들로 득실거린다. 그러나 지속력과 결단력은 무엇이든 할 수 있는 힘이다. "계속 밀어 붙여라"라는 표어는 지금까지 인류의 많은 문제들을 해결해 주었으며 앞으로도 역시 그 위력을 발휘할 것이다.

캘빈 코올리지

오늘날 우리 문화에서 참을성(perseverance: 인내, 끈기)이라는 덕목은 급속히 사라져가고 있다. 역경 앞에서 참을성을 가지고 인내한 사람들 중에는 위인이 된 사람들이 많다. 그러나 쉽게 빨리 이루어진 일들 중에는 위대한 일이 드물다.

결혼이나 가정생활은 종종 우환을 만난다. 아버지는 소년에게 불행한 사건이나 불우한 환경을 헤치고 나올 만한 능력을 키워주어야 한다. 역경에 맞서서 인내하며 극복해 내는 법을 가르쳐, 아들이 죽을 때까지 그 비법을 사용하도록 도와 주어야한다는 말이다. 참을성은 참으로 아들에게 가르치기 가장 어려운 덕목 중에 하나이다. 아들이 고투하며 몸부림치는 순간에 부모가 도와주면 쉽사리 해결되는 문제라도, 아들이 스스로 해결하도록 그냥 지켜보는 것은 아들을 훈련시키는 방법 중에 하나이다. 물론 아들이 고통당하는 모습을 그대로 지켜보고만 있는 것은 부모의 자연적 성정에 어긋나는 일이다. 그러나 아들의 인격 안에 자기 나름대로 극복해 내는 지혜를 배양해 내려면 다른 방법이 없다.

야고보서 1:2-4은 어려운 시기를 극복하기 위한 인내의 중요성을 다음과 같이 역설한다. "나의 형제자매 여러분, 여러분이 여러 가지 시험에 빠질 때에, 그것을 더할 나위 없는 기쁨으로 생각하십시오. 여러분은 믿음의 시련이 인내를 낳는다는 것을 알고 있습니다. 여러분은 인내력을 충분히 발휘하여, 조금도 부족함이 없이 완전하고 성숙한 사람이 되십시오."

산다는 것은 결단코 쉬운 일이 아니다. 나도 마치 잔인한 하이에나들에게 포위를 당한 늙은 사자가 된 것 같은 느낌을 받을 때가

한 두 번이 아니다. 한 때 강인했던 야수가 점차 늙고, 기운 빠지고, 몸이 둔해 지는 그런 느낌 말이다. 추악하고 비열한 야수 하나를 강타하면, 다른 놈이 또 내 꼬리를 쥐어뜯는 그런 상황. 그들은 나에게 살금살금 접근하여(stalking: 스토킹하듯이) 집요하게 나를 무너뜨릴 기회를 엿보고 있다. 그럼에도 나는 힘겹게 계속 다시 일어난다.

도전과 좌절을 만날 때에 인간들은 두 가지 극단적인 반응을 보이곤 한다. 하나는 열을 내며 타인을 비난하는 것이다. 또 다른 극단적인 반응은 체념하고 그냥 아무 말 없이 조용히 물러나 버리는 것이다. 그렇지만 "승자는 단념하지 않는다. 단념하는 자는 결단코 승리하지 못한다."라는 옛말에는 진리가 담겨있다. 인생에는 항상 역행(setback: 후퇴, 퇴보, 실패, 좌절, 방해, 패배)이 있게 마련이다. 그러나 문제는 과연 그 역행을 순행으로 바꿀 수 있는 능력이 있느냐 하는 것이다. 그러한 능력은 인생의 곤경과 난국을 하나의 성장의 기회로 보는 관점으로부터 시작된다.

강인한 자는 결단코 단념하지 않는다. 어떠한 역경을 헤치고 나와서라도 반드시 그 임무를 마친다. 강인한 자는 어떠한 뜻밖의 사건이 벌어져도 자기 자리를 지킨다. 강인한 자는 어떠한 대결국면에서도 유유자적하게 나아간다.

나의 아들 프랭크가 6학년일 적에, 그는 레슬링 팀에 가담하기 원했다. 나는 고등학교시절 내내 레슬링 팀에 소속되었기에, 레슬링이라는 게 뭔지 아는 사람이다. 그래서 나는 우리 아들이 레슬링을 할만한 체구를 가진 사람이 아니라는 것을 대번에 알아차렸다.

우리는 함께 레슬링에 관해 이야기를 나누었는데, 레슬링은 격렬한 시합, 끊임없는 연습, 체중조절, 그리고 마룻바닥에 수도 없이 내 메쳐짐을 당하는 것을 포함한다고 나는 자세히 설명해 주었다. 그럼에도 불구하고 우리 아들은 자기도 한번 해보겠노라고 고집을 피웠다. 나에게는 자녀양육에 관한 한가지 원칙이 있었다. 그것은, 한번 시도해 보는 것은 괜찮지만, 일단 뭐라도 해보겠다고 작정을 하면 끝까지 우직하게 버텨야한다는 것이었다. 그렇게 하기 위해서는 무엇보다 많은 시간을 투자하고, 최선을 다하며, 절대로 포기하지 말아야한다는 것이다. 그 모든 것을 전부 감수하겠다고 약속하고는, 프랭크는 레슬링 팀에 가담했다.

레슬링 팀은 나이에 의해 편성되는 것이 아니라 무게로 편성되는데, 프랭크는 자신의 나이에 비해 몸무게가 많이 나가는 편이었다. 그래서 주로 8학년들과 연습을 하게 되었다. 사실 6학년과 8학년 남자아이들의 근육무게의 차이라는 것은 대단하다. 8학년 남학생의 경우는 이미 사춘기를 지나면서 성인남자와 같은 근육이 형성되고 있었으나 6학년 남학생들은 그렇지 못했다. 레슬링 시즌의 2주 동안 프랭크는 레슬링을 포기하고 싶어했다. 8학년 학생들과 연습하면서 너무 많이 당했기 때문이다. 그는 두들겨 맞고 멍들어서 집에 들어오기 일수였으며, 울면서 "너무 많이 아프고 다치고 힘들어요. 얻어맞는 것도 하루 이틀이지 이젠 더 이상 못 참겠어요."라고 말하곤 했다. 눈물이 글썽한 아들의 눈을 쳐다보면서, 절대로 단념할 수 없다고 말해야하는 내 가슴은 찢어질 듯 아팠다. 그러나 아픔을 꿀꺽 삼키면서, 한번 시작한 것은 끝을 맺어야하기에, 나는 포기하는 것을 허락하지 않았다. 나는 체념하지 않는 것이 하나님의 뜻인지 알기 위해 하나님께 수 차례 기도도 올렸다.

엎친 데 덮친 격으로 아내가 나에게 씁쓰름한 표정을 지었다. 아마 당신도 아내들의 그런 표정을 알 것이다! 아내가 그런 표정을 지으면 차라리 집밖으로 나가 강아지와 함께 개집에서 잠을 자는 것이 더 속 편하다는 속담까지 있다. 정확하게 그런 표정이었다.

긴 이야기를 간단하게 줄여서 말하자면, 나는 프랭크를 끝까지 레슬링 팀에 붙잡아 매놓았다. 첫 번째 공식시합에서 프랭크는 동급생들과 겨루었으나, 워낙 상대의 몸집이 컸기에 어려움을 당했다. 첫 두 라운드 전체와 셋째 라운드의 초반부까지 프랭크는 이리저리 뒹굴며 몸부림쳤는데, 마치 강아지의 입에서 놀아나는 장난감처럼 거칠게 내던져지고 팽개쳐지고 했다. 프랭크가 사용하는 전략이라고는 복부를 거북이 모양으로 만드는 것인데, 이는 연장자들과의 연습에서 터득한 비법으로 주로 방어용으로 사용되는 것이었다. 그러므로 오직 생존만이 그의 목표였다. 그런데 거의 막바지 부분으로 진입했을 때, 상대방이 프랭크의 육중한 몸을 매트에 이리저리 둘러치고 메치다가 기운이 소진한 나머지 애매한 자세로 땅에 떨어져 등이 매트에 닿도록 젖혀졌다. 예상외의 일이 발생한 것을 감지한 프랭크는, 순식간에 몸을 던져 상대의 몸 위로 덮쳤고, 결국 경기를 승리로 이끌었다! 그 순간 졸지에 프랭크의 얼굴빛이 변했다. 그는 벌떡 일어나더니 팔을 하늘로 높이 쳐들고 펄쩍펄쩍 뛰면서 링을 돌아다녔다.

프랭크는 경기장의 맞은편에 앉아있는 나를 쳐다보았다. 프랭크는 '장시간의 노고와 고통스런 연습이 드디어 그 빛을 발하는구나' 하는 그런 표정을 지었다. 프랭크가 받은 보상은 참으로 의미 있는 것이었다. 왜냐하면 너무나 힘든 시기에도 단념하지 않고 계속 정진한 결과였기 때문이다. 그가 받은 보상은 맑고 신선한 물이 우리의 육신을 상쾌하게 해주듯, 그의 영혼을 신선하게 해주었다고 나는 믿는다. 그가 견디어낸 고뇌의 양을 감안한다면 참으로 합당한 보상이었다고 나는 생각한다.

그런데 프랭크는 첫 경기 후부터 갑자가 괴물처럼 변하기 시작했다. 왜냐하면 그 뒤로 7명의 상대들을 모두 쓰러트렸기 때문이다. 물론 프랭크는 그 시즌이 끝난 후로는 두 번 다시 레슬링에는 가담하지 않았다. 그렇지만 일생 잊지 못할 소중한 교훈들을 얻게 되었다. 그것은 부지런히 일하면 보상이 따른 다는 것, 불굴의 인내력과 집요함은 반드시 뭔가를 이루어낸다는 것, 한번 시작한 일은 마칠 때까지 해야한다는 것 등이었다.

오늘날 현대인들은 - 특히 남성들은 - 쉽사리 자포자기하는 경향성이 있다. 직장도 금새 그만두고, 결혼생활도 금새 그만두고, 운동도 금새 그만두고, 학교도 금새 그만두고, 상황이 어렵거나 장애물이 나타나면 인생도 포기해버린다. 나는 대학을 막 졸업한 사람들을 많이 고용해 본 경험이 있다. 그들 중에 어떤 이들은 25년 전에 입사한 중역들과 동등한 보수, 직업환경, 그리고 직위를 요구하는 사람들도 있었다. 그리고 그러한 요구가 당장 관철되지 않으면 그들은 직장을 그만두었다. 즉각의 욕구충족을 꿈꾸는 이 시대에는, '때가 되면 보상을 받는' 원리를 신봉하는 사람들을 찾아보

기가 힘들다. 이제는 가능한 단기간에 가장 많은 재산을 모으는 일
에 혈안이 된 사람들만이 득실거리는 것 같다.

그러나 야고보서 1장 12절은 "시험을 견디어 내는 사람은 복이
있습니다. 그 사람은 그의 참됨이 입증되어서, 생명의 면류관을 받
을 것이기 때문입니다. 그것은 하나님을 사랑하는 사람들에게 약
속된 것입니다."라고 말씀하신다.

우리는 타인에게 "어려운 시절은 참고 견뎌내야만 한다."는 조
언을 해준다. 그러나 우리 자신이 한번 해 보면 참으로 쉬운 일이
아니라는 것을 뼈저리게 경험하게 된다. 그래서 사람들은 자신보
다 더 어려움을 겪는 사람은 아마도 이 세상에 없을 거라고 과장되
게 말하곤 하는 것이다.

나에게는 조금만 어려운 일이 닥쳐도 금새 낙담하고 포기해 버
리는 친구들이 있다. 그 친구들은 허우대가 멀쩡하고 겉으로는 아
주 튼튼해 보인다. 그렇지만 인생의 싸움을 끝까지 견디며 싸워낼
만한 내적 강인함이 그들에게는 없다. 선한 싸움을 격렬하게 싸울
불굴의 투지가 없기에 마음을 아프게 쑤시는 일이 발생하면 아예
초장에 피해버린다. 그런 사람들의 포기정신이 자녀들에게까지 본
보기로 전달되리라는 걸 생각하면 나는 온 몸이 다 떨린다.

그런데 나에게는 아무리 어려운 일이 닥쳐도 꿋꿋하게 이겨나
가는 강직함을 보이는 친구들도 있다. 이들은 사업이 기울고, 딸이
풍기 문란한 행위로 정신을 어지럽히고, 아들이 장애를 일으키며,
부부사이에 문제가 발생하고, 자녀가 삐뚤어진 고집불통의 청소년
이 되고, 변덕스럽고 까다로운 배우자로 인하여 애먹고, 암에 걸리

고, 각종 질병에 시달리는 상황이 발생하는 인생의 소용돌이의 한복판에서도 정신을 잃지 않고 버티는 사람들이다. 이 남자들은 각종 갈등의 상황 속에서도 삐쳐나가지 않고 자신을 지탱하며 정도를 걷는 이들이다. 이들은 하나님을 믿는 신앙으로, 담대함과 강인함으로, 시험을 이겨나가는 사람들이기도 하다. 그런 남성들은 나에게 큰 영감과 감동을 준다. 당연하게도, 그런 남자들의 아들들도 강한 믿음을 소유한 자들이 되고, 역시 불굴의 의지로 역경을 이기는 자들이 되는 것을 나는 목격하고 있다.

힘겨운 상황 속에서도 참고 견디며 극복해 내면 그에 따른 보상이 있다는 사실을 당신의 아들에게 반드시 알도록 해주기 바란다. 인품은 언제나 역경이라는 용광로에서 연단 되어야 제대로 형성되게 되어있다.

참을성은 좋은 성품의 형성을 위한 양질의 구성요소이다. 인생에는 취득과 상실이 반복되는 굴곡이 있게 마련이다. 그러나 인품은 절대로 누가 뺏어가거나 잃어버리지 않는다.

회생능력

종종 인생은 우리를 때려 넘어뜨리거나 납작하게 만든다. 그 동안 안전했다고 생각한 직장에서 해고당하고, 아내가 다른 남자랑 눈이 맞아 떠나고, 심각한 질병에 걸리기도 한다. 심적 강인함을 가진 남자라도 그런 역경을 맞으면 넘어진다. 그러나 영적으로 진정 강인한 남자라면 현대판 기사처럼 벌떡 일어나 다시금 활개치며 다닐 것이다. 큰 충격을 받아 잠시 망가지기는 하나 다시 곧 원상 복귀하는 능력을 '회생능력'(resiliency: 곧 원상으로 돌아가는 탄력성, 곧이어 기운을 회복하는 능력)이라고 부른다.

당신의 아들도 인생의 매를 얻어맞고 쓰러지게 될지도 모르겠다. 그러한 역경에 어떻게 대처하느냐에 따라 그 안에 내재한 탄력성이 시험을 받게 된다. 탄력성(resiliency: 원상복귀 하는 회생능력)은 여하한 종류의 도전에도 대처할 수 있는 내적 능력이다. 특히 극심한 역경을 통과해 나와야하는 소년에게는 탄력성(소생능력)이라는 내적 자질이 필수적이다. 오늘날처럼 스트레스가 많고, 모든 것이 속전속결로 진행되는 사회에서는 장애물을 극복해내고 좌절을 다룰 수 있는 능력이 반드시 필요하다. 학교 건, 놀이터 건, 운동장이건 할 것 없이 방해와 장애와 실망은 늘 경험되는 것이기 때문이다.

내가 특히 좋아하는 영화 중에 실화를 영화화한 "루디"라는 영화가 있다. 영화배우 세안 오스틴이 "다니엘 루디 루에티거"의 배역을 맡은 영화로, 주인공은 육체 노동자의 가정에서 자라난 아이이다. 그런데 그는 노트르담 대학에서 미식축구선수로 활약할 것을 꿈꾸고 있었다. 결론을 말하자면, 주인공은 돈 한푼 없는 가난한 학생으로 거의 승산이 없는 일을 해내었다. 우선 그는 제강회사에 입사하여 등록금을 마련하기 위해 4년간을 일했다. 그리고 홀리 크로스 전문대에 입학하여 노트르담 대학에서 요구하는 정도의 학점으로 성적을 올렸다. 덧붙여서, 그는 학비를 대기 위해 역시 아르바이트도 하였다.

실망에 실망을 거듭하며, 루디는 "내가 할 수 있는 일을 전부 다 해보았는가?"라는 질문을 스스로에게 계속 던진다. 수많은 좌절과 고통의 터널을 통과한 후에, 드디어 노트르담 대학으로부터 입학허가를 받았다.

그렇지만 노트르담 대학에 입학한 것으로 끝나지 않았다. 그는 키가 작았고, 느렸고, 운동에 소질도 없는 듯 보였기에, 미식축구팀에 가입한다는 것은 꿈도 못 꿀 일이었다. 그는 사람들로부터 "너는 키도 작고, 몸무게도 얼마 안나가고, 운동신경도 없고, 하여간 운동선수가 될 가능성은 전혀 없다."라는 말을 들었다. 그러나 그는 자격 시험에서 용기, 열심히 하는 태도, 그리고 집요함을 보였기에 코치로부터 칭찬을 받았다. 그렇지만 정식 선수가 아닌 연습할 때만 가끔 뛰는 후보선수로 등록이 되었다.

연습팀이란 상대팀의 역할을 담당하는 팀이다. 그들은 매주 시합을 하였다. 연습게임에서 선수들은 등치가 작고 연약해 보이는 루디를 상대하기 꺼려했다. 그러나 루디는 항상 용감무쌍하게 쇄도하고 부닥치고 밀치고 했다. 자신의 연약함으로 인해 팀의 연습이 잘 되지 않는 것을 원치 않았기 때문이다. 너무 몸을 던져 연습을 했기에, 루디는 멍들고 피 터졌으나, 자기 팀을 제대로 훈련시키는 일에 최선을 다했다. 연습시간에 자기보다 몸집이 크고 재빠르고 강인한 선수들에게 약 2년 정도 얻어터진 후에야 그는 같은 팀의 모든 선수들에게 인정받는 후보선수가 되었다. 루디의 강인한 정신력이 신체적인 단점을 극복하게 해준 것이다.

루디에게는 꿈이 있었다. 진짜 시합 때에 아버지가 보는 앞에서 경기를 해보는 것이었다. 그러나 그의 가족들 중에는 루디가 진짜 선수라는 것을 믿는 사람이 하나도 없었다. 왜냐하면 연습게임만을 전문으로 하는 후보선수들은 실제 경기장에서는 '유니폼'을 입지 않기 때문이다. 그러나 모든 동료 선수들의 끈질긴 요구로, 루디는 4학년 마지막 시즌의 경기에 유니폼을 입게 된다. 마지막 게임에, 모든 팬들과 또한 동료 선수들의 환호성을 받으며, 루디는 마지막 게임에 실제로 출전하도록 허락을 받게된다. 그는 그 게임에서 상대팀의 쿼터백을 태클하기도하고, 군중의 환호하는 갈채를 받으며 득점하기도 했다.

수많은 장애와 난국에도 불구하고 굳굳하게 다시 일어서는 루디의 회생능력과 긍정적인 태도는 많은 이들에게 감명을 주었다. 포기하지 않고 계속 매달릴 때에 무엇이라도 성취할 수 있다는 실증을 우리는 루디를 통해 얻는다. 루디의 본보기는 모든 남자와 소년들에게 큰 영감이 된다고 나는 생각한다.

회생능력(resiliency)은 마치 버드나무와도 같다. 극심한 폭풍이 불때면 버드나무의 나뭇가지는 상당히 많이 휘어진다. 그러나 부러지지는 않는다. 폭풍이 지나간 후, 버드나무는 엄청난 피해를 감수하고 원상태로 복귀되어 이전보다 더 건강하게 생장한다.

어떤 전문가들은, 회생능력(resiliency: 인격의 탄력성)을 아이들에게 심어 줄 필요가 있는 인격의 자질 중에서 최고라고 주장하는 사람도 있다. 특히 부모와 일찍 사별하는 경우, 그 충격으로부터 헤어 나와 정상적인 성인으로 자라나려면, 바로 이 원상 복귀하는 회생능력이 절대절명으로 필요한 것이 사실이다. 부모가 부재한 가운데에서도 세상에서 성공하려면 탄력성(resiliency: 회생능력)이라는 품성을 반드시 소유해야한다.

헌신

아버지가 되려면 진짜 남자다운 남자가 되어야한다. 신체적으로 건강한 남자라면 누구든지 육체적인 활동을 통해 아기를 출산케 할 수 있다. 그러나 아기만 가졌다고 모두 다 아버지 노릇을 잘하게 되는 것은 아니다. 사실 헌신된 계부(의붓아버지)가, 친자와 아무런 관계도 맺지 않는 생부(생물학적 아버지)보다 더 나은 아버지 노릇을 하는 경우가 있다.

몇 해전에, 나는 우리 동네의 고등학교 여자농구팀 코치 노릇을 한 적이 있다. 원정경기에 나갈 때나 돌아올 때에, 버스 안에 나는 앞좌석에 앉고 학생들은 주로 뒷좌석에 앉았다. 당신도 16살 먹은 여자아이들 12명과 함께 지낸 적이 있다면, 그 귀청 터지게 만드는 소음을 이해할 것이다. 그런데 한 번은 원정경기를 하고 돌아오는데, 어디선가 하소연하는 듯한 구슬픈 음성이 들려왔다. "저기 우리 아빠가 사는 집이 보인다." 그 소리가 나자마자 갑자기 버스 안이 쥐 죽은 듯 고요해졌다. 그녀의 목소리에 담긴 그 애절함이 나의 가슴을 아프게 했다. 그러자 또 다른 음성들이 들렸다. "우리 아빠는 어디어디에 사시는데, 너희 아빠는 어디 사시니?" 아버지를 그리워하는 그 가련한 소녀들의 목소리는 내 눈에서 눈물을 자아냈다. 자세히 조사해 본 것은 아니지만, 적어도 내가 엿들은 바에 의하면 우리 팀에 속한 여학생 중에 거의 절반은 아버지가 없는 집안에서 자라고 있는 것 같았다.

그래서 그런지, 게임을 관람하기 위해 참석하는 부모들도 적었고 아버지들은 거의 눈에 띄지 않았다. 우리 팀의 여학생들은 모두 착하고, 예의가 깍듯하며, 공부도 잘하는 학생들이지만, 많은 아이들이 아버지를 갈망하고 있었다. 나는 그녀들의 아버지들이 버스에 동승하여 그 아이들의 고뇌에 가득한 울부짖음을 들어보았더라면 하는 생각을 했다.

내 딸의 여자축구 팀에서 있었던 일도 한 비근한 예가 될 수 있을 것이다. 우리 딸과 그의 동료들은 연습 후에 둘러앉아서 그들이 선호하는 주제인 남자애들과의 쇼핑에 관한 이야기를 주고받았다고 한다. 우리 딸이, 자기는 아버지가 돈을 대주기는 하지만 쇼핑을 갈 때마다 따라다니며 자기가 사는 옷마다 감시한다고 말했다고 한다. 그랬더니 그 말을 받아치면서 다른 여자아이가 씁쓸한 표정으로 "우리 아빠가 나와 함께 쇼핑을 가주기만 한다면 난 무슨 옷이라도 사겠어."라고 말했다는 것이다. 그리고 다른 여러 여자아이들도 그 말에 동감을 표시했다고 한다. 그 후로 우리 딸은 아빠와 함께 하는 쇼핑에 대하여 전혀 색다른 견해를 가지게 되었다.

사회학자인 블랙켄혼은 미국에 거주하는 모든 아버지들이 다음과 같은 서약을 해야한다고 주장한다.

오늘날 많은 이들이 주장하기를 아버지는 반드시 필요한 존재가 아니라고 한다. 그러나 나는 그러한 의견에 반대한다. 모든 아이들에게는 아버지를 가질 권리가 있다. 아버지 노릇을 효과적으로 하려면 결혼을 통해서 하는 것이 최상이다. 진정한 남자가 되는 길 중에 하나는 아버지가 되는 것이다. 바로 지금 미국에 가장 필요한 것은 단순히 좋은 남자가 아니라 좋은 남자이면서도 훌륭한 아버지가 되는 것이다.

남편과 아버지 노릇을 제대로 하려면 가정에 헌신해야한다. 헌신(commitment: 책임을 짐, 의무를 다함)이란 약속을 지키는 것이다. 특히 당신의 아들이 이 세상에서 뭐라도 성취하려면 그에게는 '헌신'이라는 인격적 자질이 필요하다. 이것이 없으면 믿고 따르는 사람들을 실망시키게 된다.

정직

획일성에는 대가가 따른다. 체제 순응적인 사람이라도 시절이 좋으면 혹시 잘 살 수 있을지 모르겠다. 그러나 이 세상에는 절대로 거짓된 신에게 무릎을 꿇지도 않고 가짜 인격을 가진 사람으로 타락하지도 않을 정도로 진짜 정직한 사람들이 있다.

랠프 왈도 에머슨

'정직한'의 사전적 정의는 '속이지 않고 진실하며, 참 실재와 진실성을 유지하여 사람들에게 평판이 좋고, 믿음직스러우며, 솔직하고, 공정하고, 양심적이며, 영예를 얻는' 이다. 위에 언급된 인격의 특질 중에 당신의 아들이 가지지 않았으면 하는 어떤 것이라도 있는가?

남자가 가장 하기 어려운 일 중에 하나는 잘못을 저질렀을 때에 그것을 인정하는 것이다. 물론 잘못을 인정하지 않는다고 해서 지구 전체가 산산조각으로 부서지는 것은 아닐지라도, 부인(否認)하는 잘못된 성향은 바로잡아져야한다. 남자들은 아주 어릴 적부터 올바르게 생각하고, 잘못된 것은 바로잡고, 모든 문제에 합리적인 반응을 보이도록 교육되어져야한다. 그리고 덧붙여서, 인간은 인간일 수밖에 없다는 사실을 겸허하게 인정하는 솔질함도 가르쳐져야한다. 남자들은 종종 자신이 완벽해야한다는 덫에 걸려들기 쉽다. 그러나 이 세상에 완벽한 사람은 없다. 그러므로 남자들은 특히 실수를 범했을 때에 그것을 인정하고, 용서를 빌며, 치유하는 법을 배워야한다. 자신에 대하여 솔직한 사람은 다른 사람과도 좋은 대인관계를 형성할 수 있다.

정직(honesty: 솔직, 결백, 공정, 정당)해지기 위해 소년은 자신의 강점과 약점에 대한 소상한 이해를 하고 있어야한다. 약점의 예를 들자면 호색(好色)과 음탕(淫蕩)을 밝히는 습관 같은 것일 것이다. 그렇지만 자신에게 솔직한 사람은 자멸이라는 덫에 걸려들지 않을 가능성이 높다. 대부분의 사람들은 본서의 저자인 나를 열심히 일하는 사람으로 간주한다. 물론 나는 성실한 사람 중에 하나이다. 그렇지만 내가 그렇게 된 것은, 나 자신이 천성적으로 게으른 인물이라는 것을 알기에, 그것을 극복키 위한 부단한 노력을 감행했기 때문이다. 나는 하나님께서 나에게 부여하신 잠재력을 허비해 버리고 싶지 않았고, 주님께서 나를 위해 계획하신 일들이 성사되지 않고 그냥 지나가는 것을 간과할 수 없었다. 남자들은 색욕(色慾)에 약하기에 그러한 자신의 약점을 인정하고, 음란물이나 음란이 자행되는 장소에는 접근하지 말아야한다. 그렇기에 특히 자녀들에게도 '언제나 솔직해야한다' 는 진실을 가르쳐라. 그리고 부모가 먼저 모범을 보여라. 자신에게 솔직한 남자는 타인들에게도 솔직하게 마련이다.

남아일언 중천금이다. 사실, 남자의 말은 그 사람의 인격을 대변한다. 일단 한번 말을 하면 약속을 하는 것과 마찬가지이다. 그 약속에는 인품이 걸려있다. 그러므로 만일 아내와 아들딸에게 사랑한다고 말해놓고 뒤돌아 서서 언어폭력이나 육체적 학대를 가한다면, 그 남자는 약속을 깨는 것이다. 자신의 말에 대하여 책임을 지지 않는 가장은 그 권위가 땅에 떨어진다. 사랑하는 사람에게 거짓말을 하면 사랑하지 않는다는 것을 증명하는 꼴밖에는 안 된다. 이는 모순된 행위다. 그러므로 남자는 항상 솔직함을 유지해야한다.

최근에 나는 미식축구 선수들을 인터뷰하는 장면을 시청한 적이 있다. 선수들에게 던져진 질문은 '솔직한' 사람이 되기를 원하느냐 아니면 '남을 기분 좋게 만드는' 사람이 되기를 원하느냐는 것이었다. 대부분의 선수들은 약간의 거짓말을 한다해도 남을 기분 좋게 해주는 사람이 되기를 원한다고 대답했다. 타인의 감정을 상하지 않게 하기 위해 흰색 거짓말(white lie: 악의 없이 편의상 하는 거짓말)을 당연시하는 풍조가 만연한 것 같다. 그러나 흰색거짓말로 인해 마음의 순결함을 잃어버리는 경우도 많다. 임기응변의 절충과 흥정의 기술, 좋은 매너, 그리고 솔직함이 잘 어우러진 품격을 갖춘 인물로 당신의 아들이 성장할 수만 있다면, 거짓말에 거짓말을 덧붙이는 그런 인간은 되지 않을 것이다. 솔직함을 늘 유지하는 인생은 아름다운 인생이다.

겸손

반듯한 인간이 되는 것은 겸허한 자세로부터 시작된다. 대부분의 젊은이들은 자만심으로 가득하다 – 나도 그랬지만. 그러나 자만심은 잠재력을 십분 발휘하는 데 방해거리가 된다.

교만의 반대는 겸손이다. 겸손은 사람으로 하여금 자신의 한계를 뛰어넘어 위대한 일을 하도록 인도해준다. 그러나 이는 개인적인 성취뿐만 아니라 더 숭고한 목적을 이루는 것을 포함한다. 이는 개인의 영달을 꾀하는 것이 아니라 사회의 대의를 이루는 행동, 혹은 자신의 탐욕을 버리고 가족의 복지를 먼저 생각하는 마음으로부터 시작된다. 사도 베드로는 겸손에 관하여 다음과 같이 말하였다. "젊은 자들아 이와 같이 장로들에게 순종하고 다 서로 겸손으로 허리를 동이라 하나님은 교만한 자를 대적하시되 겸손한 자들에게는 은혜를 주시느니라"(벧전 5:5).

그러나 겸손은 오늘날 현대인이 선호하는 덕목이 아니다. 특히 남자가 겸손함을 보이면, 그는 십중팔구 쪼다(wimp: 무기력하고 나약한 겁쟁이)처럼 여겨질 가능성이 높다. Humility(겸손, 겸허함)는 오늘날 이상하게도 humiliated(굴욕과 창피를 당하여 면목을 잃어버림)와 연상작용을 일으킨다. 반면에 뻔뻔스럽고 자만심에 가득한 인간은 자신감 넘치는 유명인사처럼 격상된다. 자신감 넘치고, 뽐내고, 기대치 이상으로 성취하는 수단꾼으로서의 인간이 요즈음 유행하는 인간상이다.

그러나 웹스터 사전에 의하면 겸손은 "건방지거나 오만하지 않음, 자만하거나 젠체하는 허세를 부리지 않음, 허식이 없이 수수하고 신중하게 삼가는 태도를 보임"으로 정의되어있다. 겸손은, 어느 모로 보든지, 참으로 아름다운 인격의 자질이다. 적어도 내가 아는 한에 있어서는, 가장 현명하고, 행복하고, 성공적인 삶을 산 사람들은 모두 지극히 겸손한 인물들이었다.

성경은 교만에 대하여 이렇게 말씀하신다. "교만은 패망의 선봉이요 거만한 마음은 넘어짐의 앞잡이니라"(잠 16:18). 그리고 교만과 겸손을 비교하면서 "사람이 오만하면 낮아질 것이고, 마음이 겸손하면 영예를 얻을 것이다"라고 성경은 말씀하신다 (잠 29:23).

나이가 들면서 나는 겸손의 굉장한 가치를 느끼고 있다. 아마도 겸손은 인격의 성숙과 함께 오는 것인 것 같다.

겸손한 남성은 종종 정중하기(gentle: 부드럽고 온화하고 관대하고 친절하기)까지 하다. 그러나 오늘날 우리 문화에서 정중하다는 단어는 별로 인기를 끌고 있지 못하다. 온유함(meekness: 얌전함, 유화함, 온순함)이라든지 정중함(gentleness)은 유약함

(weakness: 허약함, 병약함, 우둔함, 저능함)과 동의어가 아니라
는 사실을 명심하기 바란다. 정중함이란 제대로 통제된 권력을 의
미한다. 예수님은 정중함을 보여주셨으나, 지상에서 가장 능력이
있는 분이셨다. 정중함이란 이제 큰 전투에 나갈 군마(軍馬)의 진동
하는 근육과도 같다는 비유를 들어본 적이 있다. 즉, 통제된 권력
이라는 뜻이다. 그러면 만사가 순조롭게 진행된다. 그러므로 이 세
상에서 자신의 위치에 대해 자긍심을 가진 남자는 능력 있고 겸손
한 군마와도 같다고 말할 수 있다.

아버지는 아들에게 겸손을 가르쳐야한다. 그러면 그 아들은 타
인들이 신뢰할 만한 인품을 가진 그런 인물이 될 것이다.

신용

나는 자라난 환경이 열악했기에, 가까운 사람들이 자꾸만 나를
실망시키는 상황에 자주 접했다. 그 결과 나는 무의식적으로, '이
세상에 믿을 놈은 하나도 없다' 는 식의 사고방식에 젖어들게 되었
다. 나는 이 세상에서 믿을 사람은 나 하나밖에는 없다고 강하게 확
신했다. 그렇지만 신앙인이 된 후로는, 인간은 하나님을 믿어야하
고 또한 타인도 믿어야한다는 것을 뼈저리게 배우게 되었다. 특히
남자로서 제 기능을 발휘하려면 다른 이들과의 신뢰관계를 형성하
지 않으면 안 된다는 사실을 발견하였다.

다른 이를 신뢰한다는 것은, 상황이 어려워질 때에도 다른 이가

인간관계를 끊어버리거나 도주해버리지 않고 곁에 머물러있을 확신을 가지는 것을 뜻한다. 프레스톤 길르함은 "신용이 있다는 것은 계속 믿고 신뢰할만하다는 것을 말한다. 그러한 진짜 신용은 겉으로 보기에 의심이 갈 때에도 신뢰하는 것을 포함한다. 사실 신용이란 믿어 볼만하다는 것보다 훨씬 더 깊은 것이라고 나는 생각한다."라고 말했다.

다른 남자의 인품을 평가함에 있어서 나는 종종 다음과 같은 질문을 던져본다. "만일 내가 전방에 나가서 싸운다면, 그 남자는 후방에서 모든 것들을 제대로 돌봐줄 만한 사람인가?" 우리들 모두는 현재 영적 전쟁에 가담하고 있다. 그렇기에 누군가 뒤에서 밀어주고 돌봐줄 사람이 필요하다. 신용을 지키는 사람들은 자신의 이해득실보다 타인의 웰빙을 앞세운다. 우리 모두에게는 아주 잘 돌봐주는 그런 믿을 만한 사람이 필요하다. 그런 사람들은 문제가 발생하면 뒤에서 욕하지 않고 면전(面前)에서 권고할 것이다.

신용(trustworthiness: 신뢰성, 믿을 수 있음)있는 남자는 믿을만한 사람이다. 우리는 그런 사람에게 기댈 수 있다. 당신은 당신의 친구 중에 의지할 만한 사람이 있는가? 그 사람의 말을 의심치 않고 액면 그대로 믿을 수 있는가? 그 친구는 인생에 풍파가 몰아칠 때에도 곁에 머물러 있을 것 같은가? 아니면 자신의 편리와 이익을 좇아 도망가 버릴 것인가? 신용 있는 친구란 주변사람들이 가장 선한 방향으로 나아가도록 최선을 다하여 돕는 사람이다.

이렇게 신뢰할 만한 인물이 바로 우리가 원하는 리더이다. 성경은 그런 리더의 모습을 이렇게 표현하고 있다. "또 자네는 백성 가운데서 능력과 덕을 함께 갖춘 사람, 곧 하나님을 두려워하며, 참되어서 거짓이 없으며, 부정직한 소득을 싫어하는 사람을 뽑아서 백성 위에 세우게. 그리고 그들을 천부장과 백부장과 오십부장과 십부장으로 세워서, 그들이 사건이 생길 때마다 백성을 재판하도록 하게. 큰 사건은 모두 자네에게 가져오게 하고, 작은 사건은 모두 그들이 스스로 재판하도록 하게. 이렇게 그들이 자네와 짐을 나누어지면, 자네의 일이 훨씬 가벼워질 걸세"(출 18:21-22).

당신의 아들과 함께 '신용할 만한 인품'이나 '신뢰할 만한 행동'에 관하여 이야기를 나누어 보아라. 만약 당신이 과거의 씁쓸한 경험으로 인하여 사람들을 믿지 못하게 되었다면, 역시 그것도 아들과 이야기 해보아라. 그러면 신용이 얼마나 인생에 중요한 인격적 자질이며, 신용을 잃었을 때에 인생이 파괴되는 정도가 얼마나 극심한지 아들에게 가르쳐 줄 수 있을 것이다.

영예 : 고결한 남자의 정수

남자에게는 다른 사람에게 영예를 안겨줄 수 있는 능력이 있다. 남자는 그러한 종류의 책임을 감당할 수 있다. 그렇기에 남자는 야유하고 비꼬는 말, 헐뜯고 비방하는 말, 업신여기고 깔아뭉개는 말들을 삼가야하며, 그런 막말로 타인에게 불명예를 안겨주어서는 안 된다.

스투 웨버

긍정적인 인격적 자질에 관한 토론을 한 문장으로 줄이자면 다음과 같다. "고결한 남자는 신의와 영예(명예)를 존중하는 사람이다."

아들을 가문의 영예를 지키는 사람으로 키우자. 영예는 남자의 인품을 결정하는 중요 요소이다. 인품은 마치 화강암 같아서 타락한 문화의 비바람 치는 풍우의 침식작용도 견디어낸다.

'로브 로이' 라는 영화에서 리암니슨은 1700년대 초반 스코틀랜드 북부 산악지방의 씨족 족장인 로버트 로이 맥그레거 라는 인물의 배역을 맡았다. 영화의 시작 부분에 로브 로이는 자신의 두 아들과 가문의 영예에 관해 아래와 같은 대화를 나누었다.

아들: 아버님, 맥그레거 가문이 다시 왕좌에 오를 가능성이 있습니까?

로브 로이: 영예를 가진 모든 남자는 전부 다 왕이란다. 그러나 왕이라고 전부 다 영예를 가진 것은 아니지.

아들: 영예라는 게 뭔가요?

로브 로이: 영예란... 누구도 너에게 줄 수 없고, 누구도 너에게서 빼앗아 갈 수도 없는 그런 것이란다. 영예는 남자가 자신에게 주는 선물과도 같은 것이다.

아들: 여성들에게도 영예를 수여해야되나요?

로브 로이: 여성들은 영예의 핵심이란다. 우리는 여성의 영예를 보호하고, 소중히 생각하며, 따뜻하게 돌본단다. 그러므로 너는 어느 여성도 혹사하거나 어느 남성도 중상해서는 안 된단다. 그리고 다른 사람들이 그런 못된 짓을 하는 것을 방관하고 바라만 봐서도 안 된다.

아들: 아버지, 우리는 우리가 영예를 얻었다는 것을 어떻게 알 수 있나요?

로브 로이: 영예를 얻는 것에 관해 걱정하지 말거라. 영예는 네 안에서 자라나고 있으며 때가 되면 너에게 말해 줄 것이다. 너에게 필요한 건 네 마음의 소리를 들을 준비를 하고 있는 것뿐이다.

아버지는 가정에 영예(honor: 명예, 신의, 정절, 도의심, 신망, 체면)를 선사하도록 하나님으로부터 권위를 위임받은 사람이다. 아들에게 신의를 존중하는 것을 가르칠 때마다 당신은 아들에게 남성됨의 고결한 비전을 심어주는 것이다.

액션 대서사극 "라스트 사무라이"(The Last Samurai)라는 영화에서 영화 배우인 탐 크루즈는 미국 남북전쟁의 영웅이었던 네이든 알그렌 대위의 배역을 맡았다. 알그렌은 수많은 전쟁을 치르며 목격한 극악무도하고 잔학한 행위들에 대한 기억을 달래기 위해 거의 매일 혼수상태에 빠질 정도로 술을 퍼마셨다. 그러다가 새로운 일본의 봉건제도하에 탄생한 군대에서 군인들에게 현대의 전쟁기술에 대해 가르치도록 일본의 정부에 의해 고용되는데, 불행히도 그는 첫 전투에서 최후까지 잔존하는 사무라이의 무리들에게 생포된다.

사무라이는 7세기 일본의 무사 계급이었다. 그들은 주로 영주인 '다이묘'를 보호해주기 위한 사병으로 활약하였는데, '사무라이'라는 단어의 뜻은 '섬기는 자들'이다. 그들은 주로 선조로부터 대물림을 받은 무사들로서, '부쉬도' 즉 '무사도'라 일컫는 엄격한 규율에 의해 훈련되었다. 부쉬도는 일본 엘리트 계급의 위상에 걸맞은 거동과 봉사정신을 포함한다. 그 도의 규범은 특히 신체적 역경을 이겨내는 정신, 임무에 백퍼센트 충실한 자세, 모든 일에 용맹을 떨치는 행위를 요구한다. 이는 명예와 체면(honor and respect)이라는 복잡 미묘한 시스템으로 이루어져있다.

사무라이들과 함께 겨울을 지새운 알그린은 사무라이들의 무사도와 삶의 양식에 매료된다. 그러다 결국 알그린은 사무라이들의 고결한 목적을 위해 사무라이들과 합세하여 싸우는 무사로 돌변한다. 결국 알그린은 사무라이들의 그 영예를 높이 숭상하는 정신으로부터 삶의 의미를 찾게된다. 그러나 불행히도 사무라이들은 전투에서 패배 쪽으로 기울게 되는 운명에 처한다. 패배가 거의 확실시되는 상황에서 사무라이 그룹의 리더는, 수치를 당하느니 차라리 자결할 것을 제안한다.

이에 대하여 알그린은 "수치라니요? 일생 섬김과 수양과 열정을 가지고 살아왔는데? 왜 우리의 삶이 수치스럽나요?"라고 말한다.

"사무라이의 무사도는 이제 더 이상 이 시대에 필요하지 않습니다."

"필요요? 사무라이의 무사도 정신보다 이 시대에 더 필요한 것이 무엇이란 말입니까?"

고결하고, 관대하며, 책임감 있는 고위층의 의무를 불어로는 "노블레스 오블리제(noblesse oblige)"라고 부른다. 명예(영예)는 남자의 삶을 완성시키는 일에 크게 기여하는 중요 요소이다. 어떤 종족이건 어떤 나라의 시민이건 상관없이, 영예는 모든 문화에서 가장 높이 평가되는 덕목일 것이다.

그럼에도 불구하고 이상하게도, 미국의 문화는 남자의 영예를 그리 높게 평가하지 않는 것 같다.

오늘날 우리 문화는 남자들에게 영예를 가르치지 않는다. C. S. 루이스는 이러한 현상을 "우리는 영예를 우습게 알다가 우리 안에 배신자가 있는 것을 알고는 충격을 먹는다. 이는 마치 난소를 제거당하거나 거세된 동물이 많은 새끼를 낳기 바라는 것과도 같다."라고 표현하였다. 오늘날 우리 시대는 영예를 별로 중요하게 여기지 않는다는 뜻이다.

남자에게는 영예가 반드시 필요하다. 남자라는 존재의 근본이 이에 관계되어있기 때문이다. 마이클 구리안의 말을 들어보자.

영예와 영예 코드들은 소년과 남자들에게는 필수적인 것들이다. 남성 안에는 하드웨어뿐만 아니라 소프트웨어도 내장되어있는 관계로, 자신의 행위에 대한 자의식이 강하게 작용한다. 소년들은 개인적인 영예의 코드를 발전시킨다. 그리고 그들의 성장 과정에 제시되는 여러 영예를 얻는 일들에 빨려 들어가게 되어있다. 그들은 부모님의 영예 코드의 일거수일투족(一擧手一投足)을 매의 눈으로 살펴본다. 그들은 또한 멘토들이 제시하는 영예 코드에도 넘어가게 되어있다. 그러나 만일 교사, 부모, 멘토가 그들에게 영예를 얻는 방법을 제공하지 않는다면, 그들은 영예 코드를 동료나 친구들에게서 공급받을 것이다. 그러나 동급생들이 제공하는 영예 코드 중에는 위험천만한 것들도 많다.

영예를 얻는 것과 타인에게 영예를 수여하는 것은 효과적인 남편과 아버지가 되는 데 있어서 필수적이다. 존경을 받으려면 자기 자신의 이기심을 극복하고 타인의 유익을 먼저 추구하는 일에 관계해야한다. 구리안의 설명을 좀더 들어보자.

만일 나에게 제대로 정립된 영예의 코드가 없다면, 삶은 일정한 구조가 없는 관계로 나의 인생은 혼란스럽게 될 것이다. 특히 누군가 나의 가치관을 교란시킬 경우, 더욱 삶이 흔들릴 것이 분명하다. 영예에 대한 확실한 감각이 없으면 삶의 도덕적 지반이 약해지기에, 타인들의 요구나 주장에 휘둘림을 당하기 십상이다. 연민의 정과 민감성은 소유했으나 영예에 대한 분명한 코드를 가지지 못한 성인 남녀들의 결혼 생활이 종종 파국으로 끝나는 것을 나는 관찰한다. 그들에게는 배우자가 끝없는 방황 속에서 스스로 엄청난 변화를 경험하며 그것으로 인해 파생되는 스트레스를 상대방에게 전가시킬 때에, 흔들리는 자존감을 스스로 회복할만한 기제나 능력이 결여되어있다.

영예를 가르침

아들에게 영예에 관해 무엇을 가르칠 수 있을까? 다음과 같은 질문들에 한번 답해봄으로 이러한 주제에 관해 깊이 살펴보도록 하자.

*이번 주간에 나는 만사에 충직하게 살아가는 모범을 보여주었나?

내가 모범을 보인 것에 관해 아들과 대화를 나눈 적이 있는가?
＊이번 주간에 책임을 완수하는 것에 관해 모범을 보여준 것은 없는
가? 내가 모범을 보인 것에 관해 아들과 대화를 나눈 적이 있는가?
＊이번 주간에 공평무사한 것에 관해 모범을 보여준 것이 있는가?
내가 모범을 보인 것에 관해 아들과 대화를 나눈 적이 있는가?

나는 한때 타인을 존경하는 것에 관하여 올바르지 못한 관점을
가졌었다. 왜냐하면 어떤 인간은 전혀 존경심이 가지 않는 인간으
로 취급했기 때문이다.

게리 스몰리(《《축복의 언어》》의 저자, 옮긴이)도 역시 나와 비
슷했다고 고백한다.

나는 다른 이를 존경하려면 내가 그 사람을 좋아해야 한다고
생각했었다. 그뿐만 아니라 그들의 임무수행 능력도 뛰어나야한
다고 생각했었다. 그러나 존경은 성과와는 무관한 것이다. 존경
은 주로 태도와 관련이 있다. 존경은 은혜의 선물이다. 존경은 당
신이 타인을 가치 있게 여긴다는 표시이다. 존경은 타인이 일을
잘해서 얻어내는 게 아니라 당신이 그들에게 선사하는 것이다.
우리가 하나님의 사랑을 얻어낼 수 있을까? 그렇지 않다. 우리가
뭔가 잘 한 일이 있어서 예수님이 우리를 위해 죽으신 것인가?
그렇지 않다. 우리가 아직 죄인 되었을 때에 그리스도는 우리를
위해 죽으셨다. 우리가 하나님을 향해 삿대질을 하면서 하나님
이 필요 없다고 우겨댈 때에도, 하나님은 인간을 가치 있게 여기
셔서 그 분의 독생자를 희생 제물로 우리에게 선사하신 것이다.

나는 내 아들이 영예를 얻고 존경받는 인물이 되기를 바란다. 역경의 거센 바람이 불어올 때에도 의기양양하게 맞서 싸우며, 여자와 아이들을 품고 보호하며, 정의와 평등을 위해 투쟁하는 그런 인물이 되기를 바란다는 것이다.

당신은 어떤가? 당신 아들의 이름이 호명될 때에 그가 사람들에게 어떻게 평가되기를 바라는가?

이번 단원에서는 소년이 제대로 장성한 어른이 되기 위해 가져야만 하는 여러 덕목들에 관하여 살펴보았다. 물론 나는 총망라하여 빠짐 없이 기술하지는 못했다. 그뿐만 아니라, 누구의 아들도 여기에 기술된 인격적인 자질을 두루두루 전부 갖출 수는 없을 것이다. 그럼에도 불구하고, 분명히 추구할 기본적인 인격적 자질들을 마음에 두고 자녀양육을 하면 소년이 남자답게 잘 장성하도록 돕는 일에 효과를 볼 것이다.

당신의 아들은 외딴 섬에 홀로 사는 그런 사람이 아니라는 사실을 깨달아 알 필요가 있다. 당신의 아들의 결정과 선택은, 싫든 좋든 인정하건 안 하건, 다른 이들에게 영향을 미치고 있다. 마치 잔잔한 호수에 조약돌이 하나 떨어지면 파문이 일 듯이, 우리들의 결정과 행위는 그렇게 주변에 어떤 효과를 나타내게 되어있다. 특히 아들이 자라나 아버지가 되었을 때에는, 그의 결정과 행동이 자손만대를 타고 계승되게 되어있다. 그러므로 아들에게 '가문의 명예'가 바로 서야함을 가르쳐라. 영예(명예)는 훌륭한 가문을 일으켜 세우는데 큰 도움이 되는 것이 확실하다.

1 당신의 아들이 소유하기 바라는 성품의 자질들을 한번 열거해 보아라. 왜 그러한 자질들이 중요하며, 또한 당신의 아들의 경우에 특별히 중요한지 그룹의 회원들과 토의해보아라. 당신의 아들에게 그런 인품을 심어주기 위해 당신은 어떤 역할을 담당할 수 있을까?

2 남자다운 행동을 보인 사례들을 수집하여 당신의 아들과 이야기를 나누어보고, 그룹에서도 서로 토론해 보아라.

3 과연 남자가 된다는 것은 무엇인지에 대해 당신이 생각하는 바를 아들에게 이야기 해주어라. 또한 아들의 생각에는 남자가 가져야하는 인격의 특징이 무엇인지 아들의 의견도 들어보아라. 그리고 그러한 대화의 결과를 그룹으로 가져와 함께 나누어보아라.

제7장

훈 련

- 절제
- 결과에 대하여 책임을 짐
- 권위에 도전함
- 분노에 대한 통제와 관리
- 아들에게 노동을 가르치기

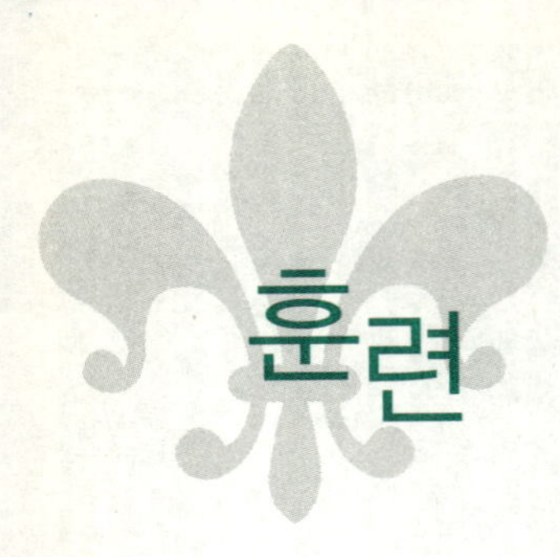

훈련

인성훈련은 단순히 혼내주는 체벌 그 이상이다. 체벌을 통해 나쁜 습관을 뿌리뽑고 부모의 말을 듣게 하는 것은 물론 중요하다. 그러나 사람다운 사람이 되는 훈련은 사리에 합당한 처신을 함, 타인을 배려함, 자신이 극단적으로 나가지 않도록 절제함, 그리고 필요하다면 나보다 남을 더 위하는 행동을 함 등을 교육시키는 행위이기도 하다.

로렌스 발터, 《누가 주관자인가?》 중에서

우리 집에는 '라일리' 라는 강아지가 있다. 회갈색의 라일리는 110파운드의 들개의 일종으로 테디 베어와 같은 곰의 속성을 가진 개다. 독일세퍼드개의 혈통도 좀 있고 래브라도 불치 회수용 사냥개의 혈통도 이어받은 순수 미국 잡견 라일리는 우리 아들을 난장판으로 장난치는 동료로 생각하는 것 같다. 라일리는 4살인데, 가슴이 딱 벌어진 형태를 가졌으나 아직도 하는 짓은 서툴고 어색한

잡종개이다. 라일리는 엄청나게 큰 귀를 가졌는데, "걸어", "자동차", "비스킷" 이라는 소리를 낮게만 속삭여도, 그 귀는 완전히 발딱 서버린다. 또한 라일리는 탄탄하고 울퉁불퉁한 머리에 오동통한 주둥이를 가지고 있다. 적어도 내가 아는 한에 있어서, 그 강아지는 내 아이들이 등교한 동안에는 내 아들 혹은 딸 둘 중에 한 사람의 침대에서 하루종일 잠자다가, 아이들이 학교에서 돌아오면 그 때부터는 날뛰며 놀기 시작한다. 라일리와 함께 지내는 것은 그리 쉽지 않다. 우선 개의 짖는 소리가 마치 영원한 사춘기를 보내는 것처럼 다 째지고 목쉰 소리여서 나는 여간 스트레스를 많이 받는 것이 아니다. 그리고 어쩐 일인지는 몰라도, 모든 개들이 다한다는 앞다리 들고 서는 재주도 아직 부리지 못한다. 내 생각에 우리 개는 특히 사람을 두려워하는 것 같다. 그렇지만 술수는 잘 부린다. 안되겠다고 생각되면, 몸을 굴려서 자기를 뒤집고 배를 상대방에게 보임으로 항복을 표시한다. 그러면 대부분의 사람들은 그런 동작에 까르르하고 다 넘어간다.

솔직히 말해서, 라일리는 머리가 좋지 못하다. 그렇지만 자기 충동을 만족시키는 일에는 도사다. 라일리는 개 먹이 중에서 비스킷을 가장 선호한다. 바로 그 점을 이용하여 아내는 라일리를 훈련시키는 일에 전념하고 있다. 라일리가 한가지 곡예에 성공하면 비스킷 한 조각을 던져 주는 것이다. 바로 그 맛에 취해서 라일리는 수많은 훈련도 달게 받고 있다. 그 결과 지난 일년간 기고, 뒹굴고, 앉고, 몸을 흔들고, 일어서고, 엎드리고, 드러눕는 법을 습득하였다. 그뿐만 아니라 비스킷을 비롯한 다른 음식이 코앞에 있어도 먹지 않는 훈련까지 받았다. 얼마나 철저한 훈련을 받았냐하면 아내인 수잔이 비스킷을 먹지 말라고 명령하고 집을 나가서 몇 시간 뒤에 들어와도 그 비스킷이 말짱히 제자리에 있을 정도다. 그러니 얼마나 철저히 훈련을 받았는가! 일단 먹지 말라고 명령하면, 강아지는 비스킷 앞에 가만히 앉아서 몇 시간이고 뚫어져라 비스킷만 쳐다보고 있을 뿐이지 먹지는 않는다! 우리 아내인 수잔은 상과 벌을 적절하게 줌으로 자신이 원하는 바대로 강아지가 행동하도록 철저한 훈련을 수행한 것이다!

절제

모든 아동들에게는 명확한 규칙, 절도 있는 삶, 그리고 생활지침이 필요하다. 아이들이 어른의 올바른 감독과 지도를 제대로 받으면 그들은 반드시 번영하게 되어있다. 그렇지만 남자아이들은 여자아이들보다 더 확고한 생활의 경계선을 그어주어야 한다. 그리고 특별히 모범이 되는 성인 남성으로부터 그러한 지도를 받아야한다.

훈련(discipline: 수양, 극기, 단련)에는 2가지 종류가 있는데, 내적인 것과 외적인 것이 있다. 절제라 불리는 자기훈련은 내적 훈련이다. 내적 성품인 절제는 외적 훈련의 결과로 우리 자녀들의 성품 속에 파생되는 덕목이다. 그러한 외적 훈련은 다양하다. 이는 자신의 잘못으로 인해 초래된 고통을 맛보기, 즉각적인 만족을 조금 늦추었을 때 얻는 유익을 배우기, 열심히 일하면 그로 인해 보상받는다는 원리를 경험하기, 그리고 책임을 지면 믿음직한 사람으로 인정을 받게 된다는 것을 느끼기 등이다. 건전한 훈련을 받지 못하고 자라나는 소년들은 성인이 되어 불행한 삶을 살거나 아니면 주변에 혼돈(chaos: 무질서, 대혼란)을 야기한다. 그러므로 자녀들을 훈련시킨다는 것은 그들을 성공적인 삶으로 이끈다는 것을 의미한다.

성경은 자녀를 훈련시키거나 자녀에게 체벌을 가하는 것에 관해 긍정적으로 이야기한다. 히브리서 12:7에 따르면, "주께서 여러분을 훈련하시거든 그것을 견디어 내십시오. 하나님께서는 자녀에게 대하듯이 여러분에게 대하십니다. 부모가 훈련하지 않는 자녀가 무슨 자녀이겠습니까?" 다른 말로 하자면, 아버지는 사랑 때문에 자동적으로 아들을 훈련시키게 되어있다는 말이다.

잠언은 종종 자녀를 체벌하는 아버지의 의무에 관하여 언급한다. "매를 아끼는 것은 자식을 사랑하지 않는 것이다. 자식을 사랑하는 사람은 훈계를 게을리하지 않는다"(잠언 13:24). 이러한 교훈은 "옳은 길을 저버리는 사람은 엄한 징계를 받고, 책망을 싫어하는 사람은 죽임을 당할 것이다"(잠언 15:10). 구절로 이어진다. 그리고 더욱 강하게는 "매와 꾸지람은 지혜를 얻게 만들어 주지만, 내버려 둔 자식은 그 어머니를 욕되게 한다"(잠 29:15)는 말씀까지 있다.

부모만이 자녀들을 훈계하는 것이 아니다. 하나님 자신도 자녀 양육에 직접 개입하신다. "아이들아, 주님의 훈계를 거부하지 말고, 그의 책망을 싫어하지 말아라. 주님은, 당신이 사랑하시는 사람을 꾸짖으시니, 마치 귀여워하는 아들을 꾸짖는 아버지와 같으시다.” (잠 3:11-12)

본서의 앞부분에서 고결한 남성의 인품 중에 하나가 절제라는 것을 이미 언급한 적이 있다. 그러나 나는 여기에서 훌륭한 남성의 가장 중요한 인품의 특징인 자기훈련(self-discipline: 자기관리)에 관하여 더 파고 들어가고 싶다. 이제부터 당신의 아들을 훈련시키는 것이 건전한 한 남성으로 키우는데 있어서 절대절명으로 필요한 이유를 한가지씩 차근차근 살펴보자

결과에 대하여 책임을 짐

아이들에게는 지도와 편달이 반드시 필요하다. 특히 남자아이가 ‘교양과 품위’를 갖춘 성인으로 성장하려면 반드시 훈련과정을 거쳐야한다. 남자아이는 자신과 타인, 특히 아내와 자녀 그리고 부모님에 대하여 책임을 지는 인간으로 훈련되어져야한다. 물론 그러한 것을 성취하기 위해서는 타인의 도움이 필요하다. 주님이 세우신 질서를 설립하는 일에 최선을 다하며, 하나님의 법도에 대하여 책임을 지려면 혼자의 힘만으로는 되질 않는다. 하나님이 세우신 질서를 따르는데 대한 책임의식이 없으면 제멋대로 살게 될 것이다. 남자아이는 아주 어렸을 적부터 자신이 한 행동이 긍정적인 결과를 초래하기도 하고 부정적인 결과를 초래하기기도 한다는 것을 배울 필요가 있다. 그뿐만 아니라, 자신이 내린 결정이 때로는 타인

에게 지대한 영향을 미친다는 것도 배워야한다. 타인을 자신의 삶의 일부로 받아들이는 것은 책임질줄 아는 삶(accountability)에 있어서 중대한 작용을 한다. 그러한 종류의 개방성은 특히 남자아이에게 훈련되어야하는 사항 중에 하나이다. 책임성(accountability)을 가진 남성은 영혼을 죽이는 약물남용(술, 담배, 마약), 도박, 음란물, 간음, 성희롱이나 성폭력 같은 유혹에 빠지지 않게 되어있다. 이러한 종류의 유혹은 가정을 파괴시킨다. 그렇기에 남자아이든 성인 남자든 할 것 없이 일의 귀추에 대해 '책임지는 삶'을 살아야한다.

젊은이들은 그들을 밀어주는 후원자에 대하여 책임성 있는 자세를 보여주어야 한다. 물론 아버지는 혼자서 아들에게 압력을 넣을 수도 있겠으나, 가능하다면 보다 조직화된 스포츠에 아들을 가담시키는 것이 바람직하다. 또한 음악, 미술, 그리고 다양한 예능활동을 통해 선생님이나 코치로부터 영향을 받게 하는 것도 좋은 방법이다. 그러한 과외 활동은 다양한 예체능의 기술습득뿐만 아니라 인격발달에도 도움이 된다. 전통적으로 코치나 선생의 역할은 학생이 가진 재능이나 기술을 학생이 혼자 노력할 때보다 더 많이 이끌어내는 것이다. 그리고 덧붙여서, 코치나 선생의 임무는 열심히 일함, 타인을 존중함, 자기 자신을 훈련시킴, 자신을 계발시킴, 그리고 공동작업을 성사시킴 등의 인격적 자질을 함양해 내는 것이다.

그러나 불행히도, 지나치게 자존심의 향상과 인간평등을 강조하는 현재 미국의 풍조는 부모로 하여금 책임성이라는 측면을 간과하게 만들고 있다. 예를 들자면, 젊은 아이들에게 자기훈련과 타인존중을 가르치기 위해 고등학교 코치는 다양한 일을 할 수 있을 것이다. 트랙의 출발선을 다르게 조종해 줄 수도 있고, 시간제약을 다르게 줄 수도 있으며, 혼자 따로 불러서 견책할 수도 있고, 팀원들 앞에서 공개적으로 말로서 도전을 줄 수도 있을 것이다. 그 이외에도 연습 습관을 고치고 더 나은 성과를 얻기 위한 다양한 방법을 도입할 수도 있다.

그렇지만 책임을 지는 데 대한 강도 높은 훈련을 받아보지 않은 젊은이라면, 그러한 종류의 훈련에 대하여 적응을 하지 못하거나 불만을 표시할 것이다. 그런 경우 코치의 처사가 불공평하다고 하면서, 울며불며 엄마에게 달려갈 가능성도 있다. 심지어는 코치가 자신을 학대했다는 비난을 가할 수도 있다. 그런 소리를 들은 부모는 혼비백산하여 교육감에게 이를 고발하고, 아연 질색한 교육감은 그 코치를 징계하려 들지도 모른다. 그러면 대부분의 경우에 코치는 해임을 당하고, 그는 억울함을 참지 못하여 해당 관청에 정의를 호소하게 된다. 그렇지만 자금조달과 대외신용에만 주력하는 교육청의 경우는 진실을 캐는 일에 관심이 없는 경우가 태반이다. 이러한 시나리오는 물론 내가 혼자 상상해서 만들어낸 것이기는 하지만, 나는 최근에 실제로 이와 비슷한 사건이 발생하는 것을 직접 목격한 적도 있다.

그것은 한 고등학교 농구코치가 학생들을 혹사했다는 이유로 해고된 사건이다. 그러나 한 의견을 달리하는 위원회 회원은 "학생들을 훈련시키는 것과 혹사시키는 것은 다른 것이 아닌가요?"라고

이의를 제기했다. 그리고 위원회도 만장일치로 코치가 언어 폭력이나 신체 학대를 한 적이 없다는 것에 동의했다. 그러나 최종 결정은, 교육감의 의견을 따라, 그 코치를 해고하는 것이었다.

위와 비슷한 일이 가정에서도 일어날 수 있다. 많은 경우에 부모들은 자녀들이 곤궁에 빠졌다고 하면서 허둥대며 그들을 구조하려고 덤벼든다. 그러나 성급하게 구조의 손길을 뻗는 것은 아이들로 하여금 스스로 훈련을 받을 기회를 박탈하게 되는 결과를 초래한다. 그러므로 부모는 자녀가 그냥 힘겨운 상황에서 빠져 나오는 것을 목표로 삼을 것이 아니라, 자녀로 하여금 힘든 것도 견디며 참고 스스로 책임을 지는 삶을 영위하도록 유도해야한다. 일단 인내하며 책임지는 습관이 자녀들의 삶에 형성되면 그들은 그것으로부터 일생동안 이득을 취할 수 있다. 아무 일에도 책임을 지는 법이 없이 자라난 소년은 성인이 되어서도 역시 무책임한 인간이 될 가능성이 상당히 높다. 그런 인생은 많은 경우에 파국으로 치닫게 된다. 남자아이들에게 스포츠는 책임성을 키우는 좋은 기회를 제공해 준다고 나는 생각한다. 아버지로서 당신이 할 역할도 비슷한 것이다. 즉, 아들이 권위 있는 자들을 존중하고, 또한 자신이 한 행동에 책임을 지는 사람이 되도록 키워내는 일 말이다. 그렇게 하기 위해서는 아버지 자신도 주변의 권위들과 권위 있는 자들의 결정을 존중하는 자세를 보임으로 아들에게 모범을 보여야할 것이다.

무조건 아들을 도와주기만 하는 것이 나쁜 이유는, 그렇게 하면 아들로 하여금 논리적 사고에 기초해서 행동하지 않고 오직 감정에 따라서만 행동하도록 부추기는 결과를 낳기 때문이다. 기분은 종잡을 수없이 변덕을 떤다. 그러나 원리와 원칙은, 선원 전체를 죽음으로 내몰게 하는 암초에 부딪치지 않게 배를 인도해주는 등대와 같은 역할을 감당한다.

야구 코치로서 나는 아이들의 삶의 어느 특정한 분야에 있어서는 어떤 부모보다 더 많은 것을 안다고 자부한다. 나는 경쟁적이고 스트레스를 받는 상황가운데 처한 청소년들을 매일 대한다. 나는 하루에도 몇 시간씩 그들을 집약적으로 가르치고 있다. 나는 그들이 도전을 받을 때에 어떤 행동을 보이는 지도 알고, 또한 일정한 상황에서 최고의 결과를 도출하기 위해 그들에게 어떻게 동기부여를 해야하는지도 안다. 나는 청소년들의 강점과 약점을 안다. 나는 한번만 척 보아도 그들이 어떤 성격의 소유자인지까지 대충 짐작해낼 수 있다. 심지어는 심적으로 진퇴양난에 빠져 헤매고 있는 것까지 감지해낼 수 있다. 그렇지만 대부분의 경우에 그 아이들의 부모는 나에게 자녀들의 상태에 관하여 문의를 하거나 조언을 구하지 않는다. 학교 교사들이 학생들 개개인에 관하여 나처럼 그렇게까지 자세히 알고 있는지 의심스럽다. 부모, 코치, 학교교사들이, 아이들의 유익을 위해, 진정 함께 힘을 모아 일하지 못한다는 것이 정말 아쉽다.

아이들에게 그들의 행동에 대하여 책임을 지도록 강요하는 사람이 코치밖에 없는 것은 아니다. 그 누구라도 소년의 주변에 있는 성인 남자라면 소년이 자신의 행동에 대하여 책임을 질 줄 아는 사람으로 자라나도록 도와줄 수 있다. 내 아들과 나는 매년 여름마다 광야로 야영여행을 떠난다. 뭐든지 싸 가지고 갈 수 있는 것은 모두 등에 짊어지고 황무지로 나가 사오일씩 지내다 돌아온다. 물론 만일을 대비하여 냉동건조식품을 비상식량으로 가져가기는 하지만, 우리는 가능하면 주로 물고기를 잡아먹고 자연의 것들을 따먹고 하면서 연명한다. 몇 해 전에 우리들은 동부 오리건에 위치한 딸기산 황야를 방문한 적이 있다. 집으로 돌아오는 길에 우리들은 우회도로를 선택했는데, 화석의 도시라는 장소를 지나치게 되었다. 거기에서 우리들은 한 고등학교의 미식축구장 위쪽 언덕에서 화석을 캐내었다. 그리고 내려오는 길에 미시시피 서쪽에 위치한 아이스크림을 파는 작은방이라는 장소에 도달했다. 그런데 그 곳에서 감칠맛 나는 밀크쉐이크를 들이키고 있을 때 흥미로운 광경을 목격하게 되었다.

우리들과 불과 몇 개 건너편 테이블에 청소년 여자아이들, 아기, 그리고 칠칠치 못하게 생긴 한 초췌한 청년이 앉아 있었다. 그 남루한 차림의 초췌한 청년은 그 중 한 명의 청소년 소녀와 데이트를 하는 듯 보였다. 그런데 몇 분 뒤에 건장한 체격의 한 거인 남자가 두 딸을 데리고 그리로 들어왔다. 거기에 있던 청소년 여자아이들은 그 육중한 체격의 거인과 안면이 있는 듯 보였다. 그래서 그런지 그 동석한 초췌한 청년을 소개시켰다. 마치 앞으로 무슨 일이 일어날지 감지라도 한 듯, 그 여자 청소년들은 아기와 그 건장한 거인의 딸들까지 데리고 아이스크림 가게 안쪽으로 종종걸음으로 사라졌다. 그 덩치가 큰 거인은 반갑다는 인사를 한 후에 그 초췌한 청년의 팔을 비틀기 시작했다. 그리고 대화가 시작되었는데, 시종일관 그 비튼 팔을 놓아주지 않았다. 대화가 점차 심화되면서 그 초췌한 청년의 괴로워하는 모습이 더욱 역력히 보였다.

거인: 야, 너 이름이 뭐냐?

청년: 저요? 저는 그...

거인: 너 어느 학교 다니니? 너 어디 살어?

청년: 예, 저는 그러니까... 헉.

거인: 너희 아버지 성함이 어떻게 되시냐?

청년: 그거요? 아악...

거인: 너희 가정은 존 데이 타운에 거주하는 스미스씨 집안이지?

청년: 아니 그걸??!

거인: 나는 네 아버지가 누군지 다 알아. 너희 아버님은 참 좋은 분이셔. 만나서 반갑다. 재미있게 보내고. 이 여자아이들을 잘 대해줘라. 안 그러면 내가 가만있지 않지!

그 거구의 남자는 그 말을 하고 딸을 데리고 밖으로 나갔으나 청년은 마치 팔이 마비되어 뭉친 시늉을 하고 있었다. 그 거구의 남자는 이런 뜻에서 말을 한 것이라고 나는 해석한다. "나는 네가 누군지 안다. 나는 네가 어디에 사는 지도 안다. 만일 이 여자아이들에게 무슨 나쁜 짓이라도 하는 날에는 내 앞에서 책임을 져야한다." 성인 남자는 이렇게 젊은 남자에게 책임을 질 행동을 하라고 요구할 필요가 있다. 위의 이야기에 등장하는 청년은 혹시 나중에 책임지지 않을 일을 저지르려고 하다가도 한번 더 생각해 보았을 가능성이 높다. 그 거구의 남자가 자신과 직접적으로 관계된 사안이기에 그렇게 행동했다고 보이지는 않는다. 내 생각에는, 남자들에게는 여자와 어린아이들을 돌보고 보호하고자 하는 본능이 있다. 그리고 그 사람이 누구이건 간에 우리들은 남자로서 책임감을 느낀다. 그렇지만 불행히도, 이러한 종류의 돌봄은 시골에서나 있을 법한 일이다. 이제 현대의 도심지역에서는 타인을 돌보며 타인에 대해 책임을 지는 일은 잘 발생하지 않는 것 같다

권위에 도전함

남자아이들에게는 자연적으로 권위에 도전하려는 경향성이 있다. 그것은 일종의 리더십 기술을 익히는 것인데, 성인 남자가 되었을 때에 필요한 것을 습득하는 과정이라고 볼 수 있다. 그렇지만, 남자아이는 도전할 때와 아닐 때를 구분하는 법을 배울 필요가 있다. 이러한 배움의 과정에는 아버지가 고유한 역할을 담당한다. 아들은 천부적으로 아버지를 두려워하게 되어있다. 그것은 하나님이 '아버지' 라는 존재에게 부여한 권위 때문이다. 바로 그러한 권위를 적절하게 사용하는 것을 아들에게 보여줌으로, 아버지는 아들에게 권위에 도전할 때와 권위에 순종할 때를 구분하는 지혜를 심어줄 수 있다. 이러한 영역에서의 실수는 대단히 불유쾌한 상황을 유발한다. 그러므로, 아들이 나중에 세상에서 실패하기보다는, 보다 안전한 환경인 가정에서 아버지와 함께 이러한 것을 미리 배우는 것이 바람직하다.

한 실례를 들자면, 내 아들 프랭크는 청소년기에 들어서면서 그

이전에는 느끼지 못했던 호르몬의 상승을 경험하게 되었다. 그러자 걷잡을 수 없는 상태로 거칠어 졌는데, 하루는 엄마에게 심한 말을 하면서 대드는 것을 내가 목격했다. 나는 즉시로 그의 면전에다 대고 "네가 지금 불만을 마구 퍼붓고 있는 사람은 내 아내다. 이 세상에 어떤 남자라도 내 아내를 그렇게 대하는 것을 나는 용납할 수 없다. 절대로 앞으로 내 아내를 건드리지 말라." 그러한 나의 대응이 효과가 있었던 것으로 나는 안다. 그 후로는 내 아들은 자기 엄마인 내 아내에게 막말을 하지 않았다. 엄마에게 신경질을 부리려고 하다가도, 적어도 내가 보는 앞에서는 나의 눈치를 살피는 것 같았다. 입 조심을 하는 것이다. 이렇게 강하게 자녀를 훈련시키면 자제력이 함양된다.

자녀의 머리가 커지고 나름대로의 리더십이 발달하기 시작하면 부모와의 의견충돌이 발생하게 되어있다. 내 아들은 이제 18살이다. 비판적인 사고가 대단히 발달했기에 종종 나와 말다툼을 한다. 내가 무슨 말을 해도 그는 논쟁하려고 덤벼든다. 그뿐만 아니라 자기가 이 세상의 모든 것을 다 아는 것처럼 행동하기도 한다. 그는 나의 성질을 건드리는 법까지 아는 것 같다. 그래서 가끔 우리 집 안은 뿔 달린 젊은 황소와 뿔 달린 늙은 황소가 으르렁거리며 머리를 맞대고 싸움질하는 목장과도 같다. 아마도 하나님께서 나와 우리 아들이 이제는 편안히 결별할 때가 된 것을 알려주시는 것 같다. 내 아들이 우리 집에 영원히 눌러앉아 살지도 모르기에, 하나님께서는 다 아시고 미리 분가를 예비하시는 것으로 나는 받아들인다.

　　우리의 자녀들이 모든 권위를 가진 사람들에게 무조건 복종할 것을 기대할 수는 없다. 물론 그렇게 해서도 안되겠지만 말이다. 그러나 만약에 권위에 반대하거나 도전한다면 거기에 합당한 방법을 취해야하며, 비열하게나 망신스럽게 행동해서는 안될 것이다. 당신의 아들이 권위를 가진 인물에게 동의하지 못한다면, 왜 그래야만 하는지 철저하게 이성적으로 생각해야만 하고, 단순히 감정적으로 반응하지 않아야 한다. 그렇기에 부모는, 자녀가 자기 나름대로의 이유를 사리에 맞도록 나타내 보이도록 도와주어야 한다. 그렇게 하면 자녀 자신의 입장도 정확히 서고, 타인에게도 피해를 덜 입히게 되어있다. 그렇게만 하면 그는 신용도 얻고 리더십 기술도 개발시키게 될 것이다.

　　우연찮게도, 우리 딸 켈시가 방금 전에 아래층으로 내려와 내 앞에 편지 한 장을 놓고 돌아갔다. 켈시는, 완곡하게 표현하자면, 의지가 강한 (strong-willed: 완고한, 과단성 있는, 고집불통인) 아이다. 물론 앞으로의 인생을 원만하게 살아갈 만한 좋은 인격적 자질이 풍부한 아이이기도 하지만 말이다. 부모로서 우리의 과제는 켈시가 자신의 의지가 강한 성격을 보다 현명하고 건설적으로 사용할 수 있도록 도와주는 것이다. 지금 그 아이가 나에게 건네준 편지를 읽어보니, 내가 딸아이에게 금지한 것들에 대한 반론을 제기하고 있다. 이 편지 내용을 보면 심사숙고하여 적은 편지인 것을 알 수 있는데, 부모를 존중하는 태도를 견지하면서 나에게 용의주도하게 따져들고 있는 모습을 볼 수 있다. 그 편지의 논리는 이렇게 흐르고 있다. 자신도 이 문제에 대하여 수도 없이 철저하게 고려하였고, 그리고 이제는 자신이 내린 결정에 대하여 책임을 질 수 있는 나이에 이르렀으므로, 아버지는 노파심을 버리고 딸을 믿으라는 것이다. 그래서 지금 나는 내 생각을 변경하여 그녀의 결정에 따라 스스로 책임을 지는 쪽으로 허락해주는 것을 고려하고 있는 중이다.

인생의 수많은 도전에 직면하여, 당신의 자녀가 스스로의 권위를 가지고 행동하도록 도와주는 것이 부모의 역할이라고 사려된다. 하나님은 당신의 아들이 자신을 존중하고 또한 타인도 동일하게 존중하는 태도로 살기를 원하신다. 그렇게만 살면, 당신의 아들도 당신 자신도 그리고 사회도 모두 유익을 얻게 될 것이다.

분노에 대한 통제와 관리

너무나 많은 경우에 남자들은 분노를 타인을 공격하는 무기로 사용하고 있으며, 또한 다른 종류의 감정을 숨기기 위한 보호막으로도 사용하고 있다. 그뿐만 아니라, 대부분의 아버지들은 이러한 심리적 방어기제를 아들에게까지 전달시켜 자손들로 하여금 좌절감을 분노로 표출하도록 조장하고 있는 것이 현 실정이다.

물론 분노는 하나님이 주신 감정이다. 그래서 성경에서 2번째로 많이 언급된 감정이기도 하다 – 첫째는 사랑이지만. 그러나 남자에게 있어서 분노는 다른 종류의 감정들을 숨기고 위장하기 위해 사용되는 감정이기도하다. 게리와 캐리 올리버는 남성의 분노에 관해 다음과 같이 말하고 있다.

　　분노는 종종 남성이 감지하는 유일한 감정이다. 그러나 사실 그 분노 뒤에는 숨겨진 다른 무수한 감정들이 도사리고 있다. 그렇기에 표면에 드러난 감정뿐만 아니라 더 깊은 곳에 잠재한 감정들도 찾아내어 인지할 필요가 있다. 깊이 내재한 감정들 중에는 두려움, 상처받음, 마음 상함, 좌절, 실망, 약점이 드러남, 인간관계로의 갈망 등이 있다. 소년은 분노를 돌출 시켜버리면, 밑바닥에 깔린 다른 감정들을 드러내지 않고 은근슬쩍 감출 수 있다는 것을 배운다. 즉, 놀라고 상처받기 쉬운 감정들을 분노라는 거센 에너지를 뿜어내는 것으로 슬쩍 덮어버리는 것이다. 그러면 약한 부분이 가려진다. 분노는 아픔을 회피하게 하든지 아니면 적어도 최소화시키게 도와준다. 분노는 에너지의 큰 파도의 물결이 굽이치게 한다. 그렇게 함으로 분노는, 취약함은 감소되고 안전감은 증대되도록 해준다. 물론 거짓 안전감이지만. 그뿐만 아니라 소년은 모든 사람이 화를 낸다고 하면서 자위하기까지 한다. 간단하게 말해서, 소년은 고통을 느끼기보다는 차라리 화를 내버리는 것이 더 쉽다는 꾀를 부리기 일수라는 것이다.

　　알코올중독자의 가정에서 성장한 나는 늘 두려움으로 점철된 환경에 접했다. 그 두려움은 다양한 사건에 의해 수시로 유발되었는데, 한밤중에 구급차가 우리 집에 오면 물론 두려웠지만 심지어 다른 사람의 얼굴빛이 조금만 달라져도 나는 두려웠다. 술에 취한 부모님이 소리를 지르면 그건 십중팔구 나를 두렵게 만들었다. 나는 마치 땅이 꺼지지나 않을까 늘 노심초사하며 사는 불안한 삶을 살아왔다. 그런 불운한 어린 시절의 여파로 인하여 지금도 누가 크게 소리를 지르면 나에게는 즉시 두려움이 엄습한다. 그런데 나는 자기 방어의 수단으로 두려움에는 분노가 함께 동반한다는 사실을 알아내었다. 나의 그러한 약점을 아는 우리 아이들은 나를 자극해야할 필요가 있다고 생각하면 갑자기 소리를 질러서 나를 놀라게 한다. 그러나 사실 나에게 그러한 위협은 마치 잠자는 곰을 막대기로 찌르는 것과 같은 행위이다.

젊은이로서 내가 학습한 것은 분노가 두려움을 먹어버린다는 사실이었다. 일단 크게 화를 내버리면, 두려움으로 인한 치욕적인 감정을 느끼지 못하게 된다는 데 착안한 적응방식이다. 나는 크게 화를 내며 과장된 반응을 보임으로, 어떤 면에서는, 내 누이와 동생과 어머니를 아버지의 학대로부터 피하게 해주었다. 신체적인 폭력이 가해지는 것을 여러 차례 목격하면서, 나는 내 자신에게 "이 세상에 그 누구도 어떠한 일도 두려워하지 말자!"라고 수도 없이 혼자 다짐했다. 물론 그것은 어리석은 다짐이었지만. 성인으로 성장하기까지 많은 두려움이 나를 엄습했으며, 그로 인해 나는 많은 곤란을 겪었다. 그리고 나는 그 모든 두려움을 분노로 포장했다. 불행히도, 분노와 두려움은 고독한 동무들이다. 그렇지만 나는 어느 순간 내가 두려움을 감추기 위해 분노를 사용하고 있다는 사실을 깨닫게 되었다.

'짐'이라는 사람의 이야기를 해보고자 한다. 짐도 역시 그의 두려움을 통제하기 위해 분노를 사용하였다. 짐의 아버지는 알코올 중독자로 아들인 짐과 아내를 상습적으로 구타했다. 짐에 따르면, 아버지는 너무나 분노한 나머지 술을 한껏 퍼 마시고 만취해서 부억을 자신의 피로 페인트하곤 했다고 한다. 짐은 늘 분노로 가득한 집에서 자라났는데, 그런 분노를 발산할 출구로 미식축구를 선택했다. 그는 맹렬한 감정을 가지고 경기에 임했기에 고등학교 시절에 전미에서 가장 뛰어난 최우수 선수가 되는 영예를 얻었다. 그는 대학에서도 그의 분노의 분출구로 미식축구를 이용했으며, 역시 매우 잘 나가는 선수가 되어 NFL(전국미식축국연맹)에 선수로 발탁되었다.

짐은 대학 때에 카바레에 잦은 출입을 했다고 한다. 그런데 여자에게 추근대는 남자를 보면 참지 못하고 싸움을 걸었고, 치밀어 오르는 분노를 견디지 못하여 상대방을 늘씬 두들겨 패주곤 했다고 한다. 그는 마치 자기 아버지처럼 분노가 솟아오르곤 했는데, 단 한번도 싸움에서 진 적이 없었다.

그런데 대학 3학년 때에 그가 도저히 이겨낼 수 없는 상대에게 정면으로(smack dab) 돌진했다. 그것은 예수님의 십자가였다. 기독 학생회에 소속된 한 학생이 복음을 전할 때 그는 마침내 깨져버렸고, 하나님을 쳐다보며 그날 밤에 "아버지"라고 부르게 되었다. 그러자 그의 모든 난투극은 즉시로 끝장이 났다.

몇 년 후에 짐은 저명한 기독교 작가와 친분을 가지게 되었는데, 그 작가는 짐에게 아버지와 화해할 것을 제안했다고 한다. 짐은 아버지를 용서하도록 인도되었다. 그러나 그런 제안에 대하여, "나는 아버지를 찾아가서 용서를 받든지 용서를 빌든지 하는 짓은 절대로 안 합니다. 우리 아버지는 종종 성이 나서 헐떡거렸지만, 나하고 무슨 상관이 있나요? 내가 책임질 일이 아니잖아요!"라고 짐은 반응했다.

그렇지만 그 기독교 작가는 "짐, 너와 네 아버지와의 관계에 금이 간 데 대해 네가 전혀 알 바가 아니라는 말은 무책임한 발언이다. 지금이라도 아버지와 화해하고, 관계를 정상화시켜야하지 않겠니?"라고 하면서 짐을 설득했다.

"물론 나에게도 책임은 있지요. 그러나 나에게 3퍼센트의 책임이 있다면 우리 아버지에게는 97퍼센트의 책임이 있습니다."라고 말하며 짐은 울먹였다.

"짐, 기독교인들은 3퍼센트의 실수로 인한 비난을 100퍼센트로 받아들이는 사람들이란다. 그만큼 기독교인들은 책임감이 강한 사람들이다."

그래서 짐은 본가(本家)를 방문하여 아버지를 대면하였다. "아버지, 아버지가 도저히 감당하실 수 없는 것을 무리하게 요구한 저를 용서해주세요. 나의 코치, 여자 친구의 부모 등 다른 부모와 아버지를 비교하여 평가한 것도 용서해주세요."

그러나 아버지는 다음과 같이 말씀하셨다. "나는 너를 용서 못한다. 만일 너를 용서해 버리면, 누구하나 비난할 사람 없이 나 혼자만 끙끙 앓고 살아야하는데, 난 절대로 그렇게 못하지!"

아무 대책이 서지 않으므로 짐은 모든 것을 하나님의 손에 맡기기로 작정했다. 그는 아버지 앞에서 울면서 기도하기 시작했다. "하나님 아버지, 제발, 우리 아버지의 마음을 누그러뜨릴 수 있는 방법이 있다면... 주님, 제발 우리 아버지의 마음의 상처를 치유해주시고 어루 만져주세요. 하나님, 우리 아버지를 제발 좀 도와주세요."

그러자 짐의 아버지는 무너져 내리는 심정으로 눈물을 흘리며, "하나님에게 그렇게까지 간절히 기도하는 사람의 모습을 일생 본 적이 없다."라고 말했다. 그리고는 두 손을 하늘 높이 치켜들고, "신이시여, 진정 나 같은 자도 사랑하신다면, 지금 내 마음을 어루만져주소서."라고 절규했다.

그 사건 이후로 짐과 그의 아버지는 14년 동안 부자지간으로 정을 나누며 살았다고 한다.

자녀가 성질을 부릴 때, 부모에게는 그 분노의 저변에 깔린 원인을 규명해내고, 파괴적인 행위로 치닫지 않도록 자녀를 교육시킬 의무가 있다. 화를 내는 그 이면에 있는 다른 원인이나 감정들을 처리해내면 상처의 치유에 많은 도움이 된다. 대부분의 사람들은 감정을 정확하게 확인하지 못하며 확실하게 통제하지도 못한다. 그러나 그렇다 할지라도, 어떤 특정한 사건에 대하여 우리가 보이는 반응을 적어도 이해만 한다해도 인간관계에 많은 개선이 있게 될 것이다.

아들에게 노동을 가르치기

16년 전에, 나는 식품가공 처리를 하는 거대 기업의 공장 지배인으로 일한 적이 있다. 봄, 여름, 가을의 과일 수확기에 나는 일주일에 7일을 꼬박 일해야만 되었고, 그것도 하루에 16시간 이상을 일해야만 했다. 솔직히 나는 나의 직업과 작업환경을 증오했다. 내가 그 직장을 택한 오직 유일한 이유는 보수가 좋았으며 또한 의료 보조가 좋았기 때문이다. 그 당시 우리 아기는 선천적 장애를 가지고 태어났기에, 수 차례의 수술을 받지 않으면 안 되는 상황이었다. 그래서 나는 부모로서의 책임을 감당해야만 했기에, 연일 고된 노동을 하지 않으면 안 되었다. 얼마나 열심히 일했는지, 일년에 6개월에서 7개월은 가족들의 얼굴조차 보지 못했다. 공장에서의 업무와 출장을 가는 시간의 중간에 잠시 집에 머무는 시간이 있기는 했으나, 샤워하고 그저 몇 시간 잠을 잔 후에는 즉시 다시 집을 나서야만 했다. 아내인 수잔은 자기 눈앞에서 내가 쓰러져 죽는 꼴을 볼 것이라고 예견하였고, 나 역시도 마치 산송장(zombie: 아프리카의 강시)이 걸어 다니는 것 같았다.

나는 205번 도로를 타고 하루에 두 번씩 다리 위를 건너다니던 시절을 기억한다. 오리건과 워싱턴을 연결하는 그 3마일 남짓한 그 다리를 아침에 해뜰 무렵에 건너갔다가 해질 무렵에 건너오곤 했다. 매일 그 다리를 건너며, 나는 다리 아래로 흐르는 강물에 떠다니는 요트들을 바라보았다. 내 마음속에 항상 떠오르던 생각은, "도대체 저 사람들은 수입원이 무엇이기에, 일도 하지 않고 저렇게 편안히 요트나 타고 놀고 있는가?"였다. 매일 직장으로 출근하며 그런 생각을 하던 나는 결국 직장을 그만두고 내 자신의 사업체를 차리게되었다. 더 많은 시간과 재정적인 여유를 얻게 되리라는 기대를 가지고 말이다.

몇 년 동안 나는 내 자신의 사업체를 세우느라 정신없이 일했다. 사업은 잘 되었고, 그 결과 나는 내가 그렇게도 염원하던 시간과 경제적인 여유를 조금 얻게 되었다. 그러면서 황급한 마음으로 다리를 건너던 그 추억도 사라져버렸다. 그러던 어느 날, 오후에 벌어질 야구 경기를 관람하러 그 다리를 또다시 건너게 되었는데, 갑자기 그 옛 추억이 주마등처럼 스쳐지나갔다. 내 인생의 초반부에 겪었던 여러 비참한 일들로 인하여 비탄에 빠졌던 것도 생각이 났고, 회사원으로 늘 바쁜 일에 쫓기며 헐레벌떡 뛰어다니던 시절도 회상되었다. 나는 다시 한번 강에 즐비한 요트들을 바라보며 나의 과거의 꿈들을 들춰보았다. "야, 지금은 대낮인데, 내가 시간을 내어서 야구경기를 관람하러 다니다니! 내가 꿈꾸던 것들이 이제 많이 이루어졌나보구나. 내가 그렇게도 부러워하던, 저 요트를 타고 다니는 사람들과 비슷하게 되어가고 있는 것 같다! 내 인생을 축복해 주신 하나님, 참 감사합니다."

내가 그러한 자유와 자원을 획득할 수 있었던 비결은 남달리 열심히 일했기 때문이라고 생각한다. 젊은 시절부터 나는 일을 멋지게 해내는 습관 하나는 제대로 갖추고 있었다. 그것이 우리 부모님으로부터 물려받은 가장 그럴듯한 인격적 자질이다. 성공을 위해서라면 나는 자질구레한 일들도 성실하게 해내었다. 대부분의 사람들은 큰 일을 해내기 원한다. 그렇지만 작고 마음에 들지 않는 귀찮은 일들도 성심 성의껏 할 수 있는 사람은 결국 성공에 도달하게 되어있다.

소년은 직업윤리의식을 습득할 필요가 있다. 남성됨의 기본적인 신조는 일을 할 필요성을 인정하는 것이다. 남자는 일을 해야만 한다. 남자는 기질상 내지는 체질상 일을 하도록 만들어져있다. 그러므로 소년에게 어렸을 적부터 집안 일을 하도록 시켜라. 잡일, 허드렛일, 심부름을 시켜야만 그들 안에 책임감을 배양시킬 수 있다. 용돈을 조금 주고 그것을 관리하는 법도 가르쳐라.

다시 한번 더 강조하는데, 아들에게 집안 일을 돕도록 시키는 것은 참으로 중요하다. 아들에게 이것저것 집안일 하는 법을 하나하나 상세히 가르쳐라. 이따금 나는 내 아들에게 내가 생각하기에 참으로 쉽다는 일을 시켜보았지만, 아들은 그런 일조차 잘 하지 못하는 적이 많았다. 그 이유를 캐본 즉, 누구도 그에게 간단한 집안 일 하나 제대로 하는 법을 가르쳐 준 적이 없었다는 것이었다. 나는 나 자신이 부끄러웠다.

나는 그렇게 자라나지 않았다. 나는 12살 적부터 잔디를 깎고 신문을 배달해서 스스로 용돈을 벌었던 사람이다. 그러나 내 자녀들에게는 그렇게 자주적(自主的)으로 사는 법을 어렸을 적부터 가르치지 못했다. 그건 나의 치명적인 실수다. 물론 내 아이들도 유년기에 집안 일을 하기는 했으나, 완전히 마치지 못했을 때에 그 결과에 대하여 책임을 지게 할 정도로 강요하지는 않았다. 이제 내 아이들을 세상으로 내보내야하는 이 시점에, 과연 그들이 세상으로 나아가 성공하며 살아갈 만한 직업윤리를 가정교육을 통해 잘 배웠는지 의심이 간다.

오늘날 미국에서 결혼이 실패로 끝나는 가장 큰 이유 중의 하나는 재정적 압박 때문이다. 우리 아들도 이제 결혼하여 가정을 가지게 되고 아이를 낳게 되면 그런 압박을 받게 될지도 모르겠다. 아버지들은 바로 그 '돈 문제'라는 영역에서 곤란을 겪을 때가 많고 어려운 결단을 내려야할 때도 많다. 나는 최근에 범죄가 만연한 공립학교에 다니는 아들을 보다못해, 가정의 살림을 줄이고, 다락방으로 이사한 아버지에 관한 이야기를 들었다. 그는 그 절약한 돈으로 아들을 사립학교로 옮겼다는 것이다. 구차한 살림을 살아야하는 참으로 내리기 힘든 결단이었겠으나 나는 그런 결정을 내린 그 아버지의 이야기에 감동을 받는다!

나는 내 아들에게 돈을 알뜰하게 사용하는 법을 더 많이 가르치지 못한 것을 후회한다. 사실 아내와 나는 어린 시절에 예산을 집행하는 법 따위는 배운 적이 없다. 예를 들자면, 가진 자금을 잘 정리하고, 예산을 세우며, 수입의 일정량을 저축하는 그런 재정관리 말이다. 그렇기에 우리 부부는 결혼 초창기에 연속적으로 부채에 시달린 적이 있다. 그로 말미암아, 하나님께서 축복해 주신 귀한 자원에 대한 청지기로서의 역할을 제대로 감당하지 못했다. 하나님께서는 우리 가족을 통해 일하고 싶으셨으나 우리는 하나님의 사역을 감당함에 있어서 그 효율성이 미진했던 것이다.

직업을 가지기 위한 준비와 재정적인 책임성은 인생의 성공과 실패를 판가름하는 가장 중요한 요소이다. 인생에 기회가 주어졌을 때에 그것을 잡을만한 준비가 되어진 사람은 행운을 맛볼 것이다. 당신의 아들에게는 주어진 프로젝트를 바라보는 안목이나, 방대한 기획을 구성요소들로 잘게 나눌 수 있는 조직적 사고능력이 형성되어 있는가? 그리고 그 구성요소들을 알맞은 순서대로 배열하여 각각의 실행 단계를 정하고, 그것을 순차적으로 실행에 옮겨나갈 능력이 있는가? 당신의 아들은 회계장부를 기록하고, 그것을 결산 정리할 수 있는가? 소득의 십분의 일은 하나님께 바치고 또한 나머지 십분의 일은 저축을 해야한다는 사실을 당신의 아들은 아는가? 당신의 아들은 그것을 어렸을 적부터 실천에 옮기고 있는가? 당신의 아들은 신용카드의 빚이 얼마나 무서우며, 신용카드의 채무를 상환한다는 것이 얼마나 어렵다는 사실도 아는가?

이 세상에서 숙달된 명인으로 살아가려면 여러 가지 인생의 기술들이 필요하다. 때로 가족의 일원들은 가장(家長)의 재정에 관한 날카로운 통찰력에 의존하여야할 때가 많다. 그러므로 아들이 자라날 때에 가정교육을 통해 많은 삶의 기술들을 익히게 하는 것은, 그가 독립하여 자신의 가정을 꾸밀 때에 꼬리가 되지 않고 머리가 되게 하는데 큰 도움이 될 것이다.

1 당신의 아들의 삶의 어떤 영역에 대해 당신은 아들에게 책임을 지게 하고 있는가? 당신자신이 삶에 책임을 지는지를 감시하는 다른 남자들이 있는가?

2 당신의 아들이 짜증을 부리거나 화를 내는 순간을 포착해보아라. 그리고 아들에게 왜 분노하는지를 한번 물어보아라. 두려워서 그랬나, 좌절되었나, 불공평하다고 판단되었나, 윽박지름을 당했나, 아니면 다른 경우인가?

3 당신의 아들에게 시키는 허드렛일이나 가사(家事)의 종류는 무엇인가? 당신의 아들은 그러한 작업이 완수될 때까지 끝까지 책임을 지는 사람인가?

4 당신의 아들이 아직도 어리다면, 적합한 나이에 이르기 전에 그에게 노동윤리를 계발시킬 방안을 미리 마련해 보아라.

제8장

아내를 사랑함

- 아내의 욕구를 충족시켜주기
- 아내를 존중하라
- 재정적인 일람표
- 사랑의 모범을 보여줌
- 남의 떡이 커 보인다

아내를 사랑함

경우에 따라서는 언제라도 버릴 수 있는 것이 배우자라는 생각은 우리 문화에 내재한 가장 견고한 사탄의 진이다. 그러한 사고방식에 의하여 나라들이 잠식당하고 있다. 가정은 모든 문명의 토대이다.

스투 웨버, 《영적 전사》 중에서

아들에게 줄 수 있는 최고의 선물은 아들에게 자신의 아내를 사랑하는 법을 가르쳐 주는 것이다. 남자는 여자를 제대로 사랑하는 법을 생득적으로 알지 못한다. 그러나 모범을 보고 배우면 쉽사리 습득한다. 당신의 아들이 장성하여 가정을 이룰 것 같은가? 그렇다면 아버지가 남편으로 모범을 보이는 모습을 자주 보여주어야 한다. 그것이 아들에게 베푸는 최고의 가르침이 될 것이다.

"자녀들에게 아버지가 선사하는 최대의 선물은 그 자녀들의 어머니를 사랑하는 것이다"라고 아브라함 링컨은 말했다. 당신의 아들은 아버지인 당신이 아내를 어떻게 대우하는지 보고 나중에 그 대로 따라하게 될 것이다. 당신의 딸의 경우도 마찬가지이다. 아버 지가 하는 행동거지를 보면서 앞으로 그녀의 남자친구나 남편이 어떻게 자신을 대해줄 것인지를 예상하게 된다.

켄 크랜필드의 말을 들어보자.

모든 아이들은, 남아 건 여아 건, 모두 독신으로 태어난다. 그 리고 성장하여 결혼하게 된다. 그러나 그들은, 자신들이 결혼하 기도 전에, 이미 결혼생활의 맛을 보게 되어있다. 부모님의 결혼 생활을 통해 간접경험을 하는 것이다. 부모들의 결혼생활 하는 모습은 자녀들로부터 계속 관찰 당하고 있다. 부모의 모든 언행 심사는 자녀들의 마음 속 노트에 속속들이 다 기록되고 있다. 그 리고 당신의 아들은 무의식적으로 다음과 같은 질문을 던지고 있 다. 남편이 된다는 것은 과연 무엇일까? 그리고 과연 여자라는 존재는 무엇인가? 그러한 질문에 해답을 얻기 위해, 당신의 아들 은 아버지가 여자(어머니)에 대하여 어떻게 감을 잡고 있는지 관 찰한다. 특히 아버지가 여자(어머니)를 어떻게 인간답게 존중해 주는지도 심도 있게 관찰한다. 딸도 역시 아버지의 행동거지를 관찰한다. 딸은 특히 자신의 어머니가 얼마나 공평하고 공정하 게 대우를 받는지 관찰한다. 사실 타인에게 자신의 결혼의 진면 목을 공개한다는 것은 두려운 일이다. 그러나 아들딸에게는 당 신의 결혼생활의 진실들이 미주알 고주알 전부 다 공개되고 있는 것이다.

당신의 아내는 당신에게 하나님이 주신 가장 귀한 선물이다. 그러므로 값지게 여기고 당신이 자신을 사랑하듯 그렇게 사랑하고 돌봐야한다. 당신은 사랑의 청지기이다. 베드로 사도는 권하기를, "남편 여러분, 이와 같이 여러분도 아내가 여성으로서 자기보다 약한 그릇임을 이해하고, 함께 살아야 합니다. 그리고 생명의 은혜를 함께 상속받을 사람으로 알고 존중하십시오. 그렇게 해야 여러분의 기도가 막히지 않을 것입니다."라고 했다(벧전 3:7). 이러한 신앙적인 태도는 현대인들에게는 낯선 것이기는 하지만, 결혼하여 남편이 되기 전에 당신의 아들은 위의 성경말씀을 따라서 충실하게 사는 아버지의 모습을 바라볼 기회를 제공 받아야한다.

아내의 욕구를 충족시켜주기

지금 이 단원을 저술하면서, 나는 우리 아내가 부엌에서 식사준비하며 노래부르고 있는 것을 듣고 있다. 지난 수년간 내가 관찰한 바에 의하면, 우리 아내는 뭔가 자신이 이루려는 것이 뜻대로 되기만 하면 늘 콧노래를 불러대었다. 아내가 자신의 삶에 만족하면서 노래부르는 소리를 듣는 것보다 내 마음을 더 즐겁게 하는 것은 이 세상에 없을 것이다.

당신의 아내는 당신과 친밀한 인간관계를 맺고 싶어하는 갈망으로 가득하다. 바로 그것이 그녀의 삶의 욕구 중에서 가장 큰 것이다.

월라드 할리 박사는 2,200명의 여성을 대상으로 남편에게 바라는 5가지 최대의 욕구를 설문 조사해 보았다. 5번째로 강한 욕구는 남편이 가정의 일에 충실한 것이었다. 4번째로 강한 욕구는 재정적인 지원이었으며, 3번째는 남편의 진실함과 솔직함이었다. 2번째 욕구는 남편과 대화가 원활히 이루어지는 것이었고, 제일로 강한 욕구는 애정이었다. 아내들은 남편에게 사랑 받고 있다는 느낌을 받기 원한다는 것이다. 이는 남편의 부드러운 말씨, 사랑의 편지, 가벼운 터치 등을 동반한 애정표현을 갈구한다는 뜻이다. 이러한 아내의 욕구를 채워주는 일에 헌신하는 남자는 진정 하나님의 섬기는 종이라 불리기에 합당할 것이다.

남편으로 아내를 섬기는 리더가 되려면, 우선 먼저 아내의 욕구를 감지할 줄 알아야한다. 대부분의 남편들은 아내에게 무엇이 필요한지 잘 알고 있다고 생각한다. 그러나 제대로 감을 잡고 있는지 재확인해 보는 것이 반드시 필요하다. 아내에게 최대의 욕구 5가지를 적어달라고 부탁해 보아라. 당신이 생각했던 것과 전혀 딴판이라면, 당신은 그 동안 헛다리 집고 있었을 것이다. 나의 아내인 수잔과 나는 몇 년에 한번씩 주말 여행을 떠나곤 한다. 여행을 하면서, 나는 아내에게 그녀의 욕구가 무엇인지 물어보고, 내가 그녀의 욕구를 충족시키기 위해 무엇을 해야하는지도 '구체적으로 물어본다.' 당신도 나와 같은 시도를 한번 해보기 바란다. 여성들의 욕구는 항상 일정한 것이 아니다. 삶의 여러 단계나 국면을 거치면서 욕구(필요)는 자꾸 변하게 되어있다. 내 아이들이 어렸을 적에 수잔이 나에게 바랐던 것은 잠시 쉴 시간을 마련해 주는 것이었다. 쉴

새없이 아이들을 돌보다가 남편이 잠시 아이들을 돌봐주면 정신적으로나 육체적으로 쉴 짬을 얻을 수 있기 때문이다. 그러나 이제는 아이들이 모두 장성해버린 시점이기에, 아내가 나에게 바라는 것은 그녀가 인생의 새로운 목표를 향해 돌진하도록 용기를 북돋아 주는 것이다.

아내의 욕구는 수시로 바뀔 수 있다. 그러므로 막연히 추측하지 말고, 구체적으로 물어보아 알아차리는 것이 가장 현명한 방법이다. 지금으로부터 5년 내지 10년 뒤에는 어디에서 무엇을 하고 싶은지 당신의 아내에게 직접 물어보아라. 그리고 당신의 아내의 꿈과 소망의 성취를 위해 남편이 무엇을 도울 수 있는지도 물어 보아라. 이러한 정신적 작업은 대단히 중요하다. 왜냐하면 대부분의 경우에 여성들은 현재의 자리에서 해야만 하는 일에 집중하기 때문이다. 그래서 장기간의 인생계획을 세우는 일에는 능숙하지 못한 경우가 많다. 예를 들자면, 자녀들이 모두 교육을 마친 후에 당신의 아내는 학교로 돌아가 더 공부하고 싶은 열망을 가지고 있지는 않은가? 정식 학교는 아니더라도, 수채화나 피아노 같은 것을 배우기 원하지는 않는가? 아마 전업주부로 직장생활을 하고 싶어할지도 모른다. 인생의 각 단계마다 아내가 행복해하고 만족해할 만한 것들을, 아내와 함께 찾아내어, 성취하도록 돕는 것은 남편이 할 수 있는 최대의 봉사이다.

위에서 언급한 할리 박사에 따르면, 여성들의 욕구 중에서 가장 중요한 것은 안정감의 욕구라고 한다. 안정감의 욕구는 어떻게 충족될 수 있을까? 이는 남편이 아내를 이 세상에서 가장 소중한 사람으로 인정해주고, 인격적으로 대해주며, 인간으로 존중해 줄 때에 충족된다. 안정감의 욕구를 충족시켜주다 보면 애정에 대한 욕구는 자연적으로 충족되는 것을 경험하게 될 것이다. 아내가 종종 신경과민 반응을 보이고 초조해하며 흥분하기를 잘한다면 이는 정서적으로 안정됨(security: 마음이 든든함)이 결여되었기 때문이다. 그러나 남편으로부터 애정을 많이 받은 아내는 느슨해지면서 마음이 넓어지게 되어있다.

그렇다면 당신의 아내가 남편의 사랑을 느끼게 하기 위해 당신은 무엇을 할 수 있을까? 우선 첫째는, 당신의 사랑을 말로 표현하라. "여보, 사랑해요."라는 표현은 자꾸만 들어도 좋은 말이다. 남자들은 다음과 같은 잘못된 태도를 유지하는 경우가 많다. "나는 결혼할 때에 이미 아내에게 사랑한다고 분명히 말했다. 만약에 그 후로 내 마음이 달라졌다면 내가 마음이 변했다고 말하지 않겠는가! 아직까지 내가 아무 말도 하지 않고 있는 것은 내 마음이 변하지 않았다는 증거이다." 그렇지만, 그것은 아내를 존중해 주는 태도는 아니다. 아내는 항상 자신이 사랑 받고 있다는 것을 재확인 받기 원한다. 그것은 남편의 사랑을 의심하기 때문이 아니라, 사랑 받고 있다는 감정을 느끼고 싶은 욕구가 있기 때문이다. 남자들은 주로 시각적 자극에 반응하는 반면, 여성들은 주로 청각적 자극에 반응한다는 사실을 주지하기 바란다.

그러나 우리의 행동이 말보다 더 크게 말하는 경우가 많다. 예기치 못한 선물을 선사하거나 호의를 보이는 친절을 베풂으로, 아내를 끔찍이 생각해 주고있다는 것을 이따금 행동으로 보여주어

라. 아내의 화를 돋구거나 면목없는 짓을 한 후에는, 꽃을 사들고
와서 용서를 비는 것이 바람직하다. 그러나 그것보다는 별 특정한
이유 없이 시도 때도 없이 꽃을 사들고 들어와 아내를 즐겁게 해
주는 것이 더욱 바람직하다. 나는 '그냥 아내가 너무 사랑스러워
보이기에' 불쑥 꽃을 사들고 왔다며 아내에게 꽃을 한 다발 건네주
곤 한다. 아내가 회사를 다닌다면, 그녀의 직장으로 당신의 사랑의
꽃을 배달시켜라. 그러면 아내의 직장 동료들이 "어럽쇼!"하며 부
러워하게 될 것이다. 그렇게 아내의 직장 동료들의 질투심을 유발
시키는 것도 좋은 방법이다. 그러면 당신의 아내는 아주 특별한 사
람이 된 것처럼 기분이 붕 뜨게 되어있다. 나는 자질구레한 장신구
가 달린 싸구려 축하 카드조차도 아내에게는 감동을 주는 큰 선물
이 된다는 사실을 발견하였다. 물론 나와 같은 사람이나 당신 같은
'남자' 에게는 그런 싸구려 선물은 별로 달갑지 않은 것들이다. 그
렇지만 당신이나 내가 아내를 항상 마음속에 생각하고 있다는 것
을 어떠한 방식으로든 표현하는 것은 부부생활에 큰 도움이 된다.
아내를 너무 귀여워 해주면 아내가 우쭐거리게 되거나 응석받이처
럼 버르장머리가 없어질지도 모른다고 우려하는 남편들도 있다.
그렇지만 나의 경우를 말하자면, 아내가 나의 넘치는 사랑으로 인
하여 교만해 진다해도 별로 상관하지 않는다. 왜냐하면 그만큼 내
아내는 나를 위해 희생했기 때문이다. 내 아내는 그 만한 보답을
받을 권리가 있다고 나는 생각한다. 나의 아내는 결혼 초창기에 내
가 진창에서 헤맬 때에도 나의 곁에서 지원해 주었으며, 힘들고 고
통스러울 때에도 늘 지지해 주었다. 특히 내가 그녀의 사랑과 충성

을 받을 만한 가치도 없이 행동했을 때에도 그녀는 나에게 호의를 베풀어주었다. 적어도 내 판단에는, 이제는 내 아내가 자신의 신실함에 대해 보상을 받을 만한 때가 되었다고 생각한다.

아내를 존중하는 태도로 대하고 환대하는 행동으로 처우해 주는 것은, 당신의 아내가 참으로 특별하고 소중한 존재라는 것을 보여주는 행위이다. 만약에 아내가 식사를 준비했다면, 아이들이 보는 앞에서 공개적으로 아내를 칭찬하고 감사하다고 말하라. 아내가 먼저 쇼핑을 가자고 요청하기 전에 당신이 먼저 제안해 보아라. 당신이 나와 비슷한 종류의 인간이라면, 아내에게 필요한 것을 족집게처럼 알아내어 다 알아서 사다줄 수 있다고 뻐길 것이다. 그러나 일반적으로 아내들은 물건을 구입하는 것보다 남편과 함께 다정다감하게 쇼핑하는 그 경험 자체를 좋아한다. 남자들은 일반적으로 목표 달성에 초점을 맞추지만 여성들은 과정을 더욱 즐긴다.

아내가 직장에 다니는 경우, 아내가 집에 들어오면 시청하던 텔레비전을 끄고 읽던 신문도 내려놓고, 아내에게 하루를 어떻게 지냈는지 물어보아라. 그리고 그녀가 입을 열면, 그녀가 가진 문제를 대신 해결해 주려고 까불지도 말고 말대꾸하지도 말고, 경청만 하라. 여성들은 단지 말을 하고 싶어서 말을 할뿐이다. 그리고 남편이 아내의 삶에 관심이 있다는 사실만 알면 그만이다. 아내가 시키기 전에 미리 알아서 집안의 잡일들을 해보아라. 내가 감당해내는 잡일의 양에 대해 허풍떨고 싶은 생각은 없으나, 나는 아내가 없을 때는 늘 설거지를 한다. 주기적으로, 아내에게 어떻게 도와줄 수 있는지를 문의하라.

아내는 남편으로부터 매일 칭찬의 말을 들어야한다. 남들로부터 백 마디의 칭찬을 듣는 것보다 남편으로부터 한마디의 칭찬을 듣는 것이 훨씬 감동적이다. 아내의 공헌이 가족원들의 삶에 참으로 중요하다는 사실을 끈임 없이 아내에게 상기시켜라. 일반적으로 여성이 가정에서 하는 일은 별로 티가 나지 않는 일들이기에, 외적인 성취를 중요시 여기는 우리 문화에서는 무가치한 일로 여겨지기 일수이다. 그러나 자녀의 보육자(nurturer)와 남편의 협력자(helpmate)로서 아내의 역할은, 남편이 가정의 공급자와 리더로서의 역할을 수행하는데는 필수적이다. 일단은 아내(어머니)의 마음이 편해야한다. 아내(어머니)의 기분이 좋기만 하다면 그녀는 흔쾌한 마음으로 남편을 내조하며 가장에게 협조할 것이다.

아내를 존중하라

1. 다른 이들 앞에서 아내를 높이 평가하는 칭찬을 서슴지 말라 – 특히 아내가 주변에 없을 때에는 더욱 더 열심히 칭찬하라.

2. 공공 장소에서 아내와 손을 잡고 다니고, 쇼핑을 하면서 아내 곁에 바싹 붙어 다니며, 보도에서 아내로 평탄한 길로 걸어다니게 하고, 자동차 문을 비롯한 모든 문을 아내를 위해 대신 열어줌으로 사랑을 표현하라.

3. 자녀들 앞에서 아내에 대해 자랑하며 뽐내라. 가정을 위해 늘 수고하는 어머니에 관해 자주 공개적으로 감사의 표시를 하라. 온 가족이 당신의 아내의 진가를 인정한다는 것을 아내(가정

의 어머니)로 하여금 느끼도록 하라.

　4. 아내의 직장으로 선물을 보내고, 아내의 친구들이 보는 앞
에서도 아내에게 선물공세를 펴라.

　5. 생각지도 못한 장소에 아내에게 쪽지 같은 것을 남겨서, 당
신이 늘 아내를 깊이 생각해 주고 있음을 알려주어라.

　6. 항상 존경하는 자세로 아내를 대하라. 아내의 생각과 행동
을 무조건 비판하지 말고, 어떤 말이든지 일단은 가치 있는 것으
로 받아준다는 인상을 심어주어라.

　7. 절대로 자녀들이 어머니를 무시하는 태도를 보이지 못하도
록 막아라!

　남자가 여자와 결혼하면, 남자는 여자와 계약 내지는 언약관계
로 들어간다. 결혼을 할 당시 우리는 서약을 하게 되는데, 그 서약
의 일부는 남편과 아내가 서로 상대의 인격을 존중하고, 소중히 여
기며, 따뜻이 돌보겠다는 것이다. 바로 그런 약속 때문에 두 사람
은 결혼하게 된다. 그러나 그러한 약속이 지켜지지 않으면 그 결혼
은 무의미해진다. 미국에서는 가진 재산이 별로 없어도 신용 하나
만으로 은행으로부터 거액의 자금을 대출 받는 사람이 많다. 신용
을 지키는 인격처럼 가치가 있는 것은 없다. 사회의 모든 계약은
그 계약을 지킬 것으로 믿는 신뢰를 바탕으로 이루어진다.

　당신이 아내와 맺은 결혼의 약속(계약 내지는 언약)도 마찬가지
이다. 그것을 지키는 신용이 중요하다. 그리고 신용을 지키는 능력
은 그 사람의 인품으로부터 나온다. 당신에게 진실함도 없고 신용
도 없는데도 아내가 당신을 존중해줄 것 같은가? 결혼서약을 지키

지 않는 남자는 아내와 가족 구성원들에게 무시당하게 되며 무가치한 인간으로 취급받게 된다.

아내의 필요를 채우는 또 하나의 길은 아내에게 재정적인 안정감을 주는 것이다. 일반적으로 여자들이 남자들보다 세금을 제 때에 지불하고 계획된 대로 예산을 집행하고 하면서 알뜰하게 생활비를 쪼개 쓰는 일을 잘한다. 그렇지만 남편도 어느 정도는 집안살림의 문제에 관여해야한다. 대부분의 남자들은 생활비의 지출에 관해서는 무관심하며 아내가 모두 알아서 하도록 내버려둔다. 그렇지만 가장으로서의 책임 중에 하나는 가정이 재정적으로 어떻게 돌아가는지 대충 그 내역을 아는 것이다. 그렇지 않고 모든 책임을 아내에게 떠맡기는 남편은, 재정이 원활하게 돌지 않을 때에 아내를 비난하거나 모든 책임을 아내에게만 전가시키는 경향성을 보이게 된다. 그러면 아내는 엄청난 중압감에 혼자 시달리게 된다. 매일 가사노동이나 직장 일로 심적인 중압감에 시달리는 아내에게 덧붙여서 그러한 재정적 압박까지 더하는 것은 심하다고 나는 생각한다. 남편이 밖에서 사업을 하거나 직장을 다니며 열심히 일해야 하는 것은 기정사실이다. 그러나 가정에서 신문을 읽거나 운동경기를 관람하는 것 그 이상으로 남편이 가정사에 더 깊이 관련해야만 한다는 사실도 겸허하게 받아들이자.

재정적인 관점에서 보면, 아내에게 사랑을 표현하는 방법 중에 하나는 가계채무에 대해 책임성을 보이는 것이다. 이는 현금으로 구매할 수 없는 물건의 경우에는 때로는 "안 된다!"라고 단호히 말하는 것을 포함한다. 미국에서는 빚지고 사는 삶이 전염병처럼 만연하고 있다. 그리고 불행히도 기독교인들조차 신용카드를 남용하는 유행병에 걸리고 있다. 신용카드 사용대금 납부를 제때에 하고, 채무를 제대로 이행하는 것은 결혼생활에 있어서 걱정거리와 스트레스를 감소시켜준다.

대부분의 남성들은 자신이 가정에서 공급자로서의 역할을 감당해야함을 인정한다. 그러나 실패하는 이유 중에 하나는 지나치게 돈을 벌어들이는 일에만 집착하는데 있다. 일에만 몰두하거나 떼돈을 벌려는 욕심을 부리다가 그르치게 되는 것이다. 가족의 부양자로서의 의무를 다하려면 매달 일정한 수입을 가정에 공급해야한다. 돈을 얼마를 벌든지 상관없이, 아내에게 꼬박꼬박 일정양의 생활비를 공급하여 가계의 예산집행에 차질이 없도록 해주어야한다는 것이다.

또한 불의의 사고 같은 것이 발생했을 때를 대비하여 미리 준비해 두는 것도 역시 아내에게 재정적인 안정감을 주는 방법 중에 하나이다. 동산이나 부동산이나 무엇이든지 소유가 있다면, 가능한 빨리 유언장을 작성하는 것이 바람직하다. 불행히도, 인간은 하나님의 부르심을 언제 받을지 모르는 존재이다. 나의 죽음 뒤에 발생하는 사건에 대해서 나는 모르겠다는 식의 태도는 가족들에게 무책임하고 무성의한 태도이다. 당신이 진정으로 아내와 자녀들을 돌보는 마음이 있다면, 당신의 사후의 일들도 미리 준비해 놓는 것이 좋다.

재정적인 일람표

재정적으로 아내가 마음 든든하도록 남편이 준비해야만 하는 것들은 다음과 같은 것들이다.

1. 당신은 유언장(遺言狀)을 작성했는가? 만약에 당신과 아내에게 불행한 일이 발생한다면, 당신의 자녀들은 누가 양육할 것인가? 유언장의 원본은 변호사에게 맡기고, 복사본은 은행의 보관물 창고나 금고 같은 곳에 잘 보관하라.

2. 가족의 건강보험과 심신장애 보험을 포함한 의료보험을 들고 있는가?

3. 생명보험에도 가입되어있는가? 전문가들에 따르면 생명보험의 적정 수령액수는 당신의 연간 수입의 5배 내지는 10배가되는 금액이어야 한다고 한다.

4. 모든 중요한 서류가 일목요연하게 정리되어 일정한 장소에 보관되어있는가?

유언장, 출생증명서, 자동차와 토지 소유권 증명서, 집 저당증서, 직원에게 제공되는 복지계약 문서 등이 어디에 보관되어있는지를 가족에게 미리 알게 해주어야한다. 그 이외에도 다음과 같은 지시사항을 적은 문서가 있어야한다. 신용카드를 취소하려면 어디에 전화를 걸어야하는지, 빚진 내역과 그 빚의 양은 얼마나 되는지, 만약에 금고가 있다면 금고의 열쇠는 어디에 보관되어있는지, 변호사나 회계사는 누구인지 등이다.

5. 충분한 저축이 이루어지고 있는가? 은퇴연금 등을 통한 노

후대책을 마련하고 있는가? 긴급 비상사태를 대비한 예비자금이
준비되어있는가? 자녀들의 대학 학자금을 위한 저축이 이루어지
고 있는가?

사랑의 모범을 보여줌

CCC(대학생 선교회)의 설립자인 빌 브라이트는 이런 말을 한
적이 있다. "10대와 20대에 여자의 얼굴이 예쁘장하다면 그것은
하나님이 그렇게 만드셨기 때문이다. 그러나 결혼 후에 세월이 흐
르고, 50세, 60세, 70세가 되어서도 역시 아리따움을 유지하고 있
다면 그것은 남편이 잘 대해주었기 때문이다. 그러므로 남편들은
아내의 얼굴을 유심히 관찰해 볼 필요가 있다. 어떤 이유건간에,
아내의 얼굴이 초췌하거나 침울하거나, 얼굴에 낙담의 빛이 떠오
르거나 수심이 가득하다면, 도대체 누가 그녀의 얼굴을 그렇게 만
들었는지 한번 곰곰이 생각해 보아야한다."

매일같이 아내에게 사랑한다고 말해 보아라. 그리고 그녀의 장
점을 칭찬하면서 함께 하는 시간을 가져보아라. 아내가 당신과 가
정을 위해 일하는 것에 대해 '대단히 감사하다'고 말하라. 아내가
혹 실망시키는 말이나 행동을 한다해도 때때마다 아내를 꼬집지
말라. 어떻게든 하나님께서 당신에게 주신 능력을 사용하여, 아내
를 고무시켜 더 나은 사람이 되도록 도와주어라. 그렇게 하는 것은
최고의 수익을 올리는 인생 최대의 투자가 될 것이다. 아내와의 관

계는 마치 자라나는 믿음과도 같다. 작은 겨자씨라도 자꾸 심으면 결국 많은 수확을 얻듯이, 당신이 아내에게 심는 작은 정성과 신뢰는 하나님의 축복으로 자라나 결국 백 배의 열매를 맺게 될 것이다. 다른 말로 하자면, 남편이 적은 사랑의 씨앗이라도 심으면 아내는 100배로 그 사랑을 갚게 되어있다는 말이다.

그뿐만 아니라, 아내는 아버지 노릇하기에 필요한 자원 중에서 가장 중요한 부분이라는 것을 명심하기 바란다. 아내는 자녀들이 보는 앞에서 남편의 위상을 치켜 세워주고 남편의 덕성을 키워줌으로, 가족원들로부터 남편이 존경을 받게 하는데 일익을 담당한다. 이러한 일은 남편 혼자서는 도저히 이룩할 수 없는 일이다. 아내가 남편을 존중하는 모습을 보여주고 남편의 리더십을 적극적으로 인정할 때에, 남편은 비로소 자녀들 앞에서 권위를 내세울 수 있다. 그러나 아내가 남편을 경멸하면, 아이들도 덩달아 아버지를 업신여기게 되어있다. 아내는 남편보다 일반적으로 더 민감하기에, 아이들이 성장발달 과정에서 겪는 정서적인 변화를 민감하게 알아차리는 경향이 있다. 아내가 그런 정보를 남편에게 제공해 주면 아버지 노릇하기가 훨씬 수월해 진다. 마지막으로, 아내는 남편이 아버지 노릇을 제대로 하고 있는지를 측정하는 탁월한 척도(지표)를 제공해 준다.

당신의 결혼은 당신의 전유물이 아니라 하나님께 속한 것임을 인정하라. "나는 이혼하는 것을 미워한다. 주 이스라엘의 하나님이 말한다. 아내를 학대하는 것도 나는 미워한다. 나 만군의 주가 말한다. 그러므로 너희는 명심하여, 아내를 배신하지 말아라"(말

2:16). 하나님, 아내, 그리고 당신 자신과 엄한 약속을 하라. 그리고 스스로도 결심해야한다. 결혼 생활이 아무리 험난하더라도 이혼은 절대로 고려할만한 복안이 아니라는 것을! 인생이 어떻게 돌아가건 한가지 분명한 사실은, 하나님께서 현재 있는 당신의 아내를 당신의 아이들의 어머니로 그리고 당신의 평생 배우자로 선택하셔서 당신에게 선사해 주셨다는 것이다. 그러므로 무슨 일이 일어나도 아내와 가족을 절대로 버리지 않겠노라고 가족들에게 맹약(盟約)하는 말을 하라. 가족원들은 가장의 입술에서 나오는 그러한 서약(誓約)을 듣기 원한다.

데니스 레이니는 11살 먹은 소년이 자신의 가정을 묘사하는 것을 본 적이 있다고 한다. "우리 엄마는 항상 쿠키를 손수 만들어 병 같은 단지 안에 넣어둔답니다. 우리는 먹고 싶으면 언제든지 쿠키를 꺼내 먹을 수 있어요. 물론 식사시간이 다가오면 못 먹게 되어 있지만요. 그러나 아빠는 언제라도 꺼내 먹을 수 있답니다. 회사에서 돌아오시면 아빠는 늘 과자 통에서 쿠키를 꺼내서 드십니다. 그리고 엄마의 등을 살짝 두들기며, 엄마가 얼마나 멋진 여자이고 얼마나 요리를 잘하는지 칭찬합니다. 그러면 엄마는 등을 돌려 아빠를 껴안아요. 그런 거 보면 우리 아빠와 엄마는 신혼부부거나 아니면 연인들 같아요."

그리고 그 아이는 다음과 같은 결론을 내렸다고 한다. "그런 엄마와 아빠의 모습을 보면 난 항상 기분이 좋아요. 그래서 나는 우리 가정에서 사는 것이 참 즐겁습니다."

내 아이들이 어렸을 적에, 내가 아내와 부부싸움을 시작하면 아이들은 무서운 나머지 어디론가 사라져 숨어버렸던 것을 기억한다. 내 아이들의 가장 큰 두려움은, 그들의 대다수 학급 동료들의 경우처럼, 내 가정도 이혼이라는 것에 의해 파탄이 날 가능성이었다. 그러나 반대로, 나와 아내가 서로 껴안고 뽀뽀하는 것을 보면 집의 강아지까지 달려와 우리 부부에게 비벼대며 친밀감을 표현했던 것을 기억한다. 부부의 사랑이 진동하면 그 여파가 집안 전체에 퍼지고 그 영향이 아이들로부터 강아지에게까지 미치는 것이다. 지금 우리 집의 아이들은 모두 청소년기에 있다. 그래도 우리 부부는 그들이 보는 앞에서 버젓이 키스를 하고 춤을 춘다. 그렇게 함으로 그들에게 사랑의 충격을 주는 것을 지금도 즐기고 있다. 그러면 그들은 징그럽다고 말하면서도 실상은 그 자리를 떠나지 않는다.

아이들은 부모가 그들을 사랑해 주는 것보다 부부가 서로 사랑하고 있는 것에 더 관심이 많다. 왜냐하면 어린아이들도 그것이 더 근원적이라는 것을 알기 때문이다. 부부가 사랑하는 모습을 보면 아이들은 앞으로 큰 부담을 갖게되는 사건이 발생하지 않을 것이라는 마음의 안정감을 가지게 되어있다. 그리고 그렇게 안정된 가정에서는 아이들이 부부사랑의 한가운데로 들어갈 가능성을 엿본다.

어쨌든, 당신은 아내와 자녀들을 위해 죽을 각오가 된 남자인가? 나의 경우는 그렇다고 자신 있게 말할 수 있다. 그리고 대부분의 남자들도 역시 가정을 위해서라면 희생적인 삶을 살 각오가 되어있다고 나는 생각한다. 그러나 당신은 가장으로서 아내와 자녀들에게 가정을 위해서라면 죽을 각오가 되어있다는 말을 한 적이 있는가? 그러한 발언은 대단히 강력한 발언이다. 자기를 위해 죽을 각오가 되어있는 소리를 듣고도 감동 받지 않을 사람이 어디에 있겠는가! 그러므로 당신의 가족원들에게 그러한 진실을 반드시 고백하기 바란다. 그들은 그런 중요한 사실을 알 필요와 권리가 있는 자들이다.

남의 떡이 커 보인다

불행히도, 나 역시도 다른 모든 남자들과 마찬가지로 내 아내를 다른 아내 내지는 다른 여자들과 비교하는 실수를 범한 사람이다. 이러한 행위는 '남의 것(이웃집 아내)을 탐하지 말라' 는 십계명을 범하는 행위다. 그뿐만 아니라 자만, 시샘, 정욕이라는 죄를 범하는 행위이기도 하다. 당신의 아들도 역시 이러한 죄악을 범할 가능성이 있다. 그러므로 미리부터 예방해두는 것이 좋다.

나의 상황을 좀더 상세히 설명하기 원한다. 나에게는, 내가 너무나도 좋아하기에, 이 세상의 어떤 것과도 바꿀 수 없는 아리따운 아내가 있다. 진실을 말하자면 그녀는 나에게 과분한 여자다. 나는 참으로 운이 좋은 남자임에 틀림없다. 그러나 나의 죄 된 성품과 '남의 떡이 더 커 보인다' 는 심리는 종종 나로 하여금 엉뚱한 생각을 하게 만든다. 예를 들자면, 대단히 매혹적인 여자가 평범한 남편과 교회에 출석하는 것을 보면, "아니 저 남자는 어떻게 저렇게 예쁜 여자와 결혼하게 되었지? 내가 저 남자보다 못한 게 뭔데?" 라는 생각이 든다는 것이다. 그러한 생각은 내가 정신을 차리고 통제하지 않으면 나에게 매우 불쾌한 느낌을 남긴다.

나는 그런 썩어빠진 사고방식을 뜯어고치려고 다음과 같이 내 머리를 단련시켜왔다. "우리 아내는 참 예쁘다. 내 아내는 하나님이 나에게 주신 최고의 선물이다. 아내 없는 내 인생은 처참하다. 다른 여자들도 예쁘기는 하지만 그녀들의 성격은 어떨지 난 모르겠다. 아마도 내가 견뎌 내기 어려운 성격의 소유자들일 수도 있다. 그뿐만 아니라, 그녀들이 내 성격의 결함을 보면 어떻게 반응할 것인가? 과연 내 성격을 참아낼 수 있을지?"

당신의 아내와 다른 여자들을 비교함으로 얻을 수 있는 것은 아무 것도 없다. 그건 아무 소득도 없는 짓이다. 아니 손해를 볼뿐이다. 비교하기는 쉬우나, 이는 매우 위험천만하고 파괴적인 습관이다. 당신의 아내와 타인을 자꾸 비교하다보면 괜히 부부사이만 벌어진다. 그러므로 아내의 장점에 집중하는 습관을 들여보아라. 아내를 존중하는 태도로 자주 아내를 격려하라. 당신의 아들은 항시 당신을 주시하고있으며, 아버지로부터 아내를 사랑하는 법을 배우고 있다. 다른 말로 하자면, 당신의 아들은 당신의 모범을 보면서 무심결에 아내사랑을 배우고 있다는 말이다.

아내의 가치에 대한 올바른 관점을 유지하는데 도움이 되는 비결을 하나 소개하고자 한다. 매일 잠자리에 들 때 나는 읽던 책을 내려놓고 전등을 끄고 아내를 껴안고는 잠들기 바로 직전에 이렇게 나지막한 목소리로 하나님께 기도를 드린다. "하늘에 계신 아버지, 저에게 돌볼 수 있는 이렇게 귀한 아내와 자식들을 주심을 감사드립니다. 주님 저에게 능력을 부어주셔서 훌륭한 남자, 아버지,

남편이 되게 하여 주옵소서. 주여, 나에게 좋은 성품과 지혜를 허락하셔서 이 가정의 경건한 리더가 되게 하여 주옵소서." 내가 잠들기 바로 직전 마지막으로 생각하는 것은, 내 아내의 가치와 나의 가정의 리더로서의 책임감이다.

당신의 아들은 여자를 제대로 사랑하는 법을 반드시 배워야한다. 명심하기 바란다. 당신이 아내에게 베푸는 인간존중, 배려, 격려, 애정표현, 경의는 당신의 아들이 자신의 아내를 어떻게 취급할지에 대한 결정적인 단서를 제공한다는 사실을 말이다. 당신은 당신 아들의 주된 실례(實例)이다. 주님이 교회를 사랑하신 것 같은 그러한 사랑으로 당신이 아내를 사랑하고 있다면, 당신은 자녀를 성공적으로 가르치고 있는 사람이라고 볼 수 있다.

1 현재 당신은 어떤 방식으로 아내에게 영예와 존중을 표시하고 있는가? 당신의 아내에게 더 많은 영예와 존중을 선사할 새로운 방안들을 종이에 기록해 보아라.

2 당신의 아내에게 가장 큰 욕구(내지는 필요) 5가지를 적어달라고 요청해 보아라. 그러한 결과를 가지고 그룹에서 다른 남성들과 함께 의견을 나누어 보아라.

3 아내를 잘 대우해 주는 남편의 역할에 관해 당신이 아들에게 보여주고 싶은 것이 있는가? 당신의 아들에게, 당신의 가정이 튼튼해 보이는지 부모의 결혼생활이 행복하게 보이는지에 관해 물어보아라. 가정과 부모에 대한 그의 느낌이 왜 중요한지에 관한 주제로 아들과 대화를 나누어보아라.

제9장

존중

- 자아존중
- 아들에게 자존감 심어주기
- 경멸
- 여성을 존중함
- 권위를 존중함
- 울타리

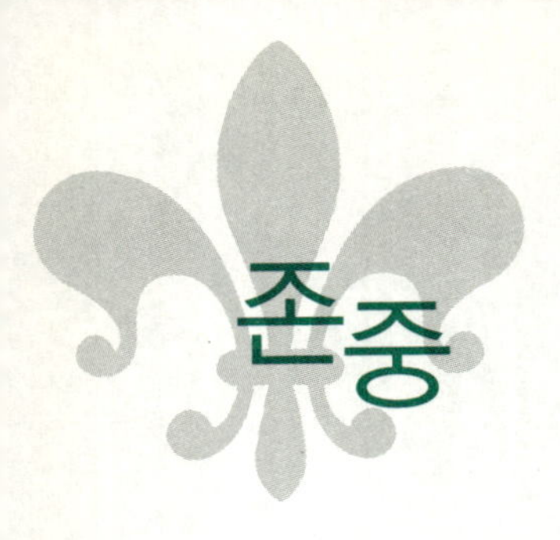

존중

> 누구든지 남에게 무시를 당할 때는 참으로 통탄함을 느낀다.
> 그런데 아이러니컬하게도 인간은 자기 자신을 존중하지 않는다.
>
> *마크 트웨인, 〈〈적도를 따라서〉〉 중에서*

"이 소설의 주인공을 보면 당신 생각이 나네요"라고 아내가 던진 그 말은 아직도 내 귓가에 쟁쟁하다. 아니 그 말은 내 심장과 머릿속에 아주 깊숙이 박혀있다. 아내와 나는 함께 소설을 읽곤 하는데, 한번은 수많은 역경을 극복해내는 모험을 담은 소설을 함께 읽은 적이 있다. 그런데, 그녀는 소설 읽기를 마치자마자 토를 달기를, 그 소설의 주인공의 삶이 마치 나의 삶을 반영하는 것 같다고 했다. 그 소릴 듣고 나는 너무나도 기뻐 어찌할 바를 몰랐다. 내가 소설의 주인공, 즉 영웅이라니! 우리 아내가 나를 그렇게까지 높이 평가하며 존중해주다니! 참으로 감탄했다. 물론 그녀의 논평을 내가 너무 과장되게 해석한 점도 없지 않았겠으나, 하여간 나는 기분

 | 훌륭한 아버지가 키워내는 잘되는 자녀

이 좋았다. 그 소설의 주인공은 진짜 남자 중에 남자라고 나는 생각했다. 그는 실력이 있고, 강인하며, 끈질기고, 어떠한 난국도 인내로 견뎌냄으로 모든 문제를 해결해 내는 그런 사람이었다.

지난 23년간의 결혼생활을 돌이켜보면서, 나에게는 아내인 수잔이 한 말 중에 지금까지 생생하게 기억되는 말이 2가지가 있다는 것을 발견하게 된다. 그 중에 하나는 이 단원의 시초에 언급한 그 말이고, 둘째는 3년 전에 그녀가 내게 한 다른 말이다. 어느 부활주일 예배에 우리 전 가족은 교회의 온 성도 앞에서 간증하도록 부탁을 받은 적이 있다. 우리 교회에서 행해진 그 간증집회를 마친 후에, 아내는 즉석에서 "여보 당신이 너무 자랑스러워요. 교회의 모든 여성들이 부러운 눈으로 나를 쳐다보는 것 같았어요."라고 했다. 그 한마디가 나에게는 엄청난 위로가 되었다. 그 한마디 말의 위력은 진정 대단한 것이었다. 나는 그녀의 말투에서 그녀가 흥분하고 있다는 것을 감지할 수 있었다. 나는 너무나도 감동한 나머지 아내를 위해서라면 킹콩처럼 엠파이어스테이트 빌딩이라도 기어올라갈 것만 같았다. 물론 아내는 그 당시 나에게 아무 것도 요구하지 않았지만, 무엇이라도 요구했다면 목숨까지 바쳐 그것을 이루어냈을 것이다. 내 아내가 나를 자랑스럽게 여기고, 나를 존경한다는 사실보다 나를 더 용감무쌍하게 만드는 일은 이 세상에 아마 없을 것이다.

사랑보다 남자에게 더욱 필요한 것은 아마도 존경일 것이다. 아버지로서 나는 가족들의 사랑을 받기 원한다. 그러나 무엇보다 나는 아내와 자식들에게 존경받는 아버지가 되고 싶다.

"존경받고 싶으면, 존경받을 만한 짓을 해라"라는 말이 있기는 하다. 그러나 존경을 받든지 존경을 하든지 간에, 그 출발점은 아마도 자기존중이 될 것이다. 그렇지만 자기존중(self-respect: 자아존중, 자존심)은 자기 혼자서 획득할 수 있는 것이 아니라, 남이 그렇게 인정해 주고 존중해 주어야 얻을 수 있는 것이기도 하다. 특히 존경하는 인물이 인정해 주면 자존심이 많이 살아나게 되어 있다. 사실, '내가 남을 먼저 존중해주어야 하나' 아니면 '남이 나를 먼저 존중해주어야 하나' 하는 질문은 마치 닭이 먼저냐 알이 먼저냐 하는 질문과 대동 소의 한 질문이다. 그러나 계속 질문만 던지면서 실천에 옮기지 않으면, 마치 개가 자기 꼬리를 물려고 빙글빙글 돌다가 지쳐 쓰러져버리는 꼴같이 되어버리고 만다.

다른 사람을 존경한다고 해서 늘 그들을 무서워하고 굴종해야 한다는 것은 아니다. 타인을 존중하는 것은 단지 당신이 타인에게 그렇게 대우받으면 참 좋겠다고 생각하는 바를 타인에게 그대로 해주는 것뿐이다. 하나님의 형상을 이어받은 피조물로서 모든 사람에게는 최대의 존중과 존경을 받을 권리가 있다.

내가 믿기로는, 타인의 인격을 존중하는 사람은 자신의 인격도 존중받게 되어있다. 물론 사람들은 종종 염치없이 행동함으로 존경받지 못하는 것도 사실이다. 그럼에도 불구하고 모든 사람은 인간으로서 존중받기 원하며 또한 존중되어져야만 한다. 그러므로 존중받기에 합당치 못한 인간까지도 존중해 주는 것이 바람직하다. 그래야만 그 사람도 감동을 받고, 존중받을 만한 사람으로 변화될 수 있기 때문이다. 특히 당신보다 낮은 위치에 있는 사람을 존경으로 대하면 그들 안에 강한 자존감을 심어줄 수 있다.

자아존중

예수 그리스도를 구세주로 영접하기 바로 직전에 나는 아침에 면도할 때에 거울에 비친 내 모습을 똑바로 쳐다볼 수 없을 정도로 망가져 있었다. 나는 내가 되어져 가는 꼴이 보기 싫었다. 그렇다고 해서 내가 추남이라는 말은 아니다. 세상적으로 보면 나는 소위 '세상에서 출세한' 준수한 남자였다. 그렇지만 나는 내 비참한 인생을 경멸하며 살았다. 인생에 대해 희망을 가지는 것도 포기한 상태였다. 많이 성취하면 할수록, 인생이 덜 만족하게 느껴졌기 때문이다. 나는 친구도 없었다. 나는 모든 이들을 전부 나의 경쟁상대, 즉 적으로 여겼다. 나는 수단과 방법을 가리지 않고 어떻게 해서든지 이기려고 했다. 나는 '내 자신이' 내 인생의 주인이기에, 내가 운명을 개척하려면 더 똑똑해지고 더 열심히 일해서 인생의 목표에 도달해야한다고 생각했다. 그 당시 나는 많은 카운슬링을 받았으나, 그래도 낮은 자존감을 가지고 있었다. 나는 선량한 사람이기는 했으나, 내가 세운 기준에 아직도 도달하지 못한 내 자신을 도저히 용서할 수 없는 그런 종류의 인간이었다.

그러나 내가 나 자신을 그리스도에게 맡겼을 때에, 하나님은 나의 죄와 허물을 용서해 주셨다. 내가 내 자신을 용납하지 못하고 내 자신을 존중해주지 못할 때에라도, 하나님은 나를 용납해 주신다는 사실을 알고 나는 변화되기 시작했다. 내 자신을 용납하게 되니 아내와 자식들도 내 마음에 받아들일 수 있게 되었다. 그들을 진정으로 사랑하기 시작한 것이다! 내 자존감(self-respect: 자존심, 자아존중)이 회복되니, 비로소 아내와 자식들의 인격도 존중해 줄 수 있게 되었다. 이제 우리 가족들은 그들이 마땅히 누려야 할 것을 누리고 있다. 아버지와 남편으로부터 사랑과 돌봄을 받는 일 말이다. 남자가 자신의 일에만 몰두하고 자기의 유익 챙기기에만 발빠르면, 가족들은 버림당하고 하나님이 가족에게 허락하신 잠재력은 매장 당한다.

당신의 아들은 자기 자신을 존중하는 법을 배울 필요가 있다. 그 방법 중에 하나는 아버지가 아들을 존중해 주는 것을 보면서 배우는 것이다. 그러나 아버지가 자신에 대한 건전한 자아존중을 형성시키지 못한 사람이라면 아들에게 그러한 자아존중을 나누어 줄 수 없을 것이다.

그렇다면 남성은 어떻게 자신을 존중하는 법을 습득할 수 있을까? 특히 다른 이들로부터 많은 비난을 받으며 자라난 경우는 어떻게 해야하나? 과거에 막심한 실수를 저지른 인생은 어떻게 자존심을 회복할 수 있을까? 나의 경우를 보면, 하나님의 용서하심과 그분의 은혜가 가장 큰 몫을 차지한 것 같다. 나에 대한 하나님의 무한한 사랑을 받아들였을 때에, 나를 짓누르던 무거운 멍에가 내 어깨로부터 들려져버리는 걸 느꼈다. 그뿐만 아니라, 나를 있는 그대로 받아주고, 인정해주며, 격려해주는 몇 몇 친구들과의 사귐도 큰 도움이 되었다. 서로 돌봐주는 이들과의 깊은 사귐으로부터 내가 발견한 진실은 '자존심의 상함'으로 인하여 고통을 받는 이들이 생각보다 많다는 사실이다. 내가 혼자만의 세계 속에 갇혀 살다가 용기를 내어 다른 이들과 삶을 솔직히 나누기 시작할 때에 하나님은 나를 축복해 주셨다. 그로 인하여 하나님을 경외하며 그리스도 안에서 성숙해 지는 길로 진일보하게 되었다. 결국 나는 나 자신과 타인을 존중하는 삶의 방식을 획득하게 된 것이다. 하나님께서 나를 사랑하신 그 방법 그대로 나도 내 자신을 사랑하게 해달라고 간절히 기도한 것도 역시 큰 도움이 되었다. 마지막으로 하나님의 말씀과 경건 서적을 읽었던 것이, 남편과 아버지로서의 당면 과제에 관한 많은 지식의 습득에 덧붙여, 자신감을 갖게 해주었다. 그 결과 나에게는 담대함과 더불어 당면문제들을 처리하는 능력이 계발되었다. 배양된 능력으로 이러 저러한 문제들과 씨름하며 이곳 저곳에서 성공을 거두다보니 자신감에 가속도가 붙고 결국 자존감의 씨가 자라나게 되었던 것이다.

물론 이런 일들은 하루아침에 성취된 것이 아니고 아주 천천히 그리고 단계적으로 일어난 일들이다. 결국 나는 내가 나 자신을 존중해 줄 뿐만 아니라 심지어 나 자신을 좋아하는 단계까지 오르게 되었다.

아들에게 자존감 심어주기

자아존중은 주로 자신이 존경하는 사람으로부터 존중을 받으면서 발달하기 때문에, 아들의 자존심 발달에 아버지가 끼치는 영향이란 지대한 것이다. 아들은 아버지를 이 세상의 그 누구보다 존경하게 되어있다. 그러므로 아버지가 아들을 존중하는 자세로 대해

주면 아들에게는 당연히 뿌리 깊은 자존감이 심어지게 되어있다.

누군가에게 존경을 나타내 보이는 것은 그들을 높이 평가한다는 것을 뜻한다. 베드로 사도는 말하기를, "모든 사람을 존경하며, 신도를 사랑하며, 하나님을 두려워하며, 왕을 존경하십시오"(벧전 2:17).라고 했다. 왜냐하면 모든 사람은 하나님의 형상을 지닌 존재들이기 때문이다. 그리고 당신의 아들도 예외가 아니다.

아들이 자신에 대하여 기분 좋아하는지 수시로 확인하라. 그리고 아버지가 아들을 좋아한다는 사실을 아들이 아는지 수시로 확인하라. 또한 아버지가 아들을 가진 것을 자랑스럽게 여긴다는 것을 아들이 아는지 수시로 확인하라. 이 세상에서 어떠한 역경을 당하던 상관없이, 당신의 아들은 아버지가 아들을 가치 있는 인간으로 받아준다는 확신을 가질 필요가 있다. 이 세상이 아무리 험난하다 할지라도, 가정은 안전한 천국이라는 사실을 당신의 아들로 경험하게 하는 것은 대단히 중요하다. 나이든 남자는 젊은 남자에게, 아버지는 아들에게, 이러한 종류의 축복을 선사할 능력이 있다.

행위나 성품에 있어서 아들이 높은 수준을 견지할 수 있도록 인도하자. "존슨씨네 가족은 그렇게는 행동하지 않는다."라는 표어로 나는 내 자녀들을 훈육시켜왔다. 아버지가 제시하는 높은 도덕수준에 걸맞은 행동을 아들이 했을 때에 아버지가 그 아들을 자랑스럽게 생각한다는 것을 표시해주면, 그 아들은 아버지의 기대를 저버리지 않고 흔쾌한 마음으로 가훈을 따라 살게 될 것이다. 일단 아들이 높은 도덕의식을 가지고 살면, 그는 자연히 자신을 존중하는 사람이 될 것이다.

경멸

　남자들은 무엇보다 존중받음을 중요시한다. 그렇다면 당신의 아들도 마찬가지 일 것이다. 그는 지금도 존중받는 사람이 되기 위해 훈련받고 있는 중이다. 그러므로 아버지로서 아들의 사생활, 감정, 그리고 개인적인 기호를 존중해 주는 것은 중요하다. 물론 아들의 복지가 최우선이 되어야하겠다. 다른 말로 하자면, 아무리 아들이 선호하는 것이라 해도 그에게 유해한 것은 불허해야한다는 말이다.

　만일 당신이 타인을 비하하는 발언을 아들이 듣는다면 그는 무엇을 느낄 것 같은가? 아들이 당신으로부터 늘 윽박지름을 당한다면, 당신의 아들은 당신에 대해 무엇을 느끼리라 상상하는가? 경멸 (disrespect: 실례, 버릇없음, 무례함, 불명예)은 타인의 의견을 무시하고, 타인의 자유로운 선택권이나 결정권을 박탈한 채, 타인을 자기 마음대로 조종하려고 덤벼드는 태도를 말한다. 이는 남의 말을 경시하고, 무조건 윽박지르고, 소리를 지르며 상대의 입을 막아버리고, 실수를 절대로 용납하지 않을 뿐만 아니라, 타인의 실수에 대해서는 과민반응을 보이고, 동료들 앞에서 무안하게 핀잔을 주고, 개인의 사생활을 보장해 주지도 않는 것들을 포함한다.

　영화 "위대한 산티니"에서 주연인 로버트 듀발은 멸사봉공의 해병대 전투기 조종사인 중령 불 미첨의 역을 맡았다. 영화 중에 내 마음을 혼란케 하는 장면이 하나 생각나는데, 미첨의 아들이 농구경기에서 아버지 미첨을 이기고 난 후에, 미첨이 아들에게 면박을 주며 아들의 뒤통수를 농구공으로 때리는 장면이다. 아들을 무시하는 아버지의 태도 중에서는 아마도 으뜸인 장면일 것이다. 영화 전체를 통해 아버지로서 아들을 무시하는 태도에 관해 단 한번도 사과하거나 미안해하는 장면 같은 건 나오질 않는다.

잘못했을 적에 사과하고 용서를 구하는 태도를 보이는 것은 참으로 중요하다. 자신이 실수했을 때에 그것을 겸허하게 인정하는 것보다 상대를 더 존중하는 게 있겠는가! 거기에다가 용서까지 빈다면 정말 얼마나 감동적일까? 아버지가 그렇게 산다면 이는 진정 긍정적인 리더십의 본을 보이는 행위가 될 것이다.

당신의 아들은 이제 나이가 들면 들수록 더 많은 책임을 감당해야할 것이다. 책임을 많이 지는 사람은 더 많은 존경을 받기에 마땅하다. 당신의 아들이 진짜 남자처럼 행동하고 많은 책임을 감당하게 된다면, 그는 마땅히 그에 걸맞은 존경을 받을 것이다.

내 아들은 지금 낮에는 대학에서 공부하고 밤에는 직장에서 일을 하고 있다. 어제는 직장에서 일을 끝내고 거의 밤 12시가 되어서 집에 들어왔다. 그런데 내 아내는 프랭크에게 지금까지 늘 해오던 대로 설거지를 하라고 시켰다. 그랬더니 프랭크는 이렇게 대답했다. "엄마, 오늘은 10시간이나 일했어요. 그런데 설거지까지요?" 나는 프랭크의 말에도 일리가 있다고 생각했다. 그래서 아내와 상의한 후에 설거지는 내일 아침에 해도 좋다는 허락을 해주었다. 그런데 아침에 일어나 보니 이미 설거지가 끝나 있었다. 우리들이 잠든 새에 한 모양이다. 이제 프랭크는 더 이상 소년이 아님으로 그가 마땅히 받을 존경을 해주어야하겠다고 생각했다.

여성을 존중함

　　어느 저녁에 나는 딸과 근처 레스토랑에 저녁식사를 하러 갔다. 내 딸 켈시는 이제 과년한 요조숙녀가 되었다. 그런데 식당으로 들어서자마자 건너편 방에서 우리를 쳐다보는 3명의 남자들을 목격했다. 그들은 명백하게 할아버지, 아버지, 아들의 3대임에 틀림없었다. 그들 셋은 나란히 앉아서 우리 딸을 쳐다보며 입을 반쯤 헤–벌리고, 침을 질질 흘리며, 뚫어져라 바라보고 있었다. 그들의 시선은 우리 딸이 움직이는 방향을 따라 충실하게 움직였다. 내 성질 같아서는 그냥 달려가 손바닥으로 뺨을 찰싹찰싹 때려주고 싶었으나 일단 마음을 가라앉히면서 꾹 참았다. 그러다 속으로, “아! 가계에 흐르는 저주라는 게 바로 이런 거구나!”하는 생각이 들었다. 할아버지부터 여자를 한 인격으로 존중하지 않으니 그 전통이 가문을 타고 대물림되지 않겠나 하는 생각이 들었다는 말이다. 그래서 곰곰이 생각한 후에 나는 오직 할아버지의 뺨만 때리기로 작정했다. (진짜로 때린 것은 아니고, 논리적으로 보면 그것이 합당하다고 생각했을 뿐임, 옮긴이)

　　소년들은 모든 연령층의 여성들을 존중하도록 교육되어야한다. 남자는 여자들을 위해 문을 열어주고 무거운 물건을 들어주어야 한다. 이는 여자가 연약하기 때문에 그런 것이 아니다. 여자들은 존중되어야하며 또 사랑을 받을 만한 가치가 있는 존재들이기 때문이다.

　　아마도 이 시대에 우리는 기사도정신을 되살려야할지도 모르겠다. 기사도적 정신(chivalry)은 중세시대의 서부유럽에서 기사들이 따르던 행위의 규범이다. 기사도는 기사의 신분에 걸맞은 자질들, 즉 용기, 정의, 충정, 고결, 신의, 예의, 명예, 여성에 대한 정중한 공대(gallantry)를 구체화한 것이다.

아들로 엄마와 누이/여동생들에게 열린 마음을 가지도록 교육시켜라. 예의바름, 공손한 언동, 정중함, 남을 존중하는 태도 등은 현재의 집안을 평안하게 만들뿐만 아니라, 자녀들이 출가하여 자기들의 가정을 꾸미고 살아가는데도 많은 도움을 줄 것이다, 그런 인격의 자질들이 몸에 배어 습관화되면 사회 생활을 함에 있어서도 참으로 큰 정신적 자산이 될 것이다.

나의 딸은 수업시간에 큰 소리로 여자를 비하하는 언동을 보이며 우쭐해 하는 남학생들의 이야기를 들려준 적이 있다. 우리 사회에서 언제부터 이성(異性)을 무시하는 풍조가 생겼는지 잘 모르지만, 하여간 가관이다. 내가 낡은 사고방식을 가진 사람이라서 그런지는 몰라도 내 마음에는 탐탁지 않다. 어느 모로 보아도 고상치 않아 보이기 때문이다. 만일 내가 여자를 희롱하는 소년의 아버지라면 내 마음이 편할 리가 만무할 것이다. 그러므로 아들에게 여성을 대하는 바른 매너를 가르치자. 현대 문화가 버릇없고 막돼먹은 거친 행동을 용납한다 해도, 고결한 삶을 지향하는 기독교인들에게는 어울리는 것이 못된다.

여성을 대하는 예의바른 태도에 관해 성경은 다음과 같이 말씀하신다. "남편 여러분, 이와 같이 여러분도 아내가 여성으로서 자기보다 약한 그릇임을 이해하고, 함께 살아야 합니다. 그리고 생명의 은혜를 함께 상속받을 사람으로 알고 존중하십시오. 그렇게 해야 여러분의 기도가 막히지 않을 것입니다"(벧전 3:7). 하나님과의 관계가 아내를 대우해주는 방식에 따라 좌우된다는 베드로 사도의 지적은 참으로 흥미롭다.

그리스도가 교회를 사랑하여 자신의 목숨을 주기까지 사랑한 바로 그 사랑으로 남편은 아내를 사랑하라고 성경은 말씀하신다(엡 5:25 참조). 그렇다면 그 정도의 사랑으로부터 우러나오는 존경심이 아내에게 전달되어야할 것이다. 아내와의 관계에 있어서 그러한 심성으로 접근하는 남편들은 자연적으로 아내로부터 존경을 돌려 받게 되어있다. 이러한 지혜의 말씀들은 우리 아들들에게, 그들이 아버지와 남편이 되기 이전에, 철저히 주입시켜야만 하는 내용들이다.

마지막으로, 자기의 만족을 위한 도구로 여자를 사용하는 것은 절대로 여성을 존중하는 태도가 아니라는 사실도 아들에게 주지시킬 필요가 있다. 남성우월주의적 사고방식으로 여성을 무시하는 언동도 역시 여성을 존중하는 태도와는 거리가 멀다. 동등한 자질과 권리를 가진 인생의 동료(파트너)로 여성을 대하는 것이 하나님이 여성에게 부여하신 내재적 가치를 인정하는 첩경이라고 나는 믿는다.

권위를 존중함

오늘날 미국에서는 아이들이 권위를 존중하는 교육을 받지 못

하고 자라나고 있다. 한마디로 안하무인격으로 막돼 먹었다는 뜻
이다. 그러나 진정 훌륭한 인도자가 되려면 훌륭한 추종자가 되는
법부터 배워야한다. 권위를 가진 사람을 존경하도록 아들을 잘 교
육시키면, 자기의 위치를 지키면서 자제하는 수양을 쌓는 자가 될
것이다.

그러나 권위를 무시하는 것이 유행처럼 번지고 있는 것이 현실
이다. 과거 어느 때보다 극성을 부리며 반항심리가 파다하게 성행
하고 있다. 글쎄, 이것이 현대만의 특징일까? 성경의 잠언을 읽어
보자.

아버지를 저주하며 어머니를 축복하지 않는 무리가 있다. 더
러운 것을 씻지도 않고 깨끗한 체하는 무리가 있다. 눈이 심히 높
아서, 눈꺼풀을 치켜올리고 남을 깔보는 무리가 있다. 이빨이 긴
칼과 같고 턱이 큰칼과 같아서, 가난한 사람을 하나도 땅에 남기
지 않고 삼키며 궁핍한 사람을 삼켜 씨를 말리는 무리도 있다.

잠언 30:11-14

마치 오늘날 우리가 살고 있는 세상을 방불케 하는 묘사가 아
닌가? 그러나 위의 잠언의 저자인 아굴은 주전 700년 시대의 탐
욕, 이기심, 부모를 존경하지 않는 악습에 물든 사회상을 묘사하고
있다. 얄궂게도 그러한 사회악은 아굴의 시대와 그 이후의 세대를
괴롭히고 있다.

사도바울은 리더가 되려는 사람은 누구든지 먼저 수신제가 하
여, 자신의 자녀를, 부모를 존경하며 부모에게 순종하는 자로 키워

야한다고 역설하였다(딤전 3:4을 참조). 그러므로 당신의 아들을 다양한 종류의 권위를 존중하는 자로, 특히 하나님의 권위에 존중을 표시하는 자로 키우는 것은 너무나도 중요한 일이다.

당신의 아들은 다양한 종류의 권위들과 접촉하게 될 것이다. 가장 흔한 권위는 경찰이나 선생님이나 부모이다. 그 이외에도 다른 부모, 의사, 소방관, 코치, 공무원, 사회의 저명인사, 그리고 회사의 상사도 있다.

권위에 복종하는 문제에 관해서 깊이 생각해 볼 만한 질문들이 있다. 어떠한 상황하에서도 권위를 가진 자의 명령이라면 무조건 복종하는 것이 하나님의 뜻인가? 만약에 권위를 가진 자가 폭력적이고, 부도덕하며, 존경받을만하지 못하다면 어떻게 하나? 권위를 존중하는 것과 순종하는 것은 동일한 것인가? 줏대도 없고 남의 의견에 휘둘림만 당하는 사람과 하나님의 명령을 담대히 실천하는 사람 사이의 차이를 나타내는 경계선은 무엇인가? 이러한 중대한 질문에 대한 해답을 얻기 위해 하나님의 말씀을 참조해보자.

로마서에서 바울은 다음과 같이 말했다.

사람은 누구나 위에 있는 권세에 복종해야 합니다. 모든 권세는 하나님께로부터 온 것이며 이미 있는 권세들도 하나님께서 세워주신 것이기 때문입니다. 그러므로 권세를 거역하는 사람은 하나님의 명을 거역하는 것이요, 거역하는 사람은 심판을 받게 될 것입니다... 그러므로 진노를 두려워해서만이 아니라, 양심을 생각해서라도 복종해야 합니다.

로마서 13:1-2, 5

바울은 또한 디도에게 "그대는 신도들을 일깨워서, 통치자들과 집권자들에게 복종하며, 순종하며, 모든 선한 일을 할 준비를 갖추며"(딛 3:1)라고 권유했다.

초대교회의 신도들에게 바울은 정부의 권력에 순종하라고 가르쳤다. 그렇지만 그러한 가르침이 오늘날에도 유효한가? 만약에 정부가, 우리가 판단하기에, 부도덕하거나 신성 모독적인 일들을 방임한다면 어떻게 할까? 그런 일들의 예를 들자면, 공공의 장소에서 기도를 허락하지 않고, 낙태시술을 묵과하고, 동성애를 기꺼이 받아들이는 등의 방임을 말한다. 성경의 가르침이나 우리들이 핵심 가치관에 위배되는 그런 쟁점에 대해서도 무조건 정부의 권위를 따라야하는가?

그 대답은 명백하게 하나님의 명령에 위배되지 않는 한 '그렇다'이다. 바울은, 국가의 권위는 하나님이 내려주신 것이라는 점을 뚜렷이 주장하고 있다. 모든 신자들은, 비록 기독교인을 박해한 네로 황제와 같은 자라 할지라도, 그러한 권위에 예속되어있다. 그러므로 신자는, 단순히 시민의 의무이기 때문만이 아니라 하나님 앞에서 영적인 책임이기도 하기에 국가의 권위를 인정하고 따라야한다.

히브리서 기자는 영적인 지도자의 권위에 관하여 다음과 같이 말한다. "여러분은 지도자들의 말을 곧이듣고, 그들에게 복종하십시오. 그들은 여러분의 영혼을 지키는 사람들이요, 이 일을 장차 하나님께 보고드릴 사람들입니다. 그러므로 여러분은 그들이 이 일을 기쁜 마음으로 하게 하고, 탄식하면서 하게 하지 마십시오. 그렇지 않으면 여러분에게 유익하게 되지 못합니다"(히 13:17). 우리의 영적 지도자들과 교사들은 하나님이 세우신 높은 영적 기준에 따라 심판을 받을 것이다. 영적 지도자들에게는 하나님 앞에서 책임을 져야하는 의무가 있고 우리들에게는 그들의 권위에 순종해야 하는 의무가 있다.

이러한 성경의 원리들을 기본으로 하고 더 깊은 고찰을 시도해보자. 하나님이 허락하신 권위가 아닌 자신 스스로 세운 권위를 가지고 폭력적으로 다스리려는 악한 권력에 맹목적으로 순종하는 것은 삼가야 한다. 그럼에도 불구하고, 모든 권위는 존중되어야한다. 권세를 가진 자가 우리에게 그릇된 일을 강요할 경우라도, 그러한 요구에 순응하지 않을지언정, 권위를 가진 자에게는 존경의 자세를 취해야한다. 불복종하면서도 다른 대안을 생각해보고, 존중과 예의를 지키는 태도를 보이는 것이야말로 믿는 자들의 바른 자세라 할 수 있다. 그러나 의로운 불복종은 종종 엄청난 희생을 동반한다. 신앙의 확신을 지키기 위하여 불복종하는 경우, 예수 그리스도를 따르는 대가를 치르는 일이 될 것이다.

미국은 자유로운 국가이다. 미국에서는 어떠한 상황에서도 마음대로 취사선택 할 수 있는 선택권이 주어진다. 권세를 가진 사람이 마음에 들지 않으면, 선거를 통해 그 사람을 다른 이로 바꿀 수 있다. 그래서 항상 더 나을 것으로 예상되는 사람을 정부의 관리로 선출한다. 그뿐만 아니라, 직장도 바꾸고, 학교도 바꾸고, 심지어는 교회도 바꿀 수 있는 자유가 있다. 심지어는 시민권도 바꾸어서 다른 나라의 국민이 될 수도 있다. 그러나 이 세상 어디를 가든지, 그곳에는 권위와 권세가 존재하기 마련이다.

다양한 종류의 권위에 대하여 이해하고 존중하고 정중히 대하는 자세를 보이도록 아들을 교육시킨다면, 그는 그의 삶을 다스리시는 하나님의 권위를 인정하는 자로 자라날 것이다. 하나님께 깍듯이 합당한 예우를 드리는 사람은 가정을 제대로 이끄는 고결한 사람도 되게 되어있다.

울타리

소년에게는 합당한 범위 내에서만 생활하도록 강한 울타리(boundary: 경계선, 한계, 범위, 자신의 위치를 지킴)가 둘려져 있을 필요가 있다. 당신의 아들을 교화하여 세련되게 만드는 방법 중에 하나는 삶에 울타리를 만들어 주면서 훈육(discipline: 풍기, 규율, 자제, 단련)하는 것이다. 제임스 돕슨 박사는 "둑이 없는 시내는 결국 늪이 되고 만다. 부모의 책무 중에 하나는 물이 일정한 방향으로 잘 흘러가도록 자녀의 삶에 제방을 만들어 주는 것이다."라고 했다.

아이가 어릴 때에는 통제의 끈(한계설정)을 단단히 매어놓는 것이 바람직하다. 그러나 나이가 들고 성숙해 감에 따라 좀더 느슨하게 해 줄 수 있다. 그래서 집을 떠날 나이가 되었을 즈음에는, 거의 모든 결정을 스스로 내리고 또한 책임도 스스로 질 수 있게끔 되어야한다. 그러면 부모의 간섭을 그렇게 심하게 받지 않아도 된다. 그러나 가정교육을 철저히 시켜놓지 않은 상태에서 아이를 대학에 보내는 것은 인생 최대의 실수를 범하는 행위가 될 것이다.

일단 아이가 장성하면 집에 머무를 필요가 없다. 그래도 집에 머무른다면 그것은 오직 합의에 의해서 그렇게 할뿐이다. 청소년기에 이르면 강제적으로 무슨 일을 시키기가 어려워진다. 그래도 부모가 시키는 대로하는 경우라면, 이는 부모가 두려워서 그렇게 하거나 아니면 부모를 존경하기 때문에 그렇게 하는 두 가지 중에 하나가 될 것이다. 부모를 존경하기에 부모의 말에 순종한다면 더 말할 나위 없이 바람직하다. 그러나 자녀들이 오직 부모가 무서워서 말을 듣는 것이라면, 얼마 안 가서 각양각색의 반항하는 자세로 나올 것이 불 보듯 환하다. 그러면 부모도 자녀도 모두 다 처참해진다.

당신의 아들을 위해 설정한 테두리(통제의 끈)를 정기적으로 재검토해 보아라. 너무 느슨하다면 꽉 조이고, 스스로 의사결정을 할 수 없을 정도로 너무 단단히 조여있다고 생각되면 느슨하게 풀어주어야 한다. 내 아내인 수잔은 프랭크에게 새로운 것을 허락할 것인지 결정할 때에 어떤 종류의 지혜가 발동하느냐는 질문을 근래에 나에게 던진 적이 있다. 수잔은 엄마이기에 아들이 성인이 된 나이에도 보호본능이 발동하고 있는 것 같았다. "도대체 왜 애한테 그런걸 허락했어요?"라고 나에게 아내가 캐물어 올 때마다 나는 "아니, 이제 우리 아들은 18살이에요. 내가 허락하던 안 하건 상관없이, 자기가 하고 싶은 대로 뭐든 다 할 수 있는 법적 연령에 도달했다니까요. 나는 이미 아들과 면밀히 살펴보았어요. 자신도 세부사항과 위험성을 잘 숙지하고 있어요."라고 대꾸한다. 솔직한 이야기로 나는 아들이 집을 떠나서 보다는 나와 함께 살 때 더 위험한 일을 해보기를 원한다.

프랭크는, 적어도 부모의 집에서 거주하는 한에 있어서는 부모의 말을 들어야한다는 사실을 잘 알고 있다. 그뿐만 아니라 내가 위험부담을 안고 해보라고 밀어붙이는 일은 절대로 부도덕한 일이 아니라는 사실도 잘 안다. 그렇지만, 누구든지 18살 이상이 되었다면, 부모가 동의를 하건 안 하건, 자신 스스로 결정을 내리고 그 결정에 대하여 책임을 지는 사람이 되어야한다. 만약 아무 결정도 내리지 않는다거나, 특히 실패로 끝장나는 그런 결정을 내리지 않는다면, 과연 그런 사람은 어디서 어떻게 인생을 배울 수 있을 것인가?

당신의 아들이 자신과 타인을 존중하는 사람으로 성장한다면, 그는 더욱 순탄하고 손쉬운 인생을 살게 될 것이다. '인간존중' 이라는 개념은 참으로 중요한 개념이다. 당신의 아들이 그러한 개념을 제대로 배우고 실천에 옮긴다면 이는 고결한 한 성인 남성으로 성장하는데 큰 도움이 될 줄로 믿어 의심치 않는다.

1 당신은 아들의 인격을 존중해 주는 그런 아버지인가? 그렇다면 구체적인 실례들을 들어보아라.

2 아들에게 여성을 존중하는 것에 관해 당신이 특별히 가르쳐줄 것이 있는가? 있다면 구체적으로 어떤 방법으로 가르쳐 줄 것인가?

3 타인을 존중하는 것을 아들에게 가르침에 있어서, 당신은 모범이 되는 인물인가? 당신의 본을 따라 하면 당신의 아들이 권위에 순종하는 사람이 될 것 같은가 반항하는 사람이 될 것 같은가?

제10장

성생활

- 지뢰밭
- 책임을 짐
- 성교육
- 음란물
- 마스터베이션
- 데이트
- 성적 순결

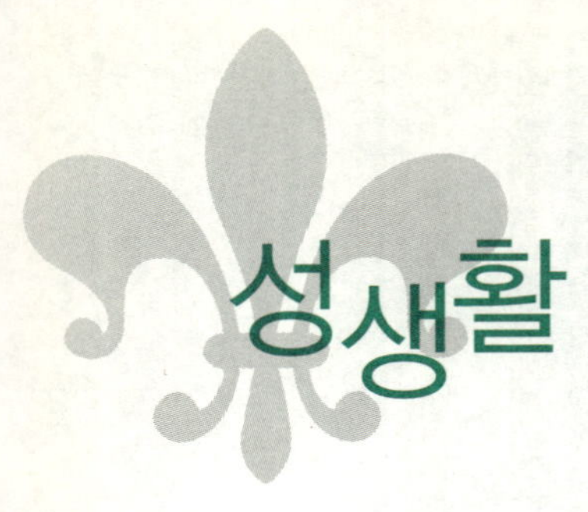

성생활

이렇게 여러 가지 달콤한 말로 유혹하고 호리는 말로 꾀니, 그는 선뜻 이 여자의 뒤를 따라 나섰다. 마치 도살장으로 끌려가는 소와도 같고, 올가미에 채이러 가는 어리석은 사람과도 같다. 마치 자기 목숨을 잃는 줄도 모르고 그물 속으로 쏜살같이 날아드는 새와 같으니, 마침내 화살이 그의 간을 꿰뚫을 것이다. 아이들아, 이제 너희는 나의 말을 잘 들어라. 내가 하는 말을 명심하여라. 네 마음이 그 여자가 가는 길로 기울지 않게 하고, 그 여자가 가는 길로 빠져들지 않게 하여라. 그 여자에게 상처를 입고 쓰러진 사람이 많고, 그 여자 때문에 죽은 남자도 헤아릴 수 없이 많다. 그런 여자의 집은 스올로 트인 길이며, 죽음의 안방으로 내려가는 길이다.

구약성경 잠언 7:21–27 (표준새번역)

위의 잠언의 말씀은 남자의 성에 관한 생생한 묘사를 제공한다.

물론 나의 경우는, 나를 유혹하는 여인에게 절대로 넘어가지 않으리라 다짐하지만 사람의 일은 모르는 것이다. 매혹적인 여인이 유혹을 하며 달려들 때에 인격이나 책임감이 확고히 서있지 않은 남자라면, 성적인 범죄를 범하는 길로 쉽사리 빨려 들어가게 되어있다. 그렇지만 그래도 나에게는 다행스러운 바가 3가지 있다. 1) 하나님이 여자를 남자보다는 더욱 관계 지향적으로 창조하셨다는 점, 2) 하나님은 성도가 견딜 수 있는 것 그 이상의 시험을 허락하지 않는 다는 점, 3) '나' 라는 남자의 매력에 도취된 여인들의 숫자가 그리 많지 않다는 점.

혹자는 성적인 유혹에 넘어가는 자들은 일부 몰지각한 자들로, 영적으로 미성숙하고 무절제한 자들이라고 주장할 사람도 있을 것이다. 그렇지만 문제는 그렇게 간단치가 않다. 일단 우리 먼저 솔직해지자. 이 책을 읽는 대부분의 독자들은 그 도덕성이나 신앙에 있어서 나보다 훨씬 더 뛰어나다고 할 수는 없으리라고 생각한다. 그 누구도 성적인 유혹에 절대로 넘어가지 않으리라 호언장담할 수는 없다. 성적타락의 위험성은 언제나 도사리고 있다. 그리고 더욱 심각한 문제는 일반적으로 남자들이 호색을 정당화시킨다는 데 있다. 남자는 의례 음란한 동물일 것으로 받아들이는 풍조가 현대에 만연하다. 실제로 간통죄를 범하여 직위가 해제되고 가정이 파괴되는 목사, 장로, 집사들을 많이 보아오고 있다. 성적으로 온당치 않은 행위인 성희롱, 성폭력, 성적 학대까지 서슴없이 저지르는 기독교 지도자들도 있다. 그렇지만 그러한 일이 발생할 때마다 '그런 불상사는 우리 누구에게도 발생할 수 있다는 가능성을 열어놓자' 라고 나는 주장한다.

하나님은 남자를 육체를 가진 시각 위주의 성적인 존재로 창조하셨다. 남자는 아내와 자극적이고 흥분시키는 성생활을 즐기며, 성을 소중한 것으로 여기도록 허락되었다. 그러나 불행히도 우리의 죄로 인하여 '성'이 왜곡되는 현상이 벌어졌다. 그래서 원래 하나님의 창조의도에서 벗어나게 되었다. 오늘날에는 특히 색정이 사회에 창궐하기에, 누구든지 순결하게 살려는 남자들은 몸부림치지 않을 수 없다. 그러나 나는 여기에서 참으로 좋은 소식을 하나 전하고자 한다. 하나님의 은혜로 우리 신자들에게는 죄책감과 갈등을 극복하고 성생활을 즐길 수 있는 길이 열려져있다.

다른 모든 인생살이도 마찬가지이지만, 특히 성에 대한 남녀의 견해차는 크다. 하나님은 남자도 여자도 모두 성적인 존재로 만드셨으나, 그래도 서로 다르다. 만약에 여자들이 남자가 머릿속으로 항상 무엇을 생각하고 있는지 안다면, 아마도 그녀들은 우리들과 한방 쓰기를 거부할 것이다. 왜냐하면 남자들은 모두 속물이라는 판단을 하게 될 것이기 때문이다. 그렇지만 당신 자신의 청소년기를 한번 되돌아보기 바란다. 그리고 당신의 아들은 더 못했으면 못했지, 옛날보다 더욱 나아질 수 없다는 것을 깨닫기 바란다. 혹자는 착각하기를, 오늘날의 아이들은 훨씬 더 지각이 있는 행동을 하리라 생각한다. 그러나 오늘날의 아이들은 옛날 아이들보다 더욱 세속적이 되었으면 되었지 고결하게 되지는 않았다.

성(sex)이 항상 머릿속을 장악하는 사안이 아닌 경우라도, 성은 마음속 어느 구석에 머물다가 자기도 모르게 별안간 튀어나올 그

런 성질의 것이다. 이제부터 당신과 당신의 아들이 걷는 인생 길에
널려진 지뢰밭을 살펴보자.

지뢰밭

삶의 난관은 주로 일상생활에 우리가 처한 상황으로부터 발생
한다. 그렇기에 성적인 타락을 방지하는 가장 효과적인 길은 유혹
에 넘어가도록 유도하는 상황 속으로 들어가지 않는 것이다. 일단
그런 상황이 벌어지면 적당히 타협하게 되며 그러면 정직함이 무
너져 내리게 된다. 그러나 유혹을 받을 만한 상황을 피해버리는 것
이 최선책이기는 하지만, 그것이 항상 가능한 것은 아니다. 여자들
이 옷을 반쯤 벗고 다니는 그런 술집이라든지, 음란한 행위를 하는
유흥가, 인터넷의 음란 사이트, 그리고 음란서적 같은 것을 금하는
것은 물론 기본이다. 예를 들자면, 남자 혼자 출장을 갔을 때에 몸
을 파는 여자들이 즐비한 술집에는 절대로 출입을 삼가야할 것임
은 물론, 여자 직원과 단 둘이서만 식사를 한다든지, 호텔 방에서
음란물을 시청한다든지 하는 것도 금기사항들이다. 그러한 것들은
우리가 피하려고만 하면 피할 수 있는 것들이다. 그렇지만 그냥 일
상생활에도 유혹은 언제나 도사리고 있다. 당신의 사무실에 너무
나도 매력적인 비서 아가씨가 있다고 가정해 보자. 어떻게 할 것인
가? 성적인 유혹을 이겨내기 위해 당신이 직장을 그만두어야한다
는 말인가? 자녀의 선생님이 정신 쏙 빠지게 하는 미인인 경우는

어떤가? 교회 안에 있는 홀딱 반하게 하는 여자들은 또 어떻게 하나? 뭔가 찜찜한 감정을 가지지 않기 위해 교사와 학부모와의 면담도 하지 말고 교회도 출석하지 말아야하나? 함께 이야기를 나누다 보면 욕정이 생길 수도 있다는 위험성을 피하기 위해 모든 여인들과의 접촉을 삼가야하겠는가? 그럴 수는 없다. 그러므로 상황을 피할 수 없는 경우라면, 마음을 다스리고 행동을 조심하는 수밖에는 다른 방도가 없다. 최선의 길은 자신의 성욕에 대하여 책임을 지는 남성이 되는 것이다.

나는 일주일에 3번은 체육관에서 운동하려고 노력하고 있다. 나는 특히 남녀가 함께 하는 스포츠인 한시간 동안의 역도(weight lifting: 무거운 추나 아령을 들어올리는 운동)를 하고 있다. 나와 함께 역도를 하는 여인들은 대부분이 젊고 매혹적인 여인들이다. 그녀들은 건강미가 넘쳐흐르고 몸매들도 쭉쭉 잘 빠져있다. 몸에 짝 달라붙는 운동복을 입은 그 여인들이 나타나면 나는 시선을 어디에 둘지 몰라 쩔쩔매게 되는데, 사실 운동하는 것보다 그런 정신적인 스트레스를 견디어 내는 게 더 힘들다. 물론 운동이 힘들지 않다는 것은 아니다. 사실 운동이 끝나갈 무렵에는 기진맥진하여 여자고 뭐고 신경 쓰고 싶지도 않다. 싱싱하고 아름다운 여자들을 바라봐야만 하는 유혹을 피하기 위해 나는 그 체육관으로 더 이상 발걸음을 옮기지 말아야할까?

물론 나는 지금 재미있게 각색하여 과장된 글을 쓰고 있는 중이다. 그렇지만 내가 말하고자하는 요점은 아무리 선량한 남자라도 성욕이 일어나지 않기 때문이 아니라, 어떤 상황에서도 자신의 마음을 다스리기에 선량하게 된다는 것이다. 우리의 자녀들 특히 아들들은 바로 그 성욕이 발동하는 상황에서 자신의 마음을 다스리며 살아가는 그런 훈련을 받아야한다. 어떤 면에서 그런 종류의 책임성은 남자에게는 짊어지고 가야만 하는 짐이다.

나는 음욕과의 투쟁을 벌일 적마다 삼손이 생각난다. 삼손에 관한 이야기는 사사기 13장에서 16장에 걸쳐 기록되어있다. 삼손은 – 대부분의 남성들의 경우와 동일하게 – 하나님으로부터 선택받고, 부르심을 입고, 구별된 사람이었다.

삼손은 하나님의 일을 멋들어지게 해내기 위해 하나님으로부터 특별한 능력을 부여받았다. 어떤 남자들은 슬쩍 떠밀리기만 해도 도대체 어떻게 자신을 방어해야할지 몰라 난감해 하는 사람들도 있다. 그러나 삼손의 경우는 그런데 대해 전혀 염려할 것이 없었다. 하나님의 크신 능력이 삼손에게는 충만하게 임하여, 성가시게 하는 자가 있으면 그냥 한방에 날려보낼 수 있었기 때문이다. 구약성경을 읽어본 사람은 다 알겠지만, 나귀의 새 턱뼈로 천명을 단숨에 죽여버린 사람이 삼손이다 (사사기 15장을 참조). 오늘날로 말하자면 힘이 세기로는 마치 스파이더맨 같은 사람이다.

이 책의 독자들은 대부분의 경우 삼손의 이야기가 낯설지 않을 것이다. 하여간에 삼손은 승승장구하면서, 교만해지고, 이기적이 되었으며, 자만심이 넘치고, 성적 부도덕과 불순종, 그리고 복수심에 불타는 자가 되었다. 그리고 마지막에 그는 그 대가로 자신의 생명을 빼앗기게 되었다.

삼손의 이야기 중에서 나에게 특별히 어필하는 것은 그의 성적인 부도덕성이다. 나는 삼손의 이야기를 읽으며 "야, 너는 어떻게 그렇게 멍청하냐? 정신 좀 차려라!"고 말했다. 우선, 부모의 반대에도 무릅쓰고 삼손은 블레셋에 가서 아내를 구한다. 그렇지만 엉뚱하게도 창녀와 잠을 잔다. 그리고 마지막에는 들릴라에게 계속 빠져 들어가는데, 그 후로는 하나님을 의지하는 게 아니라 자기의 힘만 믿고 경거망동하는 행위를 일삼는다. 나에게는 그런 삼손의 모든 행위가 참으로 한심하게 느껴졌다. 그러다가 언뜻 어느 한순간 나는 내 자신을 돌아보게 되었다. 나는 삼손보다 더 나은 존재인가? 실수를 범한 후에 용서를 빌고, 모든 것이 다 평안해 진 후에는 또 다시 같은 실수를 반복하는 것이 나 자신이 아닌가?

성적인 타락에는, 주변의 모든 것을 더럽게 물들이는 속성이 있다. 성적인 죄는 당신이 잘 알지 못하는 사이에 가정을 파괴한다. 가장 눈에 띄는 것 중에 하나는 아버지로서 귀감이 되질 못한다는 것이다. 당신은 남성에게 수여된 왕성한 성욕으로 아내에게 존중과 영예를 안겨주고 있는가? 당신은 여자란 남자가 단지 성욕을 채우기 위해 이용해먹고 버리는 그런 도구가 아니라는 걸 아들에게 가르칠 만한 모범을 보이고 있는가? 당신은 자녀에게 특히 아들에게 여성은 남성에 의하여 보호받고, 존중받고, 사랑받아 마땅한 존재라는 것을 가르쳐주고 있는가?

당신이 어떤 모범을 보이느냐 하는 것은 참으로 중요하다. 당신이 보이는 행동이 당신의 아들에게는 정상의 표본으로 설정되기 때문이다.

책임을 짐

성적인 면에 있어서 책임을 지는 삶을 살려면 우선 인품이 믿음 직스럽게 변해야한다. 편모들에게 소년을 잘 길러내는 법에 관한 세미나를 제공할 때마다, 나는 나의 말과 행동이 내가 속한 조직에 의해 평가받고 있다고 밝힌다. 나는 내 언행에 대해 책임을 져야한 다는 점을 늘 강조하는 것이다. 이는 내가 그들에게 믿음직스러운 사람으로 비쳐지기를 원하기 때문이 아니다. 일단은 신뢰가 바탕 에 깔리지 않은 것은 무엇이라도 큰 효과를 기대하기 어렵기 때문 이다. 내가 상호책임성을 강조하는 다른 이유는, 어떠한 경우에라 도, 상대방의 약점을 이용해 먹을 만한 상황을 만들지 않기 위함이 다. 남자들은 본능적으로 여자들의 약점을 감지하게 되어있다. 금 새 여자의 약점이 드러나지 않는다손 치더라도 남자는 여자의 약 점을 들춰내는 방법을 자연적으로 알고 있다. 빼어난 미인도 아니 고 매력 만점의 여인도 아니지만 주변에 남자들이 득실거리는 여 자들이 있는데, 그들은 자신의 약점을 자꾸만 노출시키면서 그것 을 남자를 끌어당기는 무기로 사용하기 때문이다.

신뢰할 만한 품격을 소유하지 못한 남자는 자기 멋대로 살게 되 어있다. 그런 남자들은 충동을 만족시키는 부당한 행위를 합리화 시키려 한다. 나는 오래 전에 있었던 웃지 못할 에피소드를 하나 기억하고 있다. 그 당시 아내인 수잔과 내 아이들은 어디론가 먼 곳을 방문하고 있었고, 나는 홀로 볼일을 보고 있었다. 그날은 토 요일 오후였는데, 운전을 하는데 갑자기 내 눈앞에 여자들이 홀딱

벗고 춤추는 스트립클럽이 저만치 멀리 눈에 들어왔다. 내가 거주하는 지역인 포트랜드는 미국 전역에서 여자들이 알몸으로 호객행위를 하는 술집들이 밀집된 지역으로 알려져 있다. 불쑥 내 머릿속에 다음과 같은 엉뚱한 생각이 떠오르기 시작했다.

너도 들어갈 수 있다.

네가 여기 있는지 아무도 모른다.

누구도 너의 자동차를 인식할 사람이 없다.

수잔은 먼 곳에 있고, 교회의 식구들이 여기에 있을 리도 만무하고, 아무도 이 사실을 알 사람이 없을 것이다.

그런 생각이 너무나 강렬했기에 나는 정신을 붙들어맬 수 없었다. 여자들이 알몸으로 춤추는 카바레에 들어가고 싶은 생각은 평소에는 전혀 안 하던 생각이다. 그렇지만 가족들이 동행하지 않은 상태에서, 그런 카바레가 내 눈앞에 펼쳐지는 순간 불시에 강한 성욕이 땡기기 시작한 것이다. 나는 아내, 가족, 명성, 사업, 그리고 선교회까지 가지고 있는 사람이었다. 그럼에도 불구하고 내 마음은 요동을 치며, 그 색정적인 욕구를 정당화할 방안을 계속 모색하고 있었다.

실험적으로 들어가 볼 수도 있을 것이다. 이는 너의 믿음이 얼마나 강한지 알아 볼 수 있는 좋은 기회가 될 것이다. 엉뚱한 생각에 생각이 이어졌다. 그러다가는 다음과 같은 비비꼬인 생각까지 들었다. 일단 들어가서 벌거벗고 춤추는 여인들에게 복음을 전해 보아라. 그녀들은 불쌍한 여인들이 아닌가! 믿음으로 접근하기만 하면 해가 되지 않을 것이고, 또한 전도하려면 일단 만나보아야 할 것이 아닌가! 물론 맞는 말이다! 그렇지만 공짜로 들어가 볼 수 있는 길은 없다. 반드시 돈을 내야만 입장이 가능하다!

나의 색정을 다스려보려는 몸부림은 장편의 소설같이 되어버렸다. 그 이유는 나를 책임성 있는 인간이 되도록 돌보는 사람들이 잠시 눈앞에서 사라졌기 때문이다. 마침내 나는 이 시험거리를 극복하게 해달라고 하나님께 기도를 드리기 시작했다. 다행히도 스트립 클럽 쪽으로 자동차가 접근할 때에 신호등이 초록색이어서 나는 자동차를 멈출 필요가 없었다. 나는 재빠르게 차를 몰아 그곳을 빠져 나왔고 급기야 유혹에서 벗어나게 되었다. 사실 지금 돌아보면, 우습기 짝이 없는 이야기다. 그렇지만 우습기만 한 이야기는 아니다. 내 머리가 나의 의지에 반하는 엉큼하고 교활한 책략들을 어떻게 그렇게도 빨리 생각해 내었는지, 참으로 기가 막힐 노릇이었기 때문이다. 인간은 그렇게 간사하고 약삭빠른 존재인 모양이다. 그렇지만 분명한 사실은, 그 유혹의 순간은 참으로 괴로웠지 전혀 재미있지 않았다는 것이다. 나는 내가 저지를지도 모르는 삶의 자멸에 직면하여 바보처럼 떨었다.

성교육

아이들에게 성(Sex)에 관한 이야기를 하는 것은 마음내키지 않는 껄끄러운 일이다. 그래서 오늘날에는 대부분의 부모들이 성교육을 학교에 위탁하고 있는 실정이다. 그럼에도 불구하고 성에 관한 대화는 쉽지 않다. 진짜로 어려운 문제가 아니라면 다른 사람이 책임을 져도 된다. 그렇지만 이 문제는 대단히 어려운 문제임으로 무엇보다 아버지가 책임을 져야한다. 물론 성에 대해서 말한다는 것은 쉬운 일이 아니다. 내키지도 않고 입이 잘 떨어지지도 않는다. 그렇지만 성경은 성에 관해서 직설적인 표현을 사용한다. 당신은 에스겔 23장을 읽어본 적이 있는가? 단지 예루살렘을 겨냥한 은유라고 말할 수도 있다. 아이들에게 성에 관한 설명을 할 때에도 녹록치 않지만, 성경의 외설적인 표현들을 감당하는 것도 만만치 않다.

나는 이상하게 딸과 성에 관해 이야기를 나눌 때보다 아들과 함께 나눌 때에 더욱 마음이 편치 못했다. 그렇지만 아직 사춘기에 이르기 전에 먼저 선수를 쳐서 아들과 성에 관한 대화를 나눈다면 아들이 친구들이나 여타 다른 종류의 출처로부터 엉뚱한 정보를 얻는 것보다 더 나을 것으로 판단했다. 아들에게 가장 정확한 성의 지식을 전수해 줄 수 있는 사람은 아버지다. 아들은 사춘기가 되면 성에 관해 많은 의문사항이 생기게 된다. 자연적으로 그렇게 되는 것이기에 절대로 피할 수 없다. 당신은 당신의 아들이 그런 의문사항에 관해 당신으로부터 명확한 정보를 습득하기 원하는가? 아니면 아무런 경험도 없는 친구들이나 장삿속으로 자극하는 영화나 선정적인 잡지회사로부터 습득하기 원하나?

하나님께서 남성에게 부여하신 성욕(sexuality: 성적 관심사)에 관해 솔직하게 이야기를 나누려면 먼저 아들과 아버지의 관계가 원만해야한다. 아니 원만한 그 이상으로, 아주 친밀하여 서로 신뢰할 수 있는 관계이어야 한다. 아들과 아버지가 가까워지려면 아버지가 먼저 아들에게 접근해야 한다. 아들이 먼저 아버지에게 다가와 성에 관한 심각한 질문을 던지며 도움을 구하는 경우는 거의 없다.

《모든 남자의 참을 수 없는 유혹을 뿌리칠 수 있도록 당신의 아들을 준비시키기》(Preparing Your Son for Every Man's Battle)의 저자 스티븐 아터번은 성(sex)에 관해 아들과 대화를 나누는 법을 아래와 같이 설명한다.

"인간관계 없이 규율만 내세우면 결국 반란이 일어난다."는 속담이 있다. 부모들은 자식에게 해야할 업무의 목록을 조목조목 적어 주면서 철저하게 실행시키는 일에는 뛰어난 기량을 발휘하지만, 자녀와 부모의 상호대화라는 지점에 이르면 취약성을 드러낸다. 물론 이해할만하다. 자녀가 어릴 때에는 부모가 힘에서 우위를 차지함으로 자녀에게 일방적으로 명령할 수 있다. 그러나 자녀가 자라감에 따라서는 상호간의 교감이 흐르는 대화가 있지 않으면 안 되는 순간이 찾아온다. 그 후로부터는 부모의 일방적인 지시에 자녀들이 잘 따르지 않게 되기에, 부모와 자식간의 관계개선에 목숨을 걸어야한다.

일단 관계가 좋아지면, 아이들은 부모에게 많은 것들에 관해 질문하기 시작할 것이다. 그런데, 과연 부모는 들을 수 있는 귀가 준비되어있는가? 아니면 자녀의 친구들의 의견에 부모가 밀릴 것인가? 인생경기에서 당신의 자녀들은 당신이 던져주는 공을 받으려고 안간힘을 쓰며 이리저리 움직이고 있다. 그렇게 인생경기에서 애쓰고 있는데, 당신은 부모로서 과연 자녀에게 공을 패스해 주고 있는가? 인생의 공이 서로 잘 주고받아지려면 인간관계가 좋아야한다. 그래야만 말을 해도 서로 말이 통하고, 정보도 교환되며, 마음도 하나가 되게 된다. 그렇지 않으면 인생의 경기에서 아무리 서로 공을 던져도 공은 전달되지 않고 땅으로 떨어져버릴 것이다.

우장창 꽝! 사춘기가 가정을 때린다. 그러면 자녀들은 많은 의문에 휩싸인다. 그러나 부모는 그 해답을 알고 있다. 그렇지만 문제는 자녀들이 부모에게 묻지 않는 다는 점이다. 당신의 아들은 과학 수업시간에 왜 리사의 풍만한 가슴에서 눈을 뗄 수 없는지 의아해하고 있을 것이다. 특히 리사가 선호하는 형광 빛깔의 가슴이 푹 파인 티셔츠를 입고 등교할 때에는 당신의 아들의 마음이 더욱더 심숭생숭해지는 이유를 아들은 알고 싶어할 것이다. 그리고 많은 학생들이 말하는 그 수음이라는 게 도대체 뭐며 잠자고 일어나면 끈적끈적한 액체가 팬티에 묻어나는 것은 도대체 다 뭔지, 호기심을 보이면서도 어리둥절해할 것이다.

당신과 내가 사춘기를 지나면서 겪었던 바로 그런 이야기들이 아닌가? 위와 같은 문제에 관해 터놓고 허심탄회하게 이야기 할 수 있는 아버지가 나에게 있었더라면 하는 후회를 나는 한다. 나의 의붓아버지는 그런 대화를 나눌 만큼 마음 문이 열린 사람이 아니었다. 먼저 나에게 다가와 친절하고 부드럽게 그런 것들에 대해 설명해줄 아버지가 나에게 있었더라면 얼마나 좋았을까! 나는 그 당시 여자아이들과의 문제로 골치가 아팠기에 나의 친구들이 전달해주는 정보와 그들의 조언을 많이 받아들었다. 그런데 지금 와서 돌이켜보면 그 중에 많은 것들이 거짓된 정보였으며, 그들의 조언은 대부분이 건전한 것들이 아니었다.

아버지는 아들을 바른 길로 인도할 수 있을 만큼의 풍부한 인생 경험과 지혜를 가진 사람이다. 그렇다면 왜 그것들을 아들에게 나누어주지 않는가? 당신에게는 인생을 살며 범한 많은 실수들이 있을 것이다. 그런 실수를 당신의 아들이 반복하지 않도록 도울 수 있지 않겠는가? 하기야 어떤 부모는 잘못을 막아서기는커녕, 도리어 자신의 실수를 대물림 해주는 부모도 있다. 물론 오늘날의 청소년들에게는 아버지를 우습게 여기는 경향성이 있는 것이 사실이다. 부모로부터 도움을 받기는커녕, 이제 흰머리가 나고 배가 톡 튀어나온 구시대의 유물인 부모를 자신이 가르쳐야한다는 아이들까지 있다. 청소년 중에는 부모를 낡은 구닥다리 인생으로고 취급하며 부모를 제압하려드는 자들도 있다. 특히 성의 문제에 대해서는 자신들은 신식이고, 부모는 구식이라는 논리로 밀어붙인다. 그러나 그것은 자신 마음대로 하려는 술수에 불과하다. 절대로 그러한 논리에 말려들지 말라! 당신의 지혜를 담대히 나누며 당신의 확신을 고수하라. 청소년기로 막 접어든 자녀에게는 분명히 부모의 지도편달이 필요하다.

음란물

오늘날 남자와 소년에게 가장 파괴적인 힘으로 작용하는 것이 바로 춘화(春畵)이다. 남자는 일반적으로 시각적인 상에 의하여 자극을 받기에 더욱 그렇다. 과학적인 연구에 따르면 마약인 코카인에 반응하는 뇌의 부위와 외설물에 반응하는 뇌의 부위가 동일한 부위임으로, 둘 다 중독성이 강하다고 한다. 마치 사진을 인화하는 사람이 인화지에 사진을 에칭하듯이, 춘화를 보면 뇌 안의 일정한 부위에서 호르몬이 분비되어 마음에 심상을 식각(蝕刻)하게 되어 있다. 그 호르몬은 사람을 '흥분' 시키며, 더 많은 흥분을 갈망하게 만든다. 그러한 형상들은 남자들의 심상에 영원히 머무르며, 실제 여자들의 모습과 사진의 모습을 끈임 없이 비교하게 만든다. 그러한 비교의 마지막 결과는 실제 여자들에 대한 무감각이다. 이 세상의 어떠한 실물도 화장술 전문가(makeup artist), 머리모양을 연구하는 미용사(hairstylists), 사진작가들이 힘을 합하여 에어브러시로 수정하여(airbrushed) 만들어낸 여성의 이미지를 따라갈 수 없다.

내가 어렸을 적에는 기껏해야 친구의 아버지가 소장한 〈플레이보이〉잡지를 훔쳐보는 것이 춘화에 접할 수 있는 유일한 길이었다. 그러나 오늘날의 기준으로 보면 〈플레이보이〉는 순한 편이다. 내가 자라나던 시절인 1960년대에 〈플레이보이〉잡지에 나온 그림보다 오늘날 텔레비전에 나오는 영상이 더 야하다고 볼 수 있다.

오늘날 우리들의 마음은 성적인 이미지들로 융단폭격을 당하고 있다. 이리 저리 눈을 돌려도 온통 색정적인 이미지 투성이다. 여자의 속옷 선전으로부터 당신의 아들의 전자우편으로 들어오는 스팸메일에 이르기까지, 아침에 눈을 떠서 잠자리에 들기까지 성적인 이미지들은 우리의 마음을 연발탄으로 때리고 있다. 자동차 판매광고, 백화점 물건 판매광고, 텔레비전 광고에 이르기까지 모든 광고에는 선정적인 이미지가 들어간다. 성(sex)이 들어가면 물건이 팔린다는 생각에, 사람들은 성을 재빠르게 상품화하고 있다. 이런 추세로 나가다보면 이 시대의 거의 모든 소년들이 음란물에 중독 되어버릴 가능성이 높다고 나는 생각한다.

포르노는 여성을 비하시킨다. 음란물의 경우, 그것을 보는 사람이나 음란물에 등장하는 인물이나, 둘 다 인격의 질이 저하되게 되어있다. 오직 이득을 보는 사람이 있다면 춘화를 판매하는 사람들이다. 그들도 역시 금전적인 이득밖에는 보지 못한다. 음란물로 인하여 여성은, 남자들이 가지고 노는 대상물로 그리고 사고 팔 수 있는 물건으로 전락하고 있다. 그리고 음란물은, 여성이 강간당하고 고문과 굴욕을 당하는 것을 즐기는 존재인 것처럼 착각하게 만든다. 여자들이라는 존재를, 남자가 자신의 성적인 만족을 위해 사용하고는, 아무런 책임도지지 않고, 그냥 내버려도 되는 그런 존재로 판단하게 만든다는 것이다.

포르노 물은 동시에 남자의 성적인 만족감에 큰 피해를 입힌다. 왜냐하면 아내와의 성생활에 불만족을 야기하기 때문이다. 인간이 컴퓨터로 만들어낸 그림과 견주어 더 아름답게 보여질 수 있는 아내는 이 세상에 거의 없다. 그리고 일단 포르노그라피에 빠져든 사람은 폭력적일 정도로 적나라하고 특히 여자들의 품위가 손상된 그런 그림을 원하기 때문에, 아내와의 성생활에서는 갈수록 만족감이 떨어지게 되어있다. 일단 한번 포르노에 중독이 되면 빠져 나오기 힘들다. 특히 성적으로 왕성한 한창 젊은 나이에 있는 사람들은 더욱 더 그럴 것이다.

나는 우리 아들과 아들의 친구들에게 음란물의 위험성에 대하여 경고하면서, 포르노에 등장하는 여인들은 포르노 사업체의 피해자들이라는 사실을 각별히 주지시켰다. 포르노에 모델로 나오는 여성들은 (의도적이건 의도적이 아니건 간에) 대체적으로 마약에 중독된 여인들이 많은 것으로 알려져 있다. 그리고 많은 젊은 여성들은 가출한 아이들로, 남자들에 의해 강압적 내지는 반 강압적으로 강요를 당한 아이들인 것도 사실이다. 신체적으로 폭력을 당하거나 정신적인 학대를 당하는 경우도 많다고 한다. 그러므로 남자들이 그러한 사진을 본다면 이는 그런 여성들에 대한 억압이나 학대를 조장하는 행위에 가담하는 격이 된다. 음란 비디오나 사진에 등장하는 여성들은, 누군가의 딸이거나 누군가의 여동생들일 것이다. 어느 날에는 그들도 출산하여 엄마가 될지도 모르겠다. 당신의 아들이, 다른 사람의 엄마나 누이 혹은 딸과 음란한 일을 벌이는 상상을 즐기는 것이 합당하다고 생각하는가? 나는 아버지들에게 말한다. 음란물에 등장하는 그 여성이 만일 당신의 딸이라면 당신의 기분이 어떠하리라 생각하는가?

그뿐만 아니라 음란물을 자주 보는 남자는 자제력이나 자기통제력이 결여된 사람이다. 한 영역에서 절제가 이루어지지 않는 경우, 다른 영역에서도 역시 무절제가 나타나는 경우가 많다. 성적인 면에서 자제할 수 있는 능력을 습득한 소년은 성인이 되어서도 외도하지 않고 정상적인 부부관계를 유지하게 되고, 더 나아가서 다른 분야에서도 자제와 절제의 미덕을 보이게 되어있다.

마지막으로 음란물에 탐닉하는 것은 결혼 서약을 깨트리는 행위이다. 왜냐하면 다른 여자들과 연속적인 간음의 상태로 들어가기 때문이다. 예수님께서는 "그러나 나는 너희에게 말한다. 여자를 보고 음욕을 품는 사람은, 누구나 이미 마음으로 그 여자와 간음한 것이다"(마 5:28)라고 분명히 말씀하셨다. 이러한 원리는 미혼자에게도 적용된다. 춘화는 죄다. 춘화는 성도와 하나님과의 관계에 균열이 가도록 만든다. 그런데 여기에 좋은 소식이 있다. 하나님의 은혜는 음란잡지나 음란 비디오보다 더 강하기에, 진실한 성도는 용서받고 깨끗해 질 수 있다는 것이다.

음란물은 어디에나 존재하기에, 모든 사람이 영향을 받고 있다. 2001년에 행해진 설문조사에 따르면 미국의 남자들 60퍼센트 이상이 인터넷에서 음란물을 접하고 있다는 통계가 나와있다. 당신의 아들도 예외가 아니다. 그가 원하기만 한다면 밤낮으로 음란물에 접할 수 있는 그런 환경이 조성되어있다. 그러므로 텔레비전, 영화, 음악, 컴퓨터의 사용을 통제하고 감시할 필요가 있다. 집에 케이블 텔레비전이 들어와 있다면 부모가 통제하는 시스템(parental control system)을 가동시키고, 컴퓨터에도 역시 컴퓨터를 보호하는 소프트웨어를 설치해야한다. "우리 아들은 너무 어리고 순진해서 음란물은 안 볼 겁니다."와 같은 어리석은 착각은 금물이다. 만일 당신 자신이 그런 문제로 몸부림치고 있다면 당신 아들은 오죽하겠는가!

그러므로 당신의 아들을 남자가 되려다가 천벌을 받는 일로부터 구출해 내라. 이 분야에 대해서는 아무리 조심한다해도 잘못하는 것이 아니다. 당신 혼자의 힘으로 힘들다면 아내에게 도움을 청하고, 아내와의 공동작업을 벌여라. 가능하다면 자주 아들에게 포르노의 위험성에 관하여 설법하라.

마스터베이션

수음/자위(masturbation)에 대한 문제는 왜 말하기 까다로운 주제일까? 이 문제에 대해 지극히 무지한 부모는 거의 없을 것이다. 물론 정도의 차이는 있을지언정, 대부분이 잘 아는 문제이다.

미국에서 자라난 40세 이상의 사람이라면, 수음을 많이 하면 손에 털이 난다거나 장님이 된다거나 하는 경고의 말을 어렸을 적에 들었을 것이다. 이러한 청교도적인 발상은, 물론 오늘날에는 웃음거리밖에는 안되겠으나, 대부분의 성인들의 무의식 속에 각인되어있다. 나는 한 때 10살 난 우리 아들에게 성(Sex)에 관하여, 그리고 특히 수음에 관하여 대화를 나누어보려고 고심을 한 적이 있다. 그러다 나는 프랭크가 보이스카웃의 첫 캠핑 여행으로부터 돌아오는 길에 기회를 포착했다. 프랭크가 스카웃의 핸드북을 아버지와 함께 읽는 숙제를 받았기에 그 기회는 더욱 완벽했다. 그 핸드북에는 성적인 학대나 성폭력으로부터 보호받는 방법을 논하는 부분이 있었다. 우리 아들이 그 부분을 큰 소리로 읽는 것을 들으며, 나는 성에 관해 아들과 많은 대화를 나눌 수 있는 장이 열리는 구나 하고 생각했다.

　이제 이쯤에서 수음에 관한 주제로 돌아가자. 청소년들이 자주 수음을 한다는 것은 널리 알려진 사실이다. 어떤 설문연구조사는, 우스갯소리로, 98퍼센트의 청소년들이 수음을 한다고 응답했고 2퍼센트는 수음을 안 한다고 거짓말을 했다고 발표했다. 물론 오래된 농담이다. 그러나 뭔가 진실을 내포하고 있다. 젊은 남자들이 자신의 성기를 만지거나 문지르는 것은 이상한 행동은 아니다. 남자에게 음경이라는 것은 그들 몸의 중요한 일부분이기 때문이다.

　사실 남성 호르몬이 흘러 넘치는 시기에는 도덕적인 억압이나 의지의 발동이 소용이 없는 경우가 많다. 자위를 전혀 하지 않는다는 것은 거의 불가능한 것으로 나는 판단한다. 자위를 하지 말라고 억누르면 억누를수록 아마 더 충동적으로 하게 될는지도 모르겠다. 왜 그렇게 될까? 아마도 자꾸 언급하면 할수록 더 많이 그것에 대해 생각하게 되기 때문일지도 모른다.

　자위라는 것은 자연적인 행위일지 몰라도, 지나치게 자주 하면서 죄책감이 쌓여 간다. 그러다 보면 결국 성행위 자체를 혐오하게 된다. 그런 성에 대한 부정적인 태도는 일생동안 큰 영향력을 행사한다. 그러므로 자위에 대한 불건전한 죄책감을 덜어주면서도, 절제할 수 있도록 소년들을 도와주는 것은 필수적이다.

　또 하나의 불편한 감정을 초래하는 현상은 몽정이다. 잠을 자다가 자기도 모르는 사이에, 또는 꿈속에서 야한 장면에 접하면 사정을 하게 된다. 잠을 자면서 일어나는 일들은 통제불능이라서 사람을 당황하게 만든다. 물론 몽정은 자연스러운 일이다. 호르몬의 왕성한 작용으로 인한 성적인 압박을 견디다 못해 안전밸브가 터지는 것 같은 현상이기 때문이다. 처음으로 몽정을 할 때에 소년들은 당황하든지 공포에 질리게 된다. 게다가 첫 번째 내지는 두 번째 사정에는 정액 안에 피가 섞여 나오는 경우까지 있다. 그러한 사실들에 대한 선지식이 없는 소년이라면 매우 놀라버릴 것이다.

이러한 문제가 터져 나오기 전에, 아버지들은 아들과 마주 앉아서 대화를 나누어야한다. 유비무환의 진리를 실천하기 바란다. 당신의 아들이 성욕에 대한 올바른 관점을 가지고, 결혼하기까지 절제를 실행하는 사람이 된다면 얼마나 바람직할까!

데이트

도대체 몇 살부터 소년이 여자친구와 사귀어야 할까? 많은 이들이 이 문제에 대한 다양한 주장을 하고 있다. 그렇지만 정답은 없고, 결국 사람에 따라 다른 주관적인 판단만이 있을 뿐이다. 여기에 작용하는 요소로는 가정의 원칙, 자녀의 성숙도, 인생에 책임성을 보이는 정도라고 생각한다. 내 아들 프랭크와 그의 남자친구 또한 여자 친구들은 조슈아 해리스의 〈No 데이팅〉(I Kissed Dating Goodby)라는 서적을 함께 읽었다고 한다. 그리고는 한결같이 자발적인 결정을 내렸는데, 대학에 들어갈 때까지 데이트를 유보하겠다는 것이었다. 오빠와 그의 친구들이 그런 결정을 내렸다는 소식을 전해들은 내 딸 켈시는 절대로 그 책을 읽지 않겠노라고 선언했다. 자신은 그런 세뇌는 당하기 싫다는 것이다.

프랭크와 그의 친구들은 혹시 데이트 신청을 받는다하더라도 아주 조심스럽게 받아들이겠다고 선언하였다. 그러한 선언에 대해 우리 딸인 켈시는, 그들은 공부벌레들이기에 데이트 상대자들도 없고, 그렇기에 그런 상황을 합리화하려고 꾸며낸 수작들이라고 반박했다. 어찌 됐건 간에, 부모인 나는 내 아들의 결정에 쌍수를 들어 환영의 뜻을 전했다. 급기야 프랭크와 그의 친구들은 교회의 고등부에서 남녀학생들의 집단교제를 선택하여, 서서히 간접적으로 데이트 관계로 들어가는 길을 택했다. 나는 그런 결정이 아주 지혜로운 결정이었다고 믿는다.

청소년 남녀 둘 만이 즐기는 데이트를 멀리하면 할수록 성적으로 순결을 유지할 가능성이 더 높은 것으로 알려져 있다. 사람의 일반 성향은 무엇을 하든지 더 많이 더 깊이 하고 싶은 것이다. 마약이나 성(sex)의 경우에도 그 원리는 동일하게 적용된다. 첫 데이트에서 여자아이와 키스를 나누었다면, 다음 데이트에서는 더 찐한 것을 맛보고 싶어질 것이다. 일단 첫 장벽이 무너지면, 그 다음 또 그 다음으로 넘어가는 것은 갈수록 쉬워진다.

당신의 아들이 어려운 궁지에 몰려 헤매게 되기 전에 지켜야할 경계선(boundary: 넘지 말아야할 선, 머물러 있어야만 하는 지경)에 관해 자주 대화를 나누어라. 자신의 한계를 알고 지혜롭게 미리 피하는 것은, 무모하게 전쟁터로 뛰어들어가 총알을 피해 이리 뛰고 저리 뛰고 하는 것보다는 훨씬 나은 것이다. 여자친구와 자동차의 뒷좌석에 단둘이 앉아있으면, 아무리 이를 악물고 불타오르는 성욕을 억누르며 저항하려해도 감당해내기 어렵다. 그렇지만 일단 불타는 정욕이 일어날 만한 상황을 만들지 않으면, 불 속으로 뛰어드는 나방과 같은 신세는 면하게 된다.

제임스 돕슨 박사는 〈청소년기를 준비하기〉(Preparing for Adolescence)라는 유명한 책에서, 성적인 문제에 대해 미리부터 일정한 관점을 형성하면서 일단의 그룹의 친구들과의 연대를 통해 그러한 관점을 더욱 확고히 할 것을 역설하고 있다. 이는 친구들끼리의 상호책임감으로부터 이득을 얻는 방법이다. 예를 들자면, 당신의 아들이 결혼할 때까지 성적인 순결을 지키고 싶다면, 그러한 의사를 친구들에게 표명하고, 같은 마음을 품은 동료들과 모종의 계약을 맺게 하는 것도 좋은 방법 중에 하나이다. 서로 지원해 주는 또래 그룹은 서로에게 책임을 지는 중요한 역할을 감당할 수 있다. 만일 그 그룹의 일원이 서약을 깰만한 상황을 만들거나 그런 상황 속으로 들어가면, 친구들이 가만있지 않고 반드시 책임을 추궁하게 될 것이기 때문이다.

소년과 소녀들은 성장속도가 서로 다르다. 몇 년 전에 나는 한 고등학교의 고문으로 일한 적이 있다. 그 때는 중학교 2학년 학급을 일주일에 한번씩 일년동안 가르쳤다. 동일한 학급에 있는 동일한 나이의 아이들인데도, 여자아이들은 육체적인 성숙도가 마치 20살 난 여자들처럼 보였고, 남자아이들은 키도 여자아이들의 어깨정도 밖에는 안될뿐더러 생긴 것도 8살처럼 보였다. 아니 도대체 언제부터 여자아이들이 이렇게 빨리 성숙해지기 시작했단 말인가? 내가 중고학교를 다닐 시절만 해도 이렇게까지 아이들이 빨리 성숙하지는 않았었다. 나는 믿어지지 않는 마음에, 혹시나 내가 옛일을 잊어버린 건 아닐까 하고 고등학교 졸업앨범을 뒤적거려 보았다. 그 중에는 그 당시 내가 생각하기에 이미 다 자랐다고 생각했던 여학생들의 모습이 보였다. 그렇지만 오늘날 성숙했다는 고등학교 여자아이들과 비교해보면, 그녀들은 마치 뼈만 앙상한 초등학교 학생들처럼 보였다.

나는 또한 풍성하게 발육한 여자아이들이, 소년들은 도무지 감지하지도 못하는 몸짓과 말을 하면서 시시덕거리며 미숙한 남자아이들을 가지고 노는 것도 관찰했다. 나의 아내가 일하는 고등학교에서 아내는 무르익은 여자아이들이 조그만 남자아이들에게 키스를 하는 모습까지 보았는데, 마치 애완용 동물을 가지고 노는 것과 같았다는 것이다. 이 연령층의 남자아이들은 자신들보다 훨씬 원숙한 동급생 여자아이들을 대하면 겁에 질린다고 한다. 왜냐하면 여자아이들이 남자아이들의 머리꼭대기에서 놀고 있기 때문이다. 그렇지만 남자의 자존심 때문에 그리고 동료집단에서 가해지는 사회적 압력 때문에 그냥 여자아이들이 이끄는 대로 발맞추어 나간다고 한다. 나의 과거를 돌이켜보면, 15살 적에 나보다 훨씬 성적인 경험이 풍부하고 육체적으로 잘 발달된 그런 여자아이와 함께 자동차의 뒷좌석에 단 둘이 앉게 된 순간이 있었다. 그 당시 노골적으로 달려드는 여자아이 앞에서 어찌할 바를 몰라 쩔쩔매었던 기억이 아직도 생생하다. 그 여자아이의 손아귀에서 빠져 나오며 나는 마치 사자 굴에서 도망 나오는 기분을 느꼈다.

우리 딸이, 남자아이들은 떼거지로 다니며 암컷의 냄새를 맡고 자신의 영역에 표시해 두는 늑대들과 같다고 표현했을 때 나는 비웃는 웃음을 지었다. 내 판단에는 어린 남자아이들은 동일한 연령의 여자아이들에 비해 육체적인 접촉을 가지는 일에 관심이 적다고 생각한다. 남자아이는 여자와의 관계에서 어떻게 처신해야할지 몰라 우물쭈물하는 경향성이 있는데, 여자아이들은 그런 약점을 이용해 종종 남자아이들을 골려먹는다. 그런데 오늘날 우리 문화의 문제점은 텔레비전과 영화에서 남자아이의 성숙의 척도가 여자아이와 성적인 관계를 맺을 수 있는 능력인 양 표현하고 있다는 데 있다.

물론 신체적인 성장에 관한 한 고등학교 후반기에는 남자아이들이 여자아이들을 따라잡게 되어있다. 그 때가 되면 마치 복수 극을 벌이는 양, 남자아이들은 갑자기 공략자(aggressor: 공격자, 침략자)처럼 변해버린다. 남자에게는 원래부터 그런 성질이 있는 모양이다. 그래서 성인으로부터 적절한 인도를 받지 못하는 청소년들은 이 시기가 되면 여자의 치마 속에 있는 것을 탈취하기 위해서라면 무슨 말이든 무슨 행동이든 한다. 그렇기에 부모는 딸의 정조뿐만 아니라 아들의 성적인 순결에도 지대한 관심을 보여야한다. 그냥 여자아이가 "아니오"라고 저항하는 것만 가지고는 안 된다. 부모가 남자아이들의 그것을 잘 단속해야하고, 또한 남자아이 자신도 절제해야만 한다.

성적 순결

옛날 옛적이 야곱이라는 청년이 살았는데, 그는 아내를 구하려고 먼 여행길을 떠났다 (창세기 29장을 참조). 그런데 외삼촌 라반의 집에 도착하자마자, 그는 흑발의 까만 눈을 가진 아리따운 여자를 보고 한 눈에 반해 사랑에 빠진다. 그 여인의 이름은 라헬이며 외삼촌 집에서 가장 어리고 빛나는 미인이었다. 라헬과의 결혼을 갈망한 야곱은 결혼을 조건으로 7년간 무상으로 일해 줄 것을 라반에게 약속했다. 라헬에 대한 연민의 정이 너무나 깊었기에, 7년은 쏜살같이 지나갔다. 7년간의 종살이를 마치는 날 드디어 야곱은 보상을 받게 된다. 결혼식은 거행됐고 신랑과 신부는 첫날밤을 치렀다. 그런데 결혼식 다음날 야곱이 발견한 끔찍한 사실은 전날 신방에 들어온 여자가 라헬이 아니라 라헬의 언니인 레아였다는 것이었다. 외삼촌인 라반이 야곱을 속인 것이다. 그러나 라반에게도 변명거리는 있었다. 언니보다 동생이 먼저 시집을 가는 것은 집안의 관례상 맞지 않기에 그런 조처를 취했다는 것이다. 그래서 할 수 없이 야곱은 외삼촌을 위해 무상으로 7년을 더 일해주기로 조약을 다시 맺었다. 오직 라헬과 결혼 한번 해보고 싶은 마음에서였다. 7년은 또 순식간에 흘러갔고 결국 야곱은 그렇게도 원했던 라헬과 결혼을 하게 되었다. 야곱은 너무나도 기쁜 나머지 자원해서 7년을 더 종살이하겠다고 말할 정도였다.

위의 성경의 이야기는 물론 야곱이 속임수를 당하는 이야기를 담은 것이기는 하지만, 그래도 뭔가 배울만한 긍정적인 지혜를 담고 있다. 마이클 구리안의 해석을 들어보자.

이 담화는 청소년들에게 충직함을 가르치기 적당한 이야기이
다. 일단 여자/남자의 입술에 키스하고, 성 관계를 맺고, 마음을
주고받았다면 그것에 대하여 죽을 때까지 책임을 지는 그런 충직
함 말이다. 7년 동안을 무보수로 일하면서 오직 연인을 사랑하는
마음으로 견디는 그러한 충직함은 오늘날 진정으로 모든 청소년
들에게 필요한 덕목이다. 야곱은 14년을 견디면서 정서적인 진
실성, 대화의 기술, 갈등해소의 기법 등을 습득했으리라 나는 생
각한다. 그는 14년간의 고초를 통해 성인 남자로 성숙해간 것이
다. 야곱의 이야기는 특히 모든 일가친척에게까지 미치는 충직
함에 관한 교훈을 우리에게 안겨준다. 남자가 일가친척들에 대
한 책임을 지는 사람이 된다는 것은, 많은 사람들과 좋은 인간관
계를 형성하며 특히 자기 가족들을 잘 돌보는 인격을 형성하는
사람이 된다는 것을 뜻한다.

야곱은 즉각적인 만족을 추구하는 대신, 라헬과의 짝짓기를 미
룸으로, 시간이 지날수록 더욱 강인하고 단단한 인격적 바탕을 마
련할 수 있게 되었다고 나는 생각한다. 이러한 원리는 누구에게나
적용될 수 있다. 자신의 성욕에 대한 즉각적인 만족을 추구하는 청
소년들보다는, 결혼시기까지 그것을 참고 절제하는 청소년들에게
더욱 긍정적인 인격적 자질들이 형성될 가능성이 높다. 생리적으
로 보든지, 심리적으로 보든지, 아니면 영적으로 보든지, 청소년기
에 성적인 것을 자제하는 사람이 더욱 반듯하게 성장할 가능성이

높다는 말이다. 그러므로 타인에 의해 강제적으로 그렇게 되든, 더욱 바람직하게는, 자신 스스로 알아서 그렇게 선택하든, 성적으로 자제하는 사람에게 좋은 인격적 자질이 형성된다는 것이 나의 요점이다.

그러므로 부모로서의 책임은 청소년들이 이제 성숙하여 부모와 아내/남편으로 매사에 책임을 질 수 있게 되는 그 때까지, 성적인 풍기문란(風紀紊亂)에 빠지지 않도록 그들을 보호하는 것이다.

최근에 내가 새롭게 깨달은 사실은 아들은 아버지로부터 여성을 어떻게 대해야하는지에 관한 암시를 계속 받고 있다는 점이다. 그 한 예를 들자면, 우리 아들은 내가 예쁜 여자들에 대해 어떤 반응을 보이는지 주시하고 있다. 내 아들은 어렸을 적에 아니 지금까지도, 운전을 하다가 섹시하거나 야하게 옷을 차려입은 여자들이 지나가면 나의 눈이 그 여자들을 주시하거나 아니면 계속 눈길이 따라가는지 관찰한다는 것이다.

그렇기에 아버지와 아들은 함께 힘을 합하여 남아도는 에너지를 발산할 건수를 찾아내야 한다. 특히 운동을 통해 건전하게 성적인 에너지를 발산해내는 것이 바람직하다. 모든 남자에게 있는, 그리고 특히 청소년들에게 강렬한 그 성욕과 색욕은 신체적인 운동을 통해 다듬어져야한다. 항상 활동적으로 움직이면서 몸과 마음에 자극을 주면 딴 생각을 못하게 되어있기 때문이다. 그렇지만 인생에 자극이 적으면 금새 무료해지고, 그러면 엉뚱한 일을 저지를 가능성이 높아진다. 남자는 정신적으로 그리고 신체적으로 도전을 받을 필요가 있다. 특히 의미심장한 일을 통해 성과를 얻으며, 보람을 느끼고, 안전감, 성취감, 자아 실현감, 그리고 높은 자존감을 획득할 필요가 있다. 반대로 의미 심장한 일을 하지 않으면 인생은 무료해진다. 이 무료함, 다른 말로 하자면 모험을 감행할 기회가 없음이 바로 남자의 덫이다.

남성 기독교 사역의 거장인 존 엘드리지의 주장을 들어보자. "많은 남자들이 외도를 하는 이유는 사랑을 구하기 위함도 아니고, 섹스를 탐하기 때문도 아니다. 많은 외도를 한 남자들이 스스로 인정하듯이, 그들에게 외도는 무료함에서 탈출케 하는 하나의 모험이다." 많은 경우에 남자들은 무료함, 낮은 자존감, 의미심장한 일이 없음에 대한 치유책으로 성(sex)을 이용한다.

하나님은 아들의 성적 순결에 대한 책임을 그 아들의 아버지에게 추궁하실 것이다. 이 문제는 사실 다루기 까다로운 문제이기에, 우리들은 자꾸만 늑장을 부리다가, 결국 너무 늦을 때까지 가게된다. 아들의 품성에 이 문제가 끼치는 영향이 지대하다는 것을 감안하여, 가능한 초기 청소년 시기부터 이 문제를 적극적으로 다루기 바란다.

1 성적인 순수성을 지키는 일에 있어서 당신이 가장 고민하고 있는 부분이나 취약성을 보이는 부분이 있으면 그룹에서 다른 남성들과 논의해보아라.

2 소년인 당신의 아들에게, 이제 청소년이 되면 남자로서 성적인 변화의 과정을 겪어가야 한다는 사실과, 소녀들도 역시 성적으로 성숙해가는 과정을 겪는다는 사실들을 미리 귀띔해주어라.

3 가족들이 음란물에 노출되지 않도록 가정을 보호하는 방안을 당신의 아내와 함께 의논해보아라.

제11장

진정한 아버지의 모습

- 르네상스 아버지들
- 확신을 심어주는 본보기
- 멘토링
- 영웅
- 영화들
- 서적들
- 영웅은 어디로 사라졌는가?

진정한 아버지의 모습

아들은 아버지의 언행을 관찰하면서 그대로 본받게 되어있다. 소년은 그렇게 함으로 남성으로 성장한다. 그러므로 남성됨이라는 것은 말로 전달되는 것이 아니라 행위를 본 따서 자손만대로 전수되는 일종의 제의의식 같은 것이다. 그러나 남성됨이라는 횃불을 전달해 주는 업무는 지루하고(tedious) 깨지기 쉬운(fragile) 과정이다. 그렇지만 일단 그러한 통과의례가 정상적으로 이루어진다면, 소년은 떡갈나무처럼 단단한 인품을 지닌 성인 남자로 성장하게 될 것이다. 그러면 그 나무 그늘 밑에 수많은 이들이 쉼을 얻게 될 것이며, 그 천개(天蓋) 밑에서 많은 이들이 축복을 받게 될 것이다.

프레스톤 길르함, 《《평생 보증》》 중에서

소년이 제대로 된 성인 남자가 되려면 성인 남성을 본보기로 보고 배워야한다. 오직 남성다움만이 남성다움을 전수해 줄 수 있다.

여성스러움으로부터는 남성스러움이 이끌어내지지 않는다. 존 엘드리지는 "소년은 자신이 누구이며 자신이 무엇을 가진 존재인지 주로 성인 남자들로부터 배운다. 남자는 남자의 됨됨이를 다른 데서는 배우지 못한다. 소년은 소년의 친구들로부터 남자됨을 배우지 못하고, 더군다나 여성들로부터는 더 말할 나위도 없이 남자됨을 절대로 배우지 못한다."라고 주장한다. 그 이야기는 소년의 삶에 성인 남자의 개입이 필수적이라는 말이다. 본보기를 보여주는 역할모델의 개입이 없는 한, 소년의 삶은 키 없는 배처럼 세속의 바람과 물결이 부는 대로 표류하며 이리저리 떠밀려 다니게 되어 있다.

〈엄마와 아들 사이〉라는 책의 저자인 에벌린 바소프는 그녀의 책에서 아래와 같은 주장을 하였다.

소년에게 자신과 동일시 할 수 있는 피와 살을 가진 실제 인물이 없는 경우, 미디아가 허구로 만들어낸 람보나 코난 같은 인물과 자신을 동일시하게 되어있다. 아니면 깡패집단의 두목이나 주먹을 휘두르는 것 같은 완력을 사용하는 사람을 멋진 남성다운 인물로 간주하고 따라가게 되어있다. 그러나 그것은 진정한 남성다움을 찾는 것이 아니고 그저 폭력적이 되는 것일 뿐이다.

소년은 마음속에 다음과 같이 절규하는 질문을 던지게 되어있다. "내가 진짜 남자냐? 그렇다면 어떻게 증명해 낼 수 있나?" 이러한 소년의 심층 밑에 깔린 근본적인 질문을 엘드리지는 다음과 같이 묘사하고 있다.

이것은 소년이 던지는 질문들 중에 한가지가 아니다. 이것은 바로 성인 남성과 소년이 던지는 핵심을 찌르는 가장 중요한 질문이다. 나는 진짜 남자다운 남자로 제구실을 하기에 합당한 것들을 가지고 있나? 나에게는 그만한 능력이 있나? 남자는 자신이 진짜 남자라는 것을 인식하기 전까지는 그가 진짜 남자 같은 남자라는 것을 증명하려고 애쓰지 않을 것이다. 남성다움에 대한 의식이 전혀 없을 경우, 남자는 남성다움이 나타나야하는 곳에서는 자꾸만 쭈그러들게 되어있다. 대부분의 남자들은 바로 이 질문에 사로잡혀있으며 그에 대한 대답에 걸려 넘어지곤 한다.

모든 소년은 자신들 안에 내재하는 공허감이 성인 남자들의 행동이나 축복으로 채워질 수 있음을 알아야한다. 주변에서 맴도는 여자아이들이 소년에게 우람하게 생겼다고 아무리 떠들어대도, 소년은 그런 사실을 액면 그대로 받아들이지 않을 것이다. 그러나 다른 성인 남성의 마음 깊숙한 곳으로부터 우러나오는 말 한 마디는 소년은 마음에 깊이 박히게 되어있다. 그런 의미에서 로버트 블라이는, "여자 마음은 여자만이 알 듯이, 남자 마음은 남자만이 알게 되어있다. 그러므로 남자만이 남자에게 비법을 전수시킬 수 있다. 오직 여자만이 태아(embryo)를 아이로 성장시킬 수 있듯이, 오직 남자만이 소년을 남성으로 성장시킬 수 있다."고 말했다.

그렇다. 당신의 아버지 덕분에 당신은 소년에서 어엿한 성인 남성으로 발돋움 한 것이다. 프랭크 피트몬은 그의 저서 〈준수한 남자〉에서 다음과 같이 말한다.

남자다움은 주로 아버지로부터 아들에게 전수되게 되어있다. 여성은 아무리 훌륭하고 아무리 아들을 사랑한다고 해도 남자다움을 가르칠 수 없다. 아버지가 없다 하더라도 할아버지, 삼촌, 계부 등 누군가 우리를 남성이 되도록 길러준 사람이 있을 것이다. 만약에 집안에 남성이 완전히 부재하다면 누군가 외부 사람이 소년의 조언자(멘토)가 되어 주어야한다. 만약에 아는 남자라고는 미디어에 등장하는 쾌남 혹은 영화에 등장하는 영웅호걸밖에 없다면 그 소년은 남자다움(masculinity)에 대한 과장되고 왜곡된 개념만을 가지게 된다.

아들에게 아버지가 절대절명으로 필요하다는 것을 보여준 영화 중에 최고 걸작품은 아마도 "세컨핸드 라이온스"일 것이다. 할리 조엘 오스먼트는, 심금을 울리는 장면에서, 로버트 듀발에게 "소년이 남자로 성장하는데 반드시 필요한 모든 말을 다해주기까지 살아있어 달라"고 애원한다. 나이든 남자로부터 모든 정보를 흡수하기 전까지는 소년은 어른이 되지 못할 것으로 생각한 듯하다.

아버지로부터 축복을 받지 못한 소년의 마음속에는 깊은 상처가 남게 마련이다. 물론 내가 아는 대부분의 남자들은, 자신의 가슴 깊숙한 곳에 상처가 있다는 사실조차 부인한다. 왜냐하면 남자는 대장부처럼 그냥 모든 것을 참아야한다고 교육받았기 때문이다. 그렇지만 아버지와 함께 공부하고, 일하고, 유흥을 즐기고 그렇게 한 소년은 아버지의 축복을 흠뻑 받은 소년임에 틀림없다.

나는 의붓아버지 밑에서 자라난 사람이다. 나는 나의 친부를 24살 때에야 비로소 처음 만났다. 그렇지만 그 후로부터 지금까지 우리는 아버지와 아들의 좋은 관계를 유지하고 있다. 작년에 나는 생부로부터 어버이날 축하 카드를 받았다. 사실 대부분의 남자들처럼 나는 카드를 주고받는 일에 별로 신경을 쓰지 않는 사람이다. 그렇지만 그 한 장의 카드는 참으로 특별한 의미를 안겨주었다. 진실로 한 장의 카드가 그렇게까지 사람의 마음을 사로잡고 온 몸을 떨게 하는지 처음으로 경험했다. 그 카드의 내용은 다음과 같다.

아들아, 너는 나에게 축복이란다. 또한 너는 우리 가정에 늘 축복이었지... 너는 하나님을 너의 마음에 모시고 그 분의 사랑 안에서 자라난 것 같다. 너는 너의 삶과 언행을 통해 다방면으로 하나님을 기쁘시게 할 일들을 하고 있구나. 네가 그렇게 성숙해 가는 모습을 바라보는 내 심정은 참으로 기쁘다. 네가 아주 특별한 남자가 되어 가는 것에 대해 나는 얼마나 자랑스러운지 모른다.

그렇게도 과묵한 성격의 소유자였던 나의 친부는 카드를 다음과 같은 말로 끝맺었다. "릭, 내가 너를 늘 사랑하고 자랑스러워한다는 사실을 기억해주기 바란다. 아버지로부터." 우리 아버지가 나에게 해준 축복의 말들은 나에게는 진정 큰 의미를 지닌 말들이다. 47세의 나이에 받은 아버지의 축복의 말이라도, 그 축복의 말이 나의 삶에 끼친 영향력이라고 하는 것은 가히 상상을 초월한다.

르네상스 아버지들

르네상스 (renaissance: 문예 부흥, 신생, 회복, 재생)라는 단어는 다시 태어남 내지는 다시 활기를 띄는 것을 의미한다. 이 단어가 인간이라는 말과 조합되어 사용되어질 때는 인생에 많은 것을 성취해 내는 인간이라는 뜻을 내포한다. 예를 들자면, 가장 잘 알려진 르네상스 인간으로는 미켈란젤로를 들 수 있는데, 그는 저명한 조각가, 화가, 시인, 건축가로 명성이 높다. 또한 철학자, 과학자, 수학자로 알려진 르네 데카르트, 법률가, 징세관, 의사, 군장성, 판사, 천문학자, 법전의 해석자로 알려진 니콜라우스 코페르니쿠스 등도 그런 인물들이다. 그러나 가장 유명한 문예부흥기의 인물은 아마도 레오나르도 다빈치가 아닐까 생각한다. 그는 위대한 건축가이자, 음악가, 엔지니어, 과학자, 수학자, 식물학자, 발명가, 그리고 인체해부학에 조예가 깊은 화가이기도 했다. 그들 모두는 인생에 성공했으며 서로 직접적인 연관성이 없는 다양한 분야에서 전문가가 되었다.

성공적인 아버지는 르네상스 인간이 되어야한다. 현대의 남성들은 어떤 특정한 분야에서 전문가가 되기에 앞서 '전문적인 아버지'가 되어야하겠다. 전문적인 아버지는 높은 수준의 전문성을 가지고 가정을 이끌어나가는 일에 헌신하는 사람이다. 그뿐만 아니라, 르네상스 아버지는 '아버지 노릇하기' 라는 위대한 전통을 자손들에게 전수시켜주는 사람이다.

이 시대는 르네상스 아버지를 높이 치하할 때이다. 능수 능란하게 아버지 노릇을 잘하는 사람들은 높임을 받아야하며, 그런 이들이 발견되면 많은 사람들에게 영향력을 행사하도록 널리 알려야한다. 르네상스 아버지들은 남성됨의 긍정적인 면을 실제 행동으로 보여줌으로 많은 소년들에게 본보기를 제공하는 사람들이다. 바로 그런 종류의 행위를 숭상함으로만이 우리는 젊은이들로 그들의 발자취를 뒤따르게 할 수 있다.

나는 남편이요, 아버지요, 아들이요, 형이요, 삼촌이요, 조언자요, 친구다. 나는 또한 자영업을 하는 사람이고, 저술가이며, 강연 연사이고, 선교회의 창립자이자 디렉터이며, 야구 코치이고, 사냥을 즐기는 사람이고, 아직도 우리 집 강아지와 간신히 달리기 경쟁을 하는 쇠약해진 운동선수이다. 나는 위와 같은 여러 분야에서 어느 정도 성공을 거두어 팔방미인이 되었다고 자부한다. 나는 르네상스 인간일까? 아마 아닐 것이다. 그러나 '르네상스 아빠' 정도는 되겠지! 아마 아닐지도 모른다. 사실 내가 이 책의 저자이기는 하지만 본서에서 내가 제시한 그대로 내가 살고 있지는 못하다. 그러나 르네상스 아빠는 자신이 다방면에서 성공을 거둘 뿐만 아니라 그것을 아들에게 전수시켜 주는데 능란한 사람이다. 그러므로 르네상스 아빠는 다음의 3가지 특질을 가졌다고 말할 수 있다. (1) 그는 성별이 남성이다. 오직 남성만이 아들에게 남성다움을 전달시켜줄 수 있기 때문에. (2) 아버지 노릇을 함에 있어서 전문성을 갖추었다. (3) 아들에게 모범을 보여 따라하도록 유도한다.

아버지로서, 우리들은 다양한 면에서 정통한(versed: 숙련되어 있는, 조예가 깊은, 환히 알고 있는) 사람이 되어야한다. 아버지는 가족의 부양자, 상담원, 가르치는 교사, 코치, 친구, 조언자, 잡역부, 심리학자, 규율 잡는 사람, 양육하는 사람, 격려해주는 사람, 영적 가이드, 혹은 은행원 등의 다양한 역할을 감당해야하기 때문이다. 위의 분야들에 대하여 얼마나 숙련된 사람이 되느냐에 따라 르네상스 아빠와 같은 팔방미인으로 가족 내에서 영향력을 행사하는 정도가 결정될 것이다.

확신을 심어주는 본보기

소년이 장성한 남자로 성장하는데 있어서 가장 중요한 요소는 그대로 보고 따라할 긍정적인 본보기의 존재여부이다.

그런 의미에서 본서의 서두에 인용한 프레스톤 길르함의 주장은 그 시사하는 바가 크다. 성인남자의 긍정적인 영향이 없이는 선하고 생산적인 일을 하도록 까지 소년을 키워내기가 힘들다는 주장 말이다. 남자라는 동물은 남이 하는 것을 보고 배우도록 그렇게 만들어졌다. 그래서 소년들에게는, 남자다움은 무엇이고, 남자는 어떻게 처신하며, 특수한 상황에서 남자는 어떻게 행동하는 것인지 몸소 보여줄 성인이 필요하다.

남자를 남자답게 키워낸 다는 것은 참으로 제대로 해내기 힘겨운 일이다. 특히 오늘날처럼 기대치가 높고, 경제가 빡빡하고, 경쟁이 심한 사회에서는 더욱 그렇다. 이혼율이 급증하는 가운데 자신의 아버지와 함께 지낸 시간이 적고 또한 정서적으로 타인과 가까운 사이를 경험한 적이 별로 없는 성인 남성은 자기 아들을 제대로 키우기가 특히 어려울 것이다.

사실 아버지로서의 역할을 감당하는데 필요한 기술은 배워서 획득되는 것이다. 태어날 때부터 훌륭한 아버지로서의 기술을 가지고 태어나는 사람은 없다. 그렇기에 성장기에 자신의 아버지로부터 긍정적인 영향을 받아보지 못한 사람은, 나중에 자신이 아버지가 되었을 때에 제대로 된 남편, 아버지, 남자가 되는 법에 대한 감을 잡기가 어렵게 되어있다.

소년에게는, 남자로서 나름대로의 신념을 가지고, 영적인 성장을 꾀하며, 건전한 영향력을 끼치는 그런 아버지가 반드시 필요하다.

당신은 어떤가? 남자로서 그리고 아버지로서 당당한가? 나는 한 때 그렇지 못한 적이 있었다. 예수님을 영접하기 전에 나는 여러 상황 속에서 자신감 없이 위축된 삶을 살았다. 나는 강한 체하며(虛張聲勢: bravado) 은근슬쩍 나의 약점들을 덮어버렸기에, 나 자신도 속이고 타인도 나의 적으로 만들어버렸다. 그 결과 아들에 대한 역할 모델로서의 효율성이 떨어져버렸다.

젊은 아버지로서 가장 난감했던 일은 훌륭한 아버지와 건전한 남편이 되는데 필요한 올바른 정보를 어디에서 얻을 것인가 하는 문제였다. 1986년에 나는 초조해하며 첫 아기의 출산을 준비하고 있었는데, 그 당시 나와 아내는 결혼 후 5년간이나 자녀출산을 미루어온 상태였다. 표면상의 이유는 아이를 가지기 이전에 주택을 하나 구입하고 싶었던 것이었으나, 실질적으로는 내가 아직 아버지로서의 책임을 다할 수 있는 그런 성숙함에 이르지 못했다는 판단에서였다. 산모인 아내는 출산 예정일을 20일이나 넘긴 상태였고 태아의 어깨는 점점 더 벌어지고 있었다. 진통이 오고 아기가 나오기는 하는데, 나오다가 산도(産道)에 걸려서 더 이상 나오지를 않았다. 놀랜 나머지 산파는 아기의 머리를 꽉 붙잡고 다리를 거머쥐고 마치 샴페인의 코르크 마개를 낚아채듯이 우리 아기를 마구 잡아 빼내었다. 그러나 우리 아들이 째지듯 울어대며 세상에 나올 적에 내 마음에서는 기쁨의 홍수가 터졌다. 그렇지만 아기를 데리고 집으로 오는 길에 뭔가 마음에 찜찜한 것이 걸리면서 속이 답답해지기 시작했다. "가만있어보자. 내가 이러고 있을 때가 아니다. 아기를 데리고 가기는 하지만, 도대체 아버지 노릇을 어떻게 해야 하는지 내가 아는가? 제일 먼저 해야할 일은 뭔가?" 그런 생각을 하니 정신이 번쩍 들고 어깨가 무거워지는 것을 느꼈다. 물론 지금은 천진난만하고 무방비 상태인 아기를 내가 만들어 냈다는 것과 그에 대한 책임을 전적으로 져야한다는 것을 알지만, 그 당시는 어디에서 조언을 받아야할는지 조차 모호했다.

위와 같은 현상은 아기를 가지게 되는 대부분의 젊은 남자들에게 있어서 공통적으로 나타나는 현상이라고 나는 생각한다. 어떤 아버지들은 너무나 당황하여 쩔쩔매다가 겁먹고 도망가버리는 이들까지 있다. 물론 끝까지 책임을 지는 아버지들도 많지만 말이다. 아버지 노릇을 중도에 포기하고 떠나버리는 사람들 중에는, 많은 경우에, 자신의 부모들로부터 그런 습관을 물려받은 사람들이 많다.

오늘날 나는 아버지와 남자 그리고 남편으로서 역할을 어느 정도 정상으로 감당할 자신감이 생겼다. 물론 전혀 실수를 범하지 않는다는 말은 아니다. 그래도 그 수준이 건전하고 건강한 수준에 올랐다고 나는 자부한다. 그리고 무엇보다 아버지와 남편 노릇 하는 것이 편하고 그것에 숙달되었다. 어떻게 이렇게까지 능숙하게 될 수 있게 되었을까? 중년기에 이르렀기 때문일까? 그러나 내 소견에는 시간이 흘렀기 때문만도 아니고 시행착오를 많이 거쳤기 때문만도 아니라고 생각한다. 그 비결은 아마도 끈임 없이 하나님께 기도하며 지혜를 간구했기 때문이라고 믿는다. 그리고 이곳저곳 많은 곳을 헤매면서 필요한 정보를 수집하고, 사람들을 만나보고, 조언을 듣고 한 결과라고도 생각한다. 나는 자녀 돌보기(fathering)에 대한 수많은 서적을 읽었으며 많은 세미나에 참석했다. 그리고 다른 아버지들과 아버지로서 겪는 여러 시련과 고통에 대해 많은 이야기들을 함께 나누었다. 그리고 특히 나이 들고 경험이 풍부한 아버지들로부터 인생의 지혜를 구했다. 마지막으로 궁극적인 아버지이신 하나님 아버지의 표본을 따랐으며 그 분의 지도와 편달을 철저히 받아들였다.

멘토링

소년들에게는 본받을 만한 역할 모델이 필요하다. 본보기로 따라할 성인 남자의 바람직한 모습, 그리고 성인 남성의 적극적인 권고가 필요하다는 말이다. 그러므로 아버지로서 당신의 주된 임무는 긍정적인 남성상의 모델을 아들에게 보여줌과 동시에, 멘토링 (조언)을 통하여 경건한 남자와 훌륭한 아버지가 되는 법을 가르치는 것이다. 스티브 파라는 "내 아들이 한 가정을 이끄는 리더로까지 성장하도록 돕는 것은 하나님이 나에게 맡기신 임무이다. 그런 목적을 달성할 수 있는 소양을 갖춘 인물로 나는 내 아들을 키워내야 한다. 어린아이들은 다음 세대의 소망이다. 자라나는 꿈나무들은 내일의 아버지들이다. 그들은 자신이 누구이며 무엇을 하는 존재인지 제대로 알 필요가 있다. 그렇기에 그들은 역할 모델이 제대로 행하는 것을 관찰하며 배워야한다."라고 주장한다.

성인 남자의 건전한 영향력을 받지 못하고 자라난 소년은 나중에 어른이 되어 심각한 사회부적응을 보이기도 한다. 그런 소년들은 스스로의 힘으로 남자가 되는 법을 터득해야만 하기 때문이다. 이는 광대하고도 무시무시한 과제이다. 성인 남성의 긍정적인 역할 모델을 보지 못하고 자라난 아이는 무직자, 부랑자, 내지는 위험인물이 될 가능성이 높다. 그들은 가정의 부양자와 보호자로서의 역할을 받아들이기 어려워할 뿐만 아니라 의미심장한 삶을 살아가는 것도 두려워한다. 성인 남자로부터 지도를 받지 못하고 자라난 소년은 삶에 있어서 자신의 위치와 역할에 혼돈을 경험하며 인생의 만족과 안정감을 찾는데 어려움을 겪는다.

성인 남성을 멘토로 가진 소년이 누리는 축복은 자신에게 주어진 인생의 충만하게 개척해 나갈 능력을 얻는다는 데 있다. 모든 소년은 자신의 삶에 주어진 사명감을 발견하기 원하고 그러한 발견에 어른이 동의해 주기를 바란다. 어른이(특히 아버지가) 그러한 정신적 지지를 해주면 소년은 마음의 든든함과 사랑 받는다는 느낌을 가지고 자신의 인생사명을 자신만만하게 성취해낼 수 있게 된다. 그렇게 자라난 소년은 나중에 성인이 되었을 때에 남편, 자녀, 그리고 낯선 이들에게 "나는 남자라는 존재가 누구인지 잘 모르겠다. 나에게 좀 가르쳐달라"고 말하지 않을 것이다.

바로 여기에 현대 미국의 딜레마가 있다. 도대체 남자, 아버지가 누구이며 무엇을 하는 사람인지에 대한 올바른 견해를 터득하지 못한 채 성인이 되어버린 사람이 너무도 많다는 것이다. 사실은 아버지가 아들과 '함께 한다'는 것 자체가 아들에게는 축복이다. 그렇지만 그냥 함께 있는 것을 넘어서서, 본보기가 될 만한 행동이나 품격을 아버지가 보인다면 아들에게는 너 말할 나위 없는 축복이 될 것이다. 그런 의미에서 아버지 이외에 바람직한 역할 본보기가 될 만한 다른 성인 남성의 개입도 아들의 삶에는 중요하다고 볼 수 있다.

역사적으로 볼 때에 현대 이전에는 모든 아버지들이 아들을 성인으로 키워내는 일에 적극적이었으며 아들을 가르치는 책임을 감당했다. 사실 성경시대만 하더라도 아버지는 아들을 바로 지도할 멘토를 골라서 아들에게 붙여주는 역할을 하곤 했던 것이다. 마이클 구리안의 말을 들어보자.

아버지가 사라진 경우, 부족의 다른 남성이 대리역할을 하곤 했다. 아버지가 누구인지 알 수 없을 경우, 다른 남자가 아이의 어머니와 아이를 보호해주곤 했다. 그리고 일단의 젊은이의 무리들이 그 아이가 자라 성년이 되기까지 집단적으로 그 아이를 돌보았다. 그리고 사회적이고 감성적인 도전에 스스로 대처할 수 있는 성숙에 이르기까지 멘토해주었다. 구약성경의 법령에 따르면, 형이 죽었을 경우 그 동생이 형수와 결혼해야한다고 한다. 물론 오늘날에 그런 법을 적용할 수는 없으나, 아버지의 부재에 대한 막대한 손해를 경험했던 사회에서 제정되었을 법한 법령이다. 아버지가 없는 아이들은 광란하고, 편모는 보호받지 못하며, 결손 가정은 미래에 대한 불안으로 떨게되는 그런 상황을 많이 경험했었을 것이다.

하나님께서는 다른 선지자의 목소리가 필요하다고 판단되었을 때에, 엘리야에게 엘리사를 차세대 선지자로 세우라고 지시하셨다. 엘리야가 엘리사의 멘토가 된 것이다. 그러나 사실 초반에 엘리사는 엘리야의 사환으로부터 시작했다. 이는 멘토링의 과정이 서로 함께 함으로부터 시발되었다는 것이다. 이는 멘토가 되는 사람과의 일상의 접촉을 통해, 특정한 상황에서 멘토가 반응을 보이는 법을 관찰함으로 배우기 시작했다는 뜻이기도 하다.

멘토링은 아버지와 아들이 서로 함께 하는 시간을 가짐으로 시작된다. 그렇지만 아버지의 영향력을 극대화시키려면 긍정적인 사고와 행동을 보이는 다른 성인 남자의 본보기도 필요하다. 그렇게 해야만 아버지의 가르침이 강화되어질 수 있기 때문이다. 나의 경우는, 내 아들을 보이스카웃과 소년 야구단의 리더들, 축구 코치, 그리고 남성 교사들과 의도적으로 자주 접촉시킴으로 긍정적인 남성의 역할을 보도록 유도했다. 내 자신이 아버지 노릇을 제대로 하기에는 능력부족이었기에 다른 남자들의 도움이 많이 필요하다는 발상에서였다. 하여간 내 아들은 많은 성인 남자들로부터 긍정적인 영향을 받은 것이 확실하다.

사실 주지해야할 사실은, 멘토링은 어떤 공식적인 자리에서 행해지는 게 아니라 삶의 모든 상황과 다양한 인간관계를 통해 발생한다는 것이다. 만약에 당신이 나이 지긋한 사업주이고 젊은 사원을 거느리고 있다면 당신은 고용주일 뿐만 아니라 멘토이기도하다. 그러므로 당신의 책임은 단순히 직업적인 기술만을 습득시키는 것이 아니라 삶의 기술도 전수해주는 것이다. 교사와 코치는 단순히 지식만 전달하는 사람이 아니라 인생의 교훈들도 가르치는 사람이어야 한다. 소년이나 청년이 정신적으로 건강한 성인 남성으로 자라나려면 다양한 종류의 자원으로부터 들어오는 정보를 자기의 것으로 만들 수 있는 능력을 배양해야한다.

구리안은 이렇게 주장한다. "멘토링이라는 것은 양육하는 시스템을 일컫는 단어이다. 남성에게 실시되는 멘토링은, 남성의 주도하에 한 남성이 다른 남성에게 훈련, 도덕적 가르침, 정서적 지원 등을 공급하는 것으로... 소년을 위한 멘토로서는 아버지, 교사, 운동 코치, 연상의 소년, 할아버지, 연장자, 남자 리더, 선배, 역할 모델, 남자 영웅, 유명인사, 스포츠 영웅, 그리고 남자 동년배 등을 들 수 있다."

아버지로서 역할에는, 아들에게 관찰하고 따라할 만한 성인 남자를 붙여주는 것뿐만 아니라, 우리 자신이 다른 소년의 삶에 개입하여 긍정적 영향을 미치는 것까지 포함되어야한다. 특히 사별이나 이혼으로 인해 아버지가 부재하게된 소년에게는 대리 아버지로서의 역할을 감당할 사람이 필요하다. 성인 남자의 긍정적인 영향을 받지 못하고 자라난 아이들은 종종 부랑자가 되고 만다. 특히 여자들을 육체적으로 이용해먹고 달아나는 남자들이 되기 쉽다. 이러한 남자들에게 놀아나는 여자들 중에는 어렸을 적에 아버지에게 버림받은 여인들이 많다. 아버지(내지는 남성)의 사랑과 관심에 목마른 나머지, 시도 때도 없이 육체적인 관계를 갈구하는 충동이 발생하기 때문이다. 미국의 예를 들자면, 자동차 뒷좌석에서 남자와 추잡한 행동을 벌이는 것 같은 경우를 들 수 있다.

하루는 "빅 브라더 빅 시스터"(큰 형님 큰 누님)라는 단체에서 파견된 한 여인이 나를 방문한 적이 있다. 그녀는 나에게 〈아마치〉라는 프로그램을 소개했는데, 이는 교회에 속한 성도들이, 부모 둘 다 내지는 적어도 부모 중 한 사람이 교도소에 수감된 가정의 아이들을 멘토해 주는 프로그램이었다. 나는 그녀의 면전에서 시간이 없다고 하면서 단호히 거절하였다.

그러나 그녀는 단념하지 않고 더욱 자세히 설명해주었다. 그 프로그램은 내가 거주하는 동네인 포틀랜드 지역에서 2년 전에 처음으로 발족되었는데, 벌써 6세에서 12세 사이의 아이들 240명이 줄을 서서 기다리고 있다는 것이었다. 남자 자원봉사자들을 구하기가 참으로 어려운 실정이기에, 아이들의 평균 대기기간은 2년이라고 했다! 그 말을 듣자마자 이런 생각이 떠올랐다. "세상에! 주님, 나는 시간이 허락지 않기에 자원봉사를 할 수 없습니다. 그렇지만 이런 상황에서 어떻게 자원봉사를 하지 않을 수 있겠습니까?" 성

년 역할모델을 찾고 있는 그 연령층의 아이들에게 2년이라는 기간
은 아슬아슬한 고비의 시간들인데, 특히 멘토가 간절히 필요한 그
어린이들에게는 더욱 그럴 것이다. 그런 모든 사항을 빤히 아는 나
로서는 소년을 멘토하지 않을 수 없었다.

내가 멘토했던 10세의 아동은 마치 마른 스펀지가 물을 빨아들
이듯 그렇게 열렬한 반응을 보였다. 그는 나를 존경했고 나의 관심
을 끄는데 적극적이었다. 나는 그가 일상생활에 필요한 기본지식
이나 기술에 관해 어떻게 그렇게도 무식한지 참으로 놀라움을 금
치 못했다. 한번도 성인 남자의 영향을 받은 적이 없기 때문이다.
그렇지만 그는 대단히 화가 나 있었고, 나는 그의 그런 태도가 이
해할 만하다고 생각했다. 만약에 속상해 하지 않았다면 그것이 더
비정상적이었을 것이다. 그는 성인 남자로 성숙해 가는 과정에 나
이 많은 남자의 지도를 받으며 자라갈 하늘이 내린 권리를 박탈당
한 존재였다.

흥미롭게도 그 소년의 학교교사와 상담역은 그가 ADHD(주의
결함 활동항진 장애) 아동이라고 주장했다. 그러나 그는 내 곁에
있을 때에 항상 침착했고 안정된 분위기를 보여주었다.

나는 지금도 그 아이를 멘토하고 있는데, 그의 생애에 큰 변화
의 물결을 일으키는데 내가 도움이 될지는 아직 알 수 없다. 그러
나 나는 최선을 다하고 있다. 우리가 이런 아동들을 도와주지 않는
다면, 통제불능의 분통을 터트리는 남자들과 아버지 없이 자라나
는 아이를 키우는 편모들을 많이 양산해 내게 될 것이다. 나는 하
나님의 심판대 앞에 설 때에, 나 자신의 욕망과 필요를 채우기에만

급급했기에 어려움을 당한 아이들을 돌볼 시간 따위는 없었다는 등의 구차한 변명은 늘어놓고 싶지 않다.

오늘날의 젊은이들의 삶의 상황에 관해 로버트 루이스는 다음과 같이 표현한다.

우리 나라에서 25세 이하의 남자들은 남자다움의 용해를 경험하고 있다. 남성이 누구이며, 남성은 어떻게 행동해야하며, 남성은 어떻게 느끼며, 남성은 무엇을 위해 살아야하는지를 보여주는 역할 모델의 부재 때문이다. 그들에게는 남성이 무엇을 위해 살며 무엇을 위해 죽은지 그 방향을 제시해주는 비전이 없다. 그들 대부분은 화가 나 있다. 아버지 없는 아이는 정신적으로 불구가 된 아이다. 아버지 없는 속상함으로 인한 분노 때문에 종종 그들은 엄청난 폭력을 행사하기도 한다. 삶을 잘 관찰해주고 관리해주는 성인 남자의 감독 없이 자라는 아이들은 많은 경우에 책임의식도 없다. 그렇기에 그들은 이 세상에서 환상과 고립사이를 이리저리 방황하며 표류하고 다닌다.

연장자에게는 연하의 사람에게 인생의 동반자가 되어주어야 할 책임이 있다. 동시에, 연하의 사람은 열린 마음으로 연장자의 충고를 흔쾌히 받아들일 자세를 갖추고 있어야한다. 그렇지만 오늘날에는 불행히도, 손아랫사람이나 손윗사람이나 할 것 없이 모두 도도한 자만심만 내세우기에 결정적으로 중요한 정보를 주고받는데 실패하고 있다고 나는 생각한다.

그러므로 조언을 잘 받아들일 만한 어린 소년이나 청소년을 발굴하라. 당신의 책임이 오직 당신 자신의 아들에만 국한된다는 생각은 버려라. 만일 우리가 많은 젊은이들에게 남자다운 남자, 아버지, 그리고 남편이 되는 적절한 훈련을 제공하지 않는다면 우리의 문화는 내파(內波)하고 말 것이다. 정직하게 말해서, 오늘날의 젊은이들은 인생살이의 비결을 말해 줄 인생의 선배들을 찾아 헤매고 있다. 오늘날처럼 거친 상황에서, 건전하고 건강한 한 남성으로 살아가기에 필요한 기술을 청소년들과 소년들에게 전달해 주는 것보다 더 의미심장한 일은 없으리라 나는 생각한다.

미국에서는 '홀로 부모'의 85퍼센트가 여성이다. 미국에서는 전체 아동의 50퍼센트가 그들의 성장 과정 중에 '한 부모' 가정에서 자라난다. 그 뿐만 아니라 미국에서 출생하는 아기의 30퍼센트는 서출(庶出)이다. 미국에서 범죄의 90퍼센트는 한 부모 밑에서 자라난 남자에 의해 저질러진다. 미국에서 교도소에 수감된 사람 중에 70퍼센트는 아버지가 없는 가정에서 자라난 인생들이다.

이러한 통계를 통해 볼 때에 비난받아 마땅한 이들은 남성들임을 알 수 있다. 자녀를 포기하는 자들이 아버지들이기 때문이다. 이제 이 사회가 다시 밝은 빛 가운데에 움직이며 활력을 되찾는 길은 남자들이 정상으로 돌아오는 길뿐이다. 어떻게 정상적인 성인 남자가 되도록 소년을 잘 키워낼 수 있을까? 그 대답은 명백하다. 아버지가 아들과 함께 시간을 보내며 아들의 인생에 깊이 관여하며 긍정적인 영향력을 끼치는 것이다.

이혼한 후에 아버지가 친자식의 양육에 관여하지 않는 데는 오만가지 이유가 다 있다. 물론 그 변명거리 중에 어떤 것들은 합당하고, 정당하며, 바람직하고, 이해할 만한 것들도 있다. 나는 오랜 기간 동안 많은 남자들을 만나 이혼할 수밖에 없었던 사연과 이혼 이후의 고투에 관해 들어보고는 마음 찢어지도록 아파했던 사람이다. 그렇지만 이유야 어쨌건, 아버지의 긍정적인 영향력이 없으면 아들은 행복하고, 만족스러우며, 생산적인 삶을 영위할 어른으로 성장하는데 상당한 어려움을 겪는다. 그리고 어떠한 변명도 그 사실을 바꾸어 놓을 수는 없다. 불안정하게 자라난 소년은 성인이 되어 주변의 많은 것들을 파괴하고 쑥밭으로 만들어 놓을 가능성이 높다. 특히 그러한 악영향은 본인의 자녀와 손자/손녀에게까지 미친다. 그러므로 가정을 사수하는 일은 죽을힘을 다하여 해야 할 일이고, 여하한 대가를 치르고라도 반드시 해내야만 하는 일이다. 훌륭한 전사인 아버지는 어떤 혹독한 상황에서도 참고 견디며 가정을 세우는 전투에서 끝까지 싸울 것이다.

나는 친자식이 아닌 아이, 즉 딴 남자의 아이를 키운다는 것이 얼마나 어려운 일인지 그냥 상상으로만 알고 있다. 그렇지만 당신이 계부인 경우, 특히 생물학적인 아버지가 자녀의 양육에 별로 관계하지 않는 경우라면, 당신의 역할은 더욱 중요하다. 우리의 의붓아들들에게는, 진짜 남자다운 남자로 성장함에 있어서, 모범적인 의붓아버지의 긍정적인 영향이 필요하다. 일반적으로 소년은, 친부가 아닌 이상, 성인 남자와 긴밀한 유대관계를 형성하는데 어려움을 겪게 되어있다. 그렇기에 의붓아버지로서 의붓아들과 친밀한 인간관계를 형성한다는 것은 참으로 까다롭고도 힘겨운 일이다. 그러나 그것은 반드시 필요하고 또한 가장 고결한 일이다. 남자가 남의 자식을 자기 친자식처럼 키운다는 것은 이 세상에서 가장 고매한 일이라고 나는 생각한다. 의붓아들에게 악의(malice: 앙심, 적의)를 품지 않고 경멸(contempt: 멸시, 업신여김, 모멸, 모욕, 치욕, 창피, 수치)을 주지 않으면서 잘 대해주는 의붓아버지는 참으로 이 세상에서 가장 훌륭한 사람으로 여겨져야 한다.

이 세상에서 가장 중요한 인물이지만, 역사상 지금까지 제대로 인지되지 못한 사람이 바로 계부라는 인물이다. 나는 늘 계부의 원조인 요셉을 생각한다. 그는 예수님의 아버지이다. 요셉의 생애에 관하여 성경은 별로 말해주는 바가 없다. 아마도 요셉은 예수님이 청소년기쯤 되었을 적에 사망한 듯싶다. 요셉은 예수님의 삶에 중요한 역할을 담당하였으며 그 결과 인류에게까지 영향을 미치게 되었다. 일단 요셉은 인간의 형태를 가지고 세상에 오신 하나님을 보호하였다. 무엇보다 유아살해로부터 예수님을 건져내었던 것이다. 요셉은 예수님에게 쓸 것과 먹을 것을 공급해 주었으며, 예수의 성장기에 여러 중대사에 관하여 조언을 주었던 것 같다. 요셉은 예수님 말고도 야고보와 유다를 양육했는데 그들은 나중에 예수님의 지원자와 사도가 되었다. 요셉은 하나님이 요셉에게 작정하신 역할을 감당하기는 했으나 그렇게 쉬운 일은 아니었을 것으로 판단된다. 특별히 약혼 중에 있는 마리아가 느닷없이 잉태한 사건은 참으로 당혹케 하는 사건이었을 것이다. 그 당시 요셉이 동료들로부터 받은 질책과 사회로부터 받은 경멸은 이루 말할 수 없었을 것이다. 이런 일이 오늘날의 세상에서 발생했다해도 사람들에게 냉대 받기는 마찬가지가 아닐까? 사실 예수님의 아버지인 요셉은 예수님의 출생 이야기를 제외하면 성경에 별로 많이 등장하지 않는 존재일 뿐만 아니라, 훌륭한 계부로서 받아 마땅한 영예도 누리지 못하고 사망한 듯싶다. 만약에 당신이 계부이고, 의붓아들의 친부는 알코올중독, 마약중독, 여자희롱, 도박, 무책임함, 재정적인 무능력 등으로 가정을 책임질 수 없는 사람이라면, 의붓아들에게 친부를 닮지 않아도 된다는 것을 인식시키는 것은 참으로 중요한 작업이다. "더 마이티"라는 영화에서 어린 소년의 가장 큰 두려움은, 자신이 어른이 되면, 혹시 사디스트 범죄자인 아버지를 닮게나 되지나 않을까 하는 걱정이었다. 자신의 의지나 소원에 상관없이, 아버지가 그랬기에 자신의 인생도 그런 방향으로 운명지어지지 않을까 하는 우려가 항상 그 소년을 따라다녔던 것이다. 그리고 실상 많은 소년들이 그렇게 느끼고 있으며, 실제로 그렇게 되기도 한다. 그렇기에, 만일 당신이 인생 실패자 생부를 가진 의붓자식을 키우는 계부라면, 그 아들에게 생부의 전철을 밟을 하등의 이유가 없다는 사실을 주지시켜주는 것은 참으로 중요한 일이 될 것이다.

젊은이들과 더 많은 시간을 보내면 보낼수록 당신은 그들의 삶에 더 많은 영향력을 미칠 기회를 얻게된다. 특별한 행사를 기획하지 않아도 된다. 한눈 팔지 않고 오직 아들과의 관계에만 전념할 수만 있다면 아들에게는 큰 도움이 된다. 어른들은 시간을 주로 질적으로 생각하는 것 같다. 그러나 아이들은 양적으로 생각한다. 청소년들로부터 귀가 따갑게 듣는 이야기는 그들이 아버지로부터 진정으로 원하는 것은 돈도 아니고, 명품도 아니고, 멋진 휴양지도 아니라는 것이다. 그들이 절대절명으로 원하는 것은 '아버지의 시간’이라고 한다.

“Big Brother Big Sister”(큰 형님 큰 누님)라는 단체를 통해 소개받은 소년들을 멘토링하면서 내가 경험하는 바도 위의 주장과 일치한다. 그들은 진정으로 나의 관심과 시간을 가장 절실히 원했다. 그들은 내가 어떤 직업에 종사하는 사람인지조차 관심이 없었다. 그렇지만 나와 함께 하는 시간에는 관심이 많았다.

만일 당신 자신이 무가치한 인간이라는 생각이 든다면, 어려운 지경에 있는 아이들을 돌보는 멘토로 한번 일해보기를 권한다. 참으로 잊지 못할 놀라운 경험이 될 것이다. 왜냐하면 그 아이들은 당신이라는 존재 자체를 그렇게도 큰 가치로 여기는 아이들이기 때문이다. 그들은 당신이 함께 있어만 줘도 큰 감동을 받고 감사한다. 우리들은 종종 스스로 멘토가 될 만한 자격이나 능력이 없다고 생각한다. 그러나 그것은 사실과 다르다. 내가 말한 대로 한번 실천에 옮겨보기 바란다. 그러면 당신은 자신이 얼마나 가치 있고 능력 있는 존재인지 새삼 재확인하게 될 것이다.

영웅

멘토링은 당신의 아들에게 남자 영웅들을 보여주는 과정을 포함한다. 당신의 아들은 영웅이 어떤 것인지 눈으로 직접 볼 필요가 있다. 물론 영웅이라고 해서 유명세를 탔다거나 허풍으로 불어난 그런 인물일 필요는 없다. 매일 일정한 시간에 기상하여 가족을 부양하기 위해 오늘도 자신이 증오하는 직장으로 발걸음을 옮기는 보통 남자가 더 영웅적일 수도 있기 때문이다. 이따금씩 신문이나 잡지는 영웅적인 삶을 살았거나 아니면 영웅적인 행동을 한 사람들에 대한 기사를 싣는다. 나는 여기에 아들들에게 영웅을 소개하는 방법에 대해 잠시 제안하고자 한다.

영화들

영화에는 많은 영웅들이 등장한다. 그것을 자녀의 교육용으로 이용해도 좋을 것 같다. 그러나 문제는 오늘날의 영화에는 긍정적인 남자의 역할을 그린 영화가 거의 없다는 점에 있다. 그렇지만 잘만 찾아보면 도덕적 확신과 바람직한 가치관을 가진 인물이 나오는 영화가 어딘가에 있을 것이다. 그러한 영화를 찾아내어 아버지와 아들이 함께 관람하면 참 좋으리라 생각한다. 영화에 등장하는 영웅의 좋은 인격적 자질들, 그리고 악한 역의 인격적 흠집들에 대하여 아들과 대화를 나눈다면 금상첨화가 될 것이다.

나는 멜 깁슨과 소피 마르소가 출연한 〈브레이브하트〉(Braveheart)를 보면 아직도 마음에 깊은 동요가 인다. 특히 다음과 같은 대사는 내 영혼에 아직도 메아리쳐오고 있다. "앞으로 몇 년 후에 죽어가면서, '너희들은 우리의 생명을 앗아갈지 몰라도 우리의 자유는 절대로 빼앗아가지 못한다!' 라고 말할 기회를 맞이하고 싶지 않은가?"

브루스 윌리스가 주연한 〈언브레이커블〉(Unbreakable)이라는 영화에서 어린 소년은 자신의 아버지가 세상을 구원할 슈퍼영웅이라고 굳게 믿는다. 그 아버지는 평범한 사람이었는데, 마음이 내키지는 않았으나, 결국 진짜 영웅이 되어버렸다. 아버지에 대한 아들의 신뢰가 아버지에게는 하나님이 운명지어주신 그 역할을 충분히 감당하고도 남을 힘이 된 것이다. 모든 남자들이 새겨야할 소중한 교훈을 담고 있는 영화 같다.

그 이외에도 남자들끼리 보기에 적합한 영화들의 목록을 내 나름대로 작성해 보았다. 그것들은 러셀 크로우가 주연한 〈마스터 앤드 커맨더〉(Master and Commander : The Far Side of the World), 톰 크루즈가 주연한 라스트 사무라이 (The Last Samurai), 다니엘 데이 루이스가 주연한 〈라스트 모히칸〉(The Last Of the Mohicans), 멜 깁슨이 주연한 〈패트리어트〉(The Patriot), 덴젤 워싱턴이 주연한 〈리멤버 타이탄〉(Remember the Titans), 진 핵크만이 주연한 〈후지어〉(Hoosiers), 숀 오스틴이 주연한 〈루디〉(Rudy), 로버트 듀발이 주연한 〈세컨핸드 라이온즈〉(Secondhand Lions), 로버트 듀발이 주연한 〈외로운 비둘기〉(Lonesome Dove), 매튜 브로데릭(Matthew Broderick)이 주연한 〈영광의 깃발〉(Glory), 러셀 크로우가 주연한 〈글래디에이터〉(Gladiator), 멜 깁슨 (Mel Gibson)이 주연한 〈싸인〉(Signs), 역시 멜 깁슨이 주연한 〈위 워 솔저스〉(We Were Soldiers) 등이다. 리암 니슨이 주연한 〈롭 로이〉(Rob Roy)는 가족이 보기에는 성적으로 자극적인 장면이 많기는 하지만 남자들이 가질 수 있는 최악의 인격적 장애들을 그린 영화로는 걸작이다. 재미는 있으나 소년들에게 평범한 메시지를 줄 수 있는 영화로는 〈반지의 제왕〉(The Lord of the Rings: The Return of the King), 〈스타워즈〉(Star Wars), 〈인디아나 존스〉(Indiana Jones) 등을 들 수 있을 것이다.

서적들

독서는 책벌레들이나 하는 것이지 남자의 성향에는 걸맞은 일이 아니라는 신화가 현대사회에 만연한 것 같다. 그러나 독서보다 더 좋은 기분전환의 방법은 없을 것이다. 지금 내가 저술하는 책의 내용은 완전히 남성을 위한 것이기에, 남성들이 읽기에 아무런 문제가 없다고 나는 생각한다. 남자가 책을 읽는 것은 이상하거나 쑥스러워할 일이 아니다. 우리 나라에서 가장 위대한 인물로 꼽히는 아브라함 링컨은 독서를 통해 독학한 사람이다. 인생에 그릇된 선택만 계속하는 사람과 밝은 미래로 전진하는 사람의 갈림길은 아마도 독서일 것이다. 사실 자녀에게 역할 모델이 되는 영웅을 보여주기에는 책이 영화보다 훨씬 낫다. 왜냐하면 더 풍부하고 섬세한 터치로 세부사항을 알려주기 때문이다.

일반적으로 보면 소년들은 책 읽는 것을 별로 좋아하지 않는 것 같다. 오늘날 아이들은 게임이나 컴퓨터에는 매달려도 독서는 별로 선호하지 않는다. 그렇지만 자녀들로 하여금 다양한 종류의 책들을 통독하도록 권유하라. 독서에 취미를 붙이게 할 수만 있다면,

이는 일생동안 부모님께 감사할 선물을 주는 것과도 같다.

자녀들에게 독서를 자극하는 가장 좋은 방법은 부모 자신이 책 읽는 모습을 자녀들에게 보여주는 것이다. 집안 구석구석에 책을 깔아 놓아라. 당신의 자녀들이 좋아하거나 존경하는 친척이나 친구들로 하여금 당신의 자녀에게 책을 선물하도록 유도해라. 자녀에게 아주 어릴 적부터 도서실 카드를 만들어 주어라. 자녀를 책방으로 데려가 읽고 싶은 책을 스스로 고르게 하여라.

비록 당신 자신이 책과는 상극인 사람이라 할지라도, 나는 당신이 자녀들에게 다량의 책을 공급하는 사람이 되기를 강력히 추천한다. 한 권이 아니라 한꺼번에 대여섯 권을 공급하는 것이 중요하다. 자녀가 학교에 들어갈 때까지 기다릴 필요도 없다. 당신 자신이 독서를 즐기지 않는 사람이라도, 자녀가 어릴 때부터 부모가 자녀들을 위해 책을 읽어주는 것은 자녀의 지능발달에 크나큰 도움이 된다. 아이들은 어른을 보고 따라하게 되어있다. 그러므로 자녀들이 있는 자리에서는, 하다 못해 신문이라도 보면서 뭔가 독서를 하는 척이라도 해보아라. 아니면 실제로 읽지 않는다 하더라도, 부모가 신문, 책, 잡지를 항상 끼고 다니는 것을 보여주는 방법도 있다. 자녀가 어릴 때는 자녀에게 읽어주고, 자녀가 자라나면 자녀에게 읽어달라고 부탁하라.

나는 책을 읽다가 감동이나 통찰력을 얻게 해 주는 구절이 나오면 아내에게 큰 소리로 읽어준다. 사실 나는 우리 부부가 함께 즐겼던 책의 한 단원 전체를 자녀에게 소리 내어 읽어주고 싶다. 아이들이 옆에서 왔다갔다하면 큰 소리로 책을 읽어 줄 좋은 기회다.

서적이라는 매체를 통해 전달되는 확실한 정보들을 아이들에게 전달해 주는 것만큼 즐거운 일은 없다. 나의 경우에, 내가 직접 대놓고 하고 싶은 말이지만 차마 못하는 말들도, 책을 소리내어 읽으면서 간접적으로 아이들에게 강연(lecture: 잔소리, 꾸지람, 훈계)하기도 한다. 또한 그러한 내용을 아내에게 소리내어 읽어주면, 아이들이 지나가다가 엿듣고는, 정서적인 거부감이나 부담감을 느끼지 않고 그냥 받아들이게 되어있다.

자녀들에게 책을 가까이 하게 하는 습관을 형성시켜주려면 우선 책의 선택을 잘해야한다. 아이들의 수준에 맞는 책으로, 어렵지 않고, 관심을 끌만한 책이면 가장 좋다. 읽기에 너무 어려우면 아이들은 독서를 포기하고 말 것이다. 내 아들이 3살 적에 나는 아들과 공받기 놀이를 시작하였다. 그런데 나는 내 아들의 수준을 고려하지 않은 채, 테니스 공처럼 말랑말랑한 것을 사용하지도 않고, 내 수준에 맞는 딱딱한 야구공을 사용했다. 그러다 보니 우리 아들이 야구공에 정통으로 맞고 아파서 어쩔 줄 모르는 사태가 발생했다. 독서도 마찬가지다. 어린 자녀에게 어려운 책을 읽히는 것은 마치 어린아이에게 야구공을 던지는 것과 같다. 그러면 아이는 실망하거나 절망하여 일생 독서를 멀리하게 될지도 모른다.

남자아이들은 무모한(swashbuckling) 모험담을 좋아하는 것 같다. 물론 그런 이야기들은 아버지들도 즐겨한다. 책을 선물로 줄 때에도 그런 종류를 주면 좋을 것이다. 예를 들자면, 아들에게 야구 글러브를 선물로 사 주면서 유명한 야구 선수에 대한 전기도 함께 사 주는 것이다. 그렇지만 아들을 자세히 관찰하여 그의 취미에

맞는 것을 사주어야한다. 당신의 아들은 무엇에 관심을 보이는가? 공룡, 지구, 곤충, 파충류, 로데오(카우보이의 경기, 옮긴이), 동물, 식물, 경주용 자동차, 음악, 예술 등 어느 분야인가? 아이가 관심을 보이는 분야의 책을 선정하는 것이 좋다. 실물을 사진으로 찍어 진열한 "만물백과"와 같은 책은 흥미진진한 정보와 사실들을 풍성하게 제공해 주기에 권장할 만하다고 나는 생각한다.

미국을 건국한 선조, 탐험가, 개척자들(데이비 크로켓, 다니엘 분, 루이스와 클락 원정대), 카우보이(와일드 빌 히콕, 버팔로 빌, 와이어트 어프), 탐험가(마젤란, 프란시스 드레이크 제독, 헤르난도 드 소토, 마르코 폴로, 헨리 허드슨, 크리스토퍼 콜럼버스, 리프 에릭슨), 그 이외에도 운동선수들의 이야기는 소년들에게 많은 긍정적 본보기를 제공해 줄 것이다. 소년들은 영웅을 갈망한다. 위인전기, 자서전, 영웅들의 이야기는 소년들에게 많은 업적을 이룬 사람들의 생애, 인품, 그리고 시대적 배경 등의 많은 정보를 제공해 준다. 나는 미국의 초기 개척자들인 키트 카슨(Kit Carson), 제임스 보이(James Bowie), 짐 토프(Jim Thorpe), 글렌 커닝햄(Glenn Cunningham), 잭 뎀프시(Jack Dempsey)의 전기를 아주 어렸을 적에 읽었는데, 아직도 잘 기억하고 있다. 그들이 겪은 고난, 극복한 난국, 성공에 이르기까지 경주한 노력, 도전을 뚫고 나간 용맹 등 많은 것들이 아직도 내 기억에 생생하다.

소설을 읽는 것도 좋지만 사실을 기술한 책도 많은 가치가 있다. 어떤 소년들은 자질구레한 사실을 아는데 심취하기도 한다. 그런 아이들이라면 기네스북(Guiness book)이나 세계연감(World

Almanac)같은 책을 좋아할 것이다.

그렇지만 어린아이들은 역시 소설을 선호하는 것 같다. 소설은 아이들의 상상력을 자극하고, 모험심을 일깨우며, 따르고 싶은 영웅들의 모습을 제공해 준다. 수천 수만 권의 양서가 있으나, 소년들을 위해 내가 추천하고 싶은 책은 윌슨 롤스가 지은 〈빨간 고사리가 자라는 곳〉(Where the Red Fern Grows), 스티븐 크레인이 지은 〈붉은 무공훈장〉(The Red Badge of Courage), 루드야드 키플링이 지은 〈정글북〉과 〈용감한 선장들〉, 루이스 스티븐슨이 지은 〈보물섬〉, 그리고 마크 트웨인의 〈허클베리핀의 모험〉, 본성을 찾아가는 에스키모개의 행로를 다룬 잭 런던의 〈야성의 소리〉(Call of the Wild), 잭 런던의 〈바다늑대〉(Sea Wolf), 존 로날드 로웰 톨킨의 〈호비트의 모험〉과 〈반지의 제왕〉, 다니엘 디포우의 〈로빈슨 크루소〉, 어니스트 헤밍웨이의 〈노인과 바다〉, 존 스타인벡의 〈분노의 포도〉, 윌리엄 골딩의 〈파리 대왕〉(The Lord of the Flies), 제임스 클라벨의 〈쇼군〉(Shogun), 헨리 라이더 해거드의 〈솔몬 왕의 동굴〉(King Solomon's Mines), 쥘 베른의 〈해저 2만리〉(Vingt Mille Heues Sous Les Mers), 클라이브 스테이플즈 루이스의 〈사자와 마녀와 옷장 – 나니아 나라 이야기〉(The Lion, the Witch and the Wardrobe), 알프레드 랜싱의 〈살아있는 한 우리는 절망하지 않는다〉(Endurance) 등이다 (위의 책들은 거의 다 한국말로 옮겨졌기에 실제로 출판된 책의 제목과 저자 명을 사용하였음, 옮긴이).

영웅은 어디로 사라졌는가?

미국 사회는 영웅을 열망하지만, 동시에 영웅을 끌어내려 무너뜨리는 사회이기도 하다. 그러한 사고방식으로 인하여 우리 사회는 영웅이 되기를 꺼리는 남성들을 많이 배출해냈다. 그 한 예로, 프로 야구 선수였던 찰스 베이클리는 "나는 누구의 본보기가 될 만한 인생을 살고 있는 존재가 아니다."라고 입버릇처럼 말한 것으로 유명하다. 폴 쯔와이히는 그의 저서 〈모험가: 서구 사회에서의 모험의 운명〉이라는 책에서 다음과 같이 역설하고 있다.

영웅이란 그 인품이 고양된 사람을 일컫는 단어로, 보통 사람보다 인성이 탁월하게 용감하고, 충성스럽고, 자원이 풍부하고, 카리스마를 가졌으며, 무엇보다도 이기심을 버린 그런 사람을 의미한다. 영웅은 고품격의 인물로, 바른 행위의 본보기를 보여주며, 사회의 가치를 수호하기 위해 자신의 목숨까지 바치는 충절을 보이고, 지역사회의 발전을 위해 개인의 사사로운 이득을 포기하는 그런 사람이다. 그런 의미에서 버질의 아이네아스(그리스 신화에 나오는 인물로 인키세스와 아프로디테사이에서 태어난 트로이의 용사, 옮긴이)는 영웅의 범주에 들어간다고 나는 생각한다. 그는 자신의 정열, 군인으로서의 기량, 그리고 그의 목숨까지 모든 것을 로마의 건립에 바쳤다. 그는 방랑의 고난을 이겨낸 인내와 국가에 충정이라는 덕목을 우리에게 보여준 전설적 인물이다. 천국을 향해 올라가는 길을 제시한 〈신곡〉을 저작한 단테도 역시 영웅 취급을 받을 만하다. 일차세계대전 때에 독일군과 전투한 요크 병장도 용감하고 담대한 성품을 가진 영웅이었다고 평가할 수 있다. 물론 다른 종류의 특출난 사람들도 있다... 그들은 물론 "충성심"이 대단한 자들도 아니고 선한 행실을 하는 사람들도 아니다. 정반대로, 그들은 평상적인 것과 다른 기이한 것을 하기에 걸출한 것처럼 보이는 이들이다. 그들에게 영웅이 소지한 성품인 지모(智謀)가 풍부함, 용맹스러움, 지혜로움은 부족하다. 그뿐만 아니라, 그들의 근본 태도는 무사(無私: selfless)도 아니다. 그러한 종류의 신종 영웅들은 세상 가운데 빼어난 자들이기는 하지만, 타의 모범이 될 만한 인물들은 아니다. 그들에 나타나는 현상은 주로 충천된 에너지이기는 하지만 의미심장한 일을 위한 기개는 아니다. 그런 사람들의 대표적인 예로 우리들은 현대 스포츠의 영웅이나 스크린에 등장하는 연예인들을 들 수 있을 것이다. 그들은 관객 앞에서의 연기와 흥행에 탐닉되어있는 자들이다. 그들은 우리 모두가 믿고 따를만한 인물들이 못된다. 이는 그들이 우리를 배신할 그런 파렴치한 인간들이기 때문이 아니라, 그들이 추구하는 바는 한 개인에게만 특유한(idiosyncratic: 개성에 관계된)것일 뿐이기 때문이다.

가면 갈수록 현대의 운동선수들이나 연예인들은 반영웅적이 되어간다. 성공한 운동선수들이나 연예인들은 돈과 명예와 찬사를 한 몸에 받고 만끽하고 있다. 그렇지만 그들에게 사회에 대한 책임의식이라는 것 같은 도덕성은 요구되지 않는다. 왜 그렇게 되었을까? 그 이유는 성장기에 제대로 된 영웅과 같은 역할 모델이 될만한 사람들과의 접촉이 없었기 때문일 것이다. 나는 최근에 1960년대에 미식축구 스타였던 짐 브라운이 텔레비전 인터뷰를 하는 장면을 본 적이 있다. 그는 현재 젊은 미식축구 선수들을 위해 일하고 있다. 집 브라운은 "우리 팀에 있는 선수들은 모두 다정다감한 사람들입니다. 그렇지만 대부분이 교육을 제대로 받지 못했고, 더군다나 아버지 없는 가정에서 자라난 사람들입니다. 그래서 그런지, 인생에 문제가 닥칠 때에는 어떻게 헤쳐 나가야하는지 잘 알지 못하는 것 같습니다"라고 말했다.

소년이나 청소년들에게는 참으로 영웅이나 역할 본보기(role model)가 절실히 필요하다. 그러나 분명한 사실은, 유명 가수나 배우 내지는 운동선수들은 진정한 의미에서의 영웅은(스타는) 아니다. 그렇지만 그들이 말하고 행동하는 것은 소년/소녀들의 삶에 그대로 각인(刻印)되고 본떠진다. 텔레비전이나 영화를 통해 유명해진 사람들은 아무런 책임의식도 못 느낀 채 자신이 하고 싶은 말은 아무 말이나 막하고 행동도 막나간다. 그러나 그들의 언행은 일거수일투족 모두 청소년들의 주목을 받고 있는 것이 현실이다. 오늘날 청소년들이 방황하는 이유가 바로 여기에 있다. 어른들이 특히 부모들이 자녀들에게 역할 본보기가 될만한 사람으로서의 권리와 책임을 지지 않고, 그 모든 것을 아무런 책임도지지 않는 싸구려 대중문화에 양도해 버렸기 때문이다.

당신의 자녀가 하나님께서 만드신 그 계획대로 훌륭한 성인으로 성장하려면 반드시 부모인 당신의 긍정적인 영향력이 필요하다. 당신의 자녀들은 당신의 시간, 지혜, 인생경험을 전수 받아야만 한다. 그러면 소년기를 거쳐 고결한 한 성인남성으로 전이해 가는 과

정을 성공리에 마칠 수 있게 될 것이다. 간단하게 말해서, 당신이
당신 자녀의 영웅이 될 필요가 있다는 말이다.

1 당신의 일생에 가장 큰 영향력을 끼친 역할 모델을 한번 생각해보아라. 당신의 아들에게 그 분들에 관한 이야기를 들려주며 그분들의 모범이나 귀감이 당신의 삶에 어떤 변화의 물결을 일으켰는지 자세히 설명해주어라.

2 당신의 아들이 읽거나 보았으면 하는 책이나 영화의 목록을 작성하라. 감동이나 영감을 준 서적이나 미디어물이 있는지 지인들에게도 물어보아라.

3 다른 남성 멘토들이 당신의 아들의 인생에 적극적으로 개입하도록 주선해 보아라. 이러한 질문도 던져보아라. 만일의 경우 당신이 아들의 삶에 더 이상 함께 할 수 없는 상황이 벌어진다면, 당신은 어떤 남성이 당신의 아들의 삶을 책임지기 원하는가?

4 당신이 다른 소년들의 멘토가 될 수 있는 길은 없는지 아내 그리고 가족원들과 함께 토의해보아라.

제12장

문화적 유산을 남김

- 활동계획
- 계속 배워라
- 아들을 위한 비전을 계발시켜라
- 기도
- 마감하는 생각들

> 아무리 머릿속으로 많은 계획들을 생각해도 소용없다. 오직
> 수립된 계획들을 집행하는 것만이 효과를 가져온다.
>
> 드와이트 아이젠하워

당신이 이 땅에 문화적(영적) 유산들은 남기고 갈 수 있느냐 하는 것은 당신이 가진 계획을 실천하느냐에 달려있다. 본을 보여준 성인 남성과 접촉해 본 경험이 없는 소년은 건전한 성인 남자로 성장하는데 지극한 어려움을 겪게 되어있다. 영화, 텔레비전, 그리고 문화가 그려내는 남자 영웅은 건전한 남성의 형상이 아니다. 그러므로 남자처럼 생각하고, 행동하고, 처신하려면 소년의 삶에 진짜 남자다운 성인 남성과의 접촉이 있어야만 한다. 그러므로 당신의 아들이 남길 영적 유산, 또한 당신이 후손에게 물려줄 영적 유산은 바로 당신이 얼마만큼 아들의 인생에 관여하느냐에 달려있다. 이

러한 종류의 책임을 이행하는 데에는 기획과 의도적인 개입이 필
요하다. 그렇지 않으면 자녀양육이, 적당히 더듬거리며 육감에 의
존하여 비행기를 조종하는 것처럼 될 것이기 때문이다.

죽어 가는 사람 중에, 더 많이 회사에서 일하지 못한 것을 억울
해하며 원통해할 사람은 거의 없다. 대부분의 사람들은 가족과 함
께 더 많은 시간을 가기 못한 것을 후회한다. 그렇기에 죽음의 병
상에 올라가기 전에 미리부터 가족과 함께 시간을 보내는 일이 중
요하다. 차세대에 영적 유산을 물려주는 일에 전력을 다하는 사람
은 운이 좋은 사람이다. 우리 시대는 유산이라면 무조건 돈만 생각
하는 시대이다. 그러나 진정한 의미에서의 유산은, 우리가 의미심
장하게 산 그 삶을 물려주는 것이다. 그러한 유산에는, 삶의 질이
고결하기에 오랫동안 사람들의 기억에 남을 만한 그런 인품, 타인
의 삶에 변화를 가져온 선행의 흔적 등이 포함된다.

나는 젊었을 적에 과일 통조림공장에서 일한 적이 있다. 내가
관리하던 공정은 저급의 사과와 배를 갈아 으깨서 곤죽을 만들고,
열을 가하여 쥬스를 뽑아내고, 증류한 후에, 과일의 "농축액'을 만
들어내는 것이었다. 그 농축 용액에는 다량의 냄새와 맛이 진하게
집합되어있다. 그 농축용액은 과일의 정수(essence: 본질, 진수, 핵
심, 근간)라 불린다. 그 정수를 향신료나 식품첨가물로 사용하면,
보기도 좋고 맛도 좋아 식품의 품질이 향상된다. 그런데 그 정수는
마치 인간의 영혼과 같다고 할 수 있다.

존 엘드리지는 "남성다움은 아버지가 아들에게 넘겨주는 정수
(essence)이다"라고 말한다. 이러한 남성다움의 진수는 소년으로

하여금 건전하고 고결한 남성이 되도록 해 준다. 만약에 그러한 것을 물려받지 못하면 겉모양은 남자처럼 자라나지만 그 속에는 진정한 남자의 본질, 또는 남자의 영혼이 없다.

소년에게는 이 세상이 어떻게 돌아가며, 그런 세상 가운데 고결한 삶을 살려면 어떻게 해야하는지 잘 지도해줄 성인 남자가 필요하다. 메릴랜드주의 포토맥에 위치한 남학생 고등학교의 교장을 지내다가 최근에 은퇴한 조셉 맥퍼슨이라는 사람은 소년들에게 세상의 견문을 넓혀주는 데는 성인 남자의 역할이 필수적이라고 주장한다. 크리스티나 호프 좀머스라는 작가는 "소년들을 대항한 전쟁"이라는 저서에서 맥퍼슨의 철학을 다음과 같이 대변하고 있다.

맥퍼슨에 따르면, 소년 교육의 목표는 단지 정보를 전달하거나 기술을 습득시키는 것 이상이라고 한다. 사실은 더 고매하고 바른 목표가 있는데, 그것은 "삶에 대한 고결한 비전을 심어주고, 그들의 삶을 통해 뭔가 위대한 일을 이루어낼 수 있다는 사명감을 고취시키는 것이다."라고 맥퍼슨은 말했다. 맥퍼슨에 따르면, 가장 큰 문제는 아이들을 교육할 때에 그런 고결한 목적을 추구하는 사람으로 키워가야 한다는 사람과 그렇지 않아도 된다는 사람으로 어른들의 의견이 갈라져있다는 점이라는 것이다. 그렇지만 맥퍼슨은 소년을 고결한 목적으로 인도하는 것의 중요성을 역설한다. 예를 들자면, 남자 교사는 소년들을 아이디어, 자연, 예술, 시, 그리고 음악의 세계로 인도할 수 있으며, 특히 소년들이 자신의 남성다움이 위태롭게 된다는 느낌을 받지 않고서도 많은 흥미로운 영역으로 자신들의 의식과 기술을 확장시켜나갈 수 있도록 손쉽게 도울 수 있다고 맥퍼슨은 설명한다.

만일 당신이 당신의 아들의 삶에 적극적으로 참여하지 않는다면, 누가 이러한 이념들을 그에게 전달해줄 것인가? 만일 당신이 당신의 아들의 삶에 적극적으로 참여하지 않는다면, 도대체 누가 당신의 아들에게 인격적인 자질을 형성시켜 줄 것인가? 만일 당신이 당신의 아들의 삶에 적극적으로 참여하지 않는다면, 누가 하나님께서 당신의 아들을 위해 미리 계획하신 많은 좋은 것들을 계발하여 꽃피우게 할 것인가? 만일 당신이 당신의 아들의 삶에 적극적으로 참여하지 않는다면, 누가 당신의 아들에게 삶   에 대한 고결한 비전을 심어주고, 그의 삶을 통해 뭔가 위대한 일을 이루어낼 수 있다는 사명감을 고취시켜줄 것인가? 이러한 사고를 열심히 그리고 신중하게 하는 아버지라면, 앞으로 오는 세대에 큰 영향력을 미칠 '남성의 리더십' 이라는 유산을 남길만한 인물이 될 것이다.

활동계획

목표의 성취라는 것은 거저 되는 것이 아니라는 것을 나는 오랫동안 관찰해오고 있다. "실패하기 위해 계획을 수립하는 경우는 없다. 오직 계획을 수립하는데 실패할 따름이다."라는 속담은 진리이다.

당신의 자녀는 어떤 가치관과 어떤 인격적 자질을 가져야하는지 한번 심사숙고해 보기 바란다. 그리고 나서 좋은 가치관의 정립을 돕기 위한 구체적인 방안들을 마련해 보아라. 특히 자녀가 어려움을 당할 것 같은 생활을 미리 계산해 가면서 앞서 계획을 세워보아라. 특정한 상황에서 어떻게 특정한 인격적 특질을 가르칠 지에 관해 미리 구상해 보아라. 그러면 자녀가 실제로 어려운 상황 안으로 들어갈 경우, 당신은 부모로서 어려운 상황을 배움의 기회로 반전시킬 수 있을 것이다. 그렇지 않으면 어려운 시기를 자녀가 통과해 나갈 때, 상황에 심히 흔들리며 인생을 허비하게 될지도 모른다. 그러므로 미리 가상의 상황을 설정해놓고, 그에 대한 보다 구체적이고 실질적인 대안을 미리 생각해 보는 것은 항상 도움이 된다.

예를 들자면, 내 아들이 일을 더 많이 하여 그의 수입이 점차로 늘자, 우리 부부는 아들에게 돈을 더 많이 부모에게 내놓으라고 권했다. 그래서 이제는 집세의 일부분, 자동차 할부금의 50퍼센트, 그리고 역시 자동차 보험의 50퍼센트를 아들이 지불하며, 자신의 자동차의 기름 값도 자신이 백퍼센트 부담하게되었다. 그리고 심지어는 가끔씩 아들로 자신의 돈으로 시장도 봐 오도록 하고 있다. 이는 그를 훈련시키기 위함인데, 일정한 수입을 가지고 다양한 재정지출을 관리하는 법을 가르쳐서, 나중에 독립했을 때에 빚지지 않고 부자로 살게 하기 위함이다.

당신의 계획을 종이에 적어볼 수도 있을 것이다. 기록되지 않은 목표들은 잊혀지기 쉽고 달성되는 경우도 드물다. 반사적으로 행동하기보다는 미리 준비된 주도면밀한 자세로 행동하는 것이 늘 바람직하다.

미리 계획을 세워라. 그러나 지나치게 계획에 집착하는 것은 금물이다. 필요하다면 언제나 수정하는 융통성도 보여야한다. 계획은 재평가되고, 적어도 일년에 한번 이상 정기적으로 재조정되는 것이 바람직하다. 자녀가 성장함에 따라 달성 목표와 구체적인 계획은 계속 변해야한다. 자녀가 성장함에 따라 부모가 자녀를 대하는 태도나 방법도 변해야한다. 예를 들자면, 아들이 7살 때에 잘 먹혀 들어갔던 방법은 17살이 되면 전혀 소용이 없어질 가능성이 높기 때문이다.

계속 배워라

부모도 계속 배워야한다. 그래야만 자녀에게 모범이 된다. 많은 남자들이 학교를 졸업함과 동시에 배움과도 결별한다. 그러나 배움을 그치는 순간 성장도 멈춘다. 자신이 먼저 배움의 모범을 보임으로, 배움은 일생 지속되어야 한다는 것을 자녀들에게 가르쳐라. 그렇게 연속으로 배우며 지혜와 지식을 쌓아 가는 사람은 인생으로부터 최대의 유익을 얻는 사람이다. 소설이건 논픽션이건 가리지 말고 가능한 독서를 많이 하여라. 다양한 종류의 주제를 가진 강연회에 참석해 보아라. 아니면 다시 성인학교에 등록하여 배울 수도 있을 것이다. 더 많이 배움에 투자하고 자신을 계발시킬수록 당신은 더 많은 것을 자녀들에게 공급해 줄 수 있는 사람이 된다.

나는 나이가 들수록, 아는 게 더 적어지는 것 같은 느낌을 받는다. 그렇지만 한가지 최근에 확실히 깨달은 것이 있다. 45세가 되어 스키를 처음 배우게 된다면 반드시 사우나에서 뭉친 근육을 풀지 않으면 안 되는 그런 상황에 직면하게 될 것이라는 사실이다. 그럼에도 불구하고, 나의 경우에, 내가 오늘날 이만큼이라도 된 것은 배움의 기회를 놓치지 않으려고 발버둥 쳤기 때문일 것이다. 나는 해이해지지 않기 위해 얼마나 노력했는지 모른다.

계속해서 배우며 지혜를 축적하려면 가르침을 잘 받아들이는 자세를 유지해야한다. 학습할 의지를 잃은 사람은 인생의 벽에 부닥칠 운명에 처하게 될 것이다. 전혀 인생을 배울 의도가 없었던 한 사람을 여기에 소개한다. 그는 구약성경에 나오는 삼손이라는 인물이다. 존 맥스웰은 삼손을 이렇게 평가하였다.

삼손은 자기 중심적이고, 수련이 부족하고, 너무 젠체하였기에 학습능력이 저하되었다. 인생의 배우는 학습능력의 저하로 인하여 그 재간이 많은 삼손이 쓸모 없는(ineffective:무능한, 무력한, 무익한) 리더로 추락하게 되었다... 문제에 직면했을 때마다 삼손은 그의 인격적인 결함을 고치는 배움의 길로는 들어가기는커녕 도리어 폭력적인 반동만을 보였다.

아버지로서 우리의 역할은 가정의 리더요 교사로 활동하는 것이다. 그러나 학습능력이 저하되고 배움을 중단하는 순간부터 우리들의 그런 자격은 상실된다.

아들을 위한 비전을 계발시켜라

비전(vision: 꿈을 그리는 것, 미래상)은 남자로 남자답게 한다.

가정을 위한 이상을 품은 남자는 인생의 큰 그림을 볼 줄 아는 능력을 소유한 사람이다. 그러나 많은 남자들이 비전을 허투루 쓰거나 함부로 생각해버린다. 그러면서 왜 가정의 초점이 어긋나는지 의아해한다. 하나님은 가정의 가장에게 지평선 넘어 먼 미래를 바라보는 눈을 허락하신다.

당신의 아들을 위한 비전을 발견하라. 아들에게 항상 드높은 이상을 주지시켜라. 좁은 길로 가기 힘들기에 많은 이들이 편안하고 넓은 길로 걸어간다. 그러나 쉬운 것이 가장 좋은 것은 아니다. 당신의 아들은, 어렵더라도, 비전에 의해 형성된 인물이 되어야한다. 모든 사람에게는 힘써 추구할 높은 이상과 목표가 있어야하고, 그것에 도달하고자하는 열망과 동기부여도 있어야한다. 비전에 관해 아들과 대화를 나누어 보아라. 그래야만 부모와 사회가 그에게 거는 기대가 무엇인지 아들이 정확하게 알 수 있게 된다. 부모나 사회가 그에게 거는 기대가 무엇인지 모르는 아이들은 높은 이상을 추구하지도 않고 많은 것을 성취하지도 못한다.

아들이 어느 정도 알아들을 수 있는 나이에 도달하게 되면, 아들과 나란히 앉아서 "마음의 대화"를 나누어보는 것도 좋을 것이다. 마음을 터놓고 이야기하면서 과연 진정한 남자가 되는 길이 무엇인지 토론하고 그 내용을 종이에 적어보도록 하여라. 그렇게 친밀한 인간관계를 가지다보면 아버지로서의 역할이 권위주의적인 것에서 조언을 주는 것으로 바뀌게 되는 걸 경험하게 될 것이다. 그뿐만 아니라, 인생의 중대한 문제에 관해 아들이 정확한 답을 알고 있는지도 새삼 확인하는 기회가 될 것이다. 당신은 남자가 되는 것이 무엇을 의미하는지에 관해 당신의 아들과 허심탄회한 대화를 나눈 적이 있는가? 남성만이 가지는 특징은 무엇인지에 대해 대화를 나눈 적이 있는가? 남자의 주된 임무는 가족을 부양하고 그들을 잘 돌보는 일이라는 점을 강조하여 말한 적이 있는가? 오늘날 많은 젊은 남자들이 잘못 생각하는 것이 한가지 있다. 그것은 인생에 성공한다는 것이 멋진 옷을 입고, 비싼 자동차를 타고, 고급 주택에서 살면서, 아리따운 여자를 애인으로 사귀는 것이라고 생각하는 것이다.

스투 웨버에 따르면, 현대의 남성들은 "적대적인 땅에 녹슨 칼을 빼들고 서 있는 무사"와도 같다는 것이다. 그는 이렇게 덧붙인다. "현대의 남성. 그들은 여러 면에서 거세당한 사람들이다. 많은 현대의 남성들이 남자다움이라는 하나님의 계획에 부합되는 삶을 살지 못한다. 남자다움이라는 개념에 뭔가 심각한 변화가 온 것임에 틀림이 없다. 뭔가가 남성의 심장을 찔렀고 그 결과 남성은 더 이상 남성답지 않게 되었다."

도대체 무엇이 남성의 심장을 찔렀으며, 그 결과 남성됨이라는 비전에 금이 가게 하였을까? 그 원인은 자녀양육에 있다. 이는 어제오늘의 일이 아니다. 이미 지난 수세대동안 아들들이 아버지의 가르침을 받지 못하고 자라난 소치이다. 미국의 아버지들은 지난 수십 년 동안 남성과 아버지에 대한 긍정적인 모델로서의 역할을 제대로 감당해 오지 못하고 있다. 당신의 아들은 아버지의 됨됨이와 남자의 됨됨이에 관한 확실한 비전을 가질 필요가 있다. 그렇지 않으면 스투 웨버가 말한 대로, 칼자루는 쥘 것이나 녹 쓸어 아무

쓸모 없는 칼을 쥐고 있을 것이다.

두말할 필요도 없이, 이 세상에 아들에게 올바른 인성과 품격을 심어줄 사람이 아버지 말고 그 누가 있다는 말인가? 아들의 성품의 고결함과 덕행의 비전은 모두 아버지가 감당해야 할 몫이다. 란돈의 이름난 남자 사립학교 교장인 데이몬 브래들리는 남자됨과 미덕의 관계에 대한 고전적인 이해를 다음과 같이 요약했다.

> 나의 라틴어 선생님은 라틴어에서 남자를 가리키는 단어인 〈vir〉와 미덕이라는 단어인 〈virtute〉 사이의 연관성에 관해 우리에게 설명해준 적이 있다. 그 선생님은 미덕이라는 단어가 남자라는 단어를 그 어근으로 사용하고 있다고 했다. 다른 말로 하자면, 미덕이라는 라틴어는 사실은 남자다움이라는 말로, 남자의 인품을 지칭하는 단어라는 것이다. 고대사회, 특히 로마 사회에서는 남자다움이 그의 능력에 의해 평가되지 않고 주로 그 사람의 인품에 의해 결정되었다고 했다.

우리 시대는 덕목을 갖춘 리더와 비전을 가진 남자들을 요구한다. 이는 잠언 29:18의 말씀인 "비전이 없는 백성은 망한다."(저자의 번역)와도 같다.

온 가족을 이끈다는 것은, 가족 구성원들의 잠재능력을 개발하여 최대한의 가능성에 도달할 수 있게 도와주는 것을 포함한다. 그런데 아들의 인생을 책임지고 있는 아버지에게 아들에 대한 꿈이 없다면 그 가정은 파멸할 수도 있다. 당장 눈앞의 이득만 챙기는 발빠름보다는 장기간의 계획을 수립하여 그 목표를 향해 전진하는 지혜가 결국은 큰 성공을 거두는 비결이다. 그렇기에 남자의 임무 중에 하나는 인생의 큰 그림을 보고 그것을 가족원들에게 제시하는 일이다. 가정의 가장은 앞으로 일어날 일들을 예견하기도 하고 또한 경고하기도 한다. 그렇게만 되면, 가정이 아무리 긴박한 애환에 부닥쳐도 아버지는 허둥대지 않고 단호하게 대처할 수 있다.

기도

아들을 위해 할 중요한 일 중에 하나는 아들을 위해 매일 기도하는 것이다. 우주에서 가장 강력한 도구는 기도이다. 왜냐하면 하나님은 우주의 궁극적인 아버지이기 때문이다. 하나님 아버지의 말씀을 신실하게 읽으며 그 분께 기도 드려라. 그러면서 다른 경건한 남자들과 사귐을 가지면, 그 모든 것을 통해, 당신이 하나님 아버지를 닮은 그런 아버지가 되도록 변화시켜주실 것이다. 좋은 남편, 좋은 아버지, 좋은 남자가 되기 위해 필요한 모든 것이 성경 안에 들어있다.

아브라함이 그의 아들 이삭을 드림같이 당신의 아들을 하나님께 바쳐보아라. 물론 나는 당신의 아들을 죽이라는 말을 하고자 함은 아니다. 나의 의도는 하나님께 대한 그런 궁극적인 헌신을 언급코자 함이다. '아들을 잘 키우고자함은 오직 하나님께 영광을 돌리기 위함' 이라는 기도를 자주 드려라. 그리고 하나님이 만드신 당신의 아들이, 하나님이 의도하신 운명대로, 하나님이 주신 모든 가능성을 최대한으로 발휘하도록 기도드려라. 당신의 아들은 하나님의 자녀

이다. 그리고 당신에게는 그 하나님의 자녀를 돌보는 자(caretaker)
와 선도자(先導者: mentor)로서의 지위가 주어진 것을 인정하라.

그런 역할을 제대로 감당할 수 있는 지혜를 갈구하는 기도를 매
일 드려라. 잠언 3:13에는 "지혜를 찾는 사람은 복이 있고, 명철을
얻는 사람은 복이 있다."는 말씀이 기록되어있다. 지혜를 구하는
기도를 내가 일생동안 몇 번이나 드렸는지 정확하게 셀 수는 없으
나, 자주 드린 것은 확실하다. 나는 기독교인이 된 이래 자녀를 위
한 기도를 빼먹은 날이 단 하루도 없을 정도다.

하나님을 예배하고 하나님께 기도를 올리는 주된 목적은 본인
자신의 운명을 개척하기 위함뿐만이 아니다. 남자는 가정을 구원
하도록 부름을 받고 있다. 하나님은 가장 가까이 있는 자들을 구원
하는 일에 늘 모든 신자들을 부르신다.

(인천상륙작전을 성공리에 성사시킨, 옮긴이) 맥아더 장군의 말
을 들어보자.

나는 직업 군인이다. 나는 내 직업에 대한 자부심이 대단한
사람이다. 그러나 아버지로서의 자부심은 더욱 크다. 군인은 재
건하기 위해 파괴시킨다. 그러나 아버지는 세우기만하지 무너트
리지는 않는다. 군대의 일은 죽음이 동반되는 일이지만, 아버지
로서의 일은 창조와 생명의 일이다. 물론 떼죽음을 불러오는 전
쟁은 무시무시한 힘을 발휘한다. 그러나 사람을 키워내는 가정
의 자녀양육에는 더 큰 힘이 내재한다. 나의 소망은, 내가 죽은
후에 나의 아들이 전쟁의 용사로서가 아니라 그와 함께 가정에서
"하늘에 계신 우리 아버지여, 이름이 거룩히 여김을 받으시오
며..."를 반복해서 기도했던 사람으로 나를 기억해 주는 것이다.

당신의 아들을 위해 매일 아내와 함께 기도를 드려라. 반드시 기억해야만 하는 사실은 아내가 항상 귀한 영적 자원이라는 것이다. 자녀를 영적으로 키우는 일에 있어서 아내와 팀을 이룬다는 것은 참으로 효율적이다. 자녀양육이라는 분야에 부부가 합심하면, 자녀를 위하여 효과적으로 중보의 기도를 드릴 수 있다. 이는 자녀에게 모범을 보여주는 기회가 되기도 하고, 심지어는 부부사이를 좋게 만드는 계기가 되기도 한다. 물론 아내를 위해 기도하는 것도 잊지 말라. 당신의 자녀양육 팀에 훌륭한 일원이 되도록 아내를 위하여 기도하고, 특히 아내가 자녀와 건전한 관계를 형성하도록 위하여 기도를 드려라.

아들의 장래를 위해 기도드려라 – 당신의 아들이 이끌어 갈 사람들을 위하여, 당신의 아들이 감동으로 어루만져줄 사람들을 위하여, 그리고 당신의 아들이 키워낼 당신의 손자를 위하여, 일생 아들을 위해 기도하기를 쉬지 말라! 기도하는 아버지의 영향력은 과대평가 해도 지나치지 않다. 야고보서 5:16은 "의인의 기도는 역사하는 힘이 많으니라"라고 말씀하신다. 당신과 당신의 자녀를 역사에 남는 인물이 되게 하기 위하여 기도의 힘을 사용하라.

마감하는 생각들

이 책을 마감하면서, 아들을 고결한 인물로 키워내는 것에 관하여 마지막 충고를 남기고 싶다. 당신의 아들에게 사랑한다고 말하고 당신의 아들에게 자랑스럽다고 말하라. 그리고 아들과 함께 시간을 보내고, 아들을 위해 기도하며, 아들의 엄마를 사랑하라. 이것이 내가 줄 수 있는 최상의 조언이다.

고든 맥도날드라는 사람이 아들을 키우는 아버지들에게 바치는 시를 인용하는 것이 이 책을 마감하는 가장 좋은 방법인 것 같다. 이 시는 아들이 아버지에게 진정으로 하고 싶었던 말이었으나 오랫동안 꾹 참았던 말들을 결국 쏟아낸 것이다. 이 시가 보여주는 그 지혜를 가슴 깊숙이 새기며, 당신의 아들도, 당신이 어렸을 적에 가졌던 것과 동일한 꿈과 두려움을 가지고 지금 자라나고 있다는 점을 기억해 주기 바란다.

남자는 무슨 생각을 하며 사는가

오 나의 아버지,
왜 아버지는 자신의 진정한 마음의 문을 열지 않으셨나요?
저는 그런 순간을 많이 기대했었습니다.
아버지께서 연약함을 드러내셨어도 나는 실망하지 않았을
것입니다.
아버지, 서러움으로 밤에 혼자 운 적도 있다고 왜 진작에
말씀하지 않으셨나요?
아버지는 더 친밀한 관계를 맺고 싶으셨고, 두려워하셨고,
욕심으로 불타올랐고, 하나님의 존재를 가끔 의심했고,
실패에 대한 두려움으로 망설였고,
인생에 대한 모든 해답을 알지 못했다는 사실을
왜 내게 보여주지 않으셨나요?

간혹 일상생활의 "덫"과도 같은 의무감에서 자유로워져
무턱대고 아무렇게나 마구잡이로 살고 싶은 적도 있으셨지요?
오, 나의 아버지, 내가 그토록 원했던 것,
마음 문을 열고 진실을 보여주시는 것을 왜 하지 않으셨나요?
이 세상에서 평범한 삶을 살아도 괜찮은데
왜 나에게 오직 아버지의 완벽한 모습만 보여주셨나요?
왜 아버지는 가끔 실수도 저질렀고,
가장으로서의 역할에 실패하여 어려움을 겪은 적도 있다는
말씀을 나에게 안 해 주셨나요?
아버지는 당신의 아들인 나를 그릇되게 평가하셔서,
내가 비렁뱅이나 부랑아가 될지도 모른다고 생각하시지는
않았나요?
아버지는 순간 잘못 판단하여 친구를 배신한 적도 있고,
엉뚱한 사람을 대통령으로 찍었으며,
돈이 더 많았으면 하는 헛된 바램도 가져보면서
자신도 모르는 꿈을 꾸지는 않으셨나요?
오, 나의 아버지, 아버지는 내가 진실을 원할 때에 왜 내게
진정한 것들을 보여주지 않으셨나요?
때론 너무 중압감이 심해서 어디론가 도망쳐버리고
싶은 적도 있었고,
사람들이 실망시킬 때에 낙담으로 세상이 꺼지는 것처럼 느꼈고,
심지어는 일이 잘 안 풀려서 하나님께 화를 낸 적도 있었고,
할아버지가 이해해주지 않아 너무 슬펐고,
고독의 괴로움에 몸부림치며 친구를 갈망했고,
진정한 남자다움의 문제로 고민한 적도 있다는 것을
왜 내게 말씀해 주지 않으셨나요?

나의 사랑하는 아버지, 내가 그토록 원하는 것,
마음의 문을 활짝 열고 나와 진실한 대화를 나누는 것을
왜 하지 않으셨는지요?
아버지는 왜 이 세상에 존재하지도 않는 만화 같은 자신의
모습만 보여주셨나요?
그런 모습은 아버지 안에도 내 안에도 어디에도 없습니다.
아버지, 나는 가식이나 형식을 벗어버린 진정한 인간의 모습을
그토록 갈망했습니다.
흔들리고, 넘어지고, 실패하고, 울고, 다시 일어서고 하면서
살아가는 그런 모습 말입니다.
아버지, 남자가 되는 길은 그저 평범하고 순수하지만,
열심히 살아야만 하는 길임을 왜 내게 솔직히 말씀해 주지
않으셨나요?

고든 맥도날드

위의 솔직한 불만의 표출은 참으로 그 시사하는 바가 크지 않은 가? 당신의 아들이 위와 같은 감정을 가지고 일생을 살아가지 않도록 해 주어야하지 않겠나? 그러므로 당신의 아들에게 현실적인 아버지가 되기를 부탁한다. 당신의 아들이 "언제나 솔직 담백하게 늘 자신을 보여주셔서 나로 큰 감동을 받게 하신 우리 아버지, 감사합니다."와 같은 글을 쓸 수 있도록 마음의 문을 아들에게 열어 보여라. 지금부터 당장 훌륭한 아버지가 되고자 부지런을 떨어보아라. 열심히 살다보면 반드시 열매를 거두는 날이 올 것이다.

행운이 깃 들기를 바라고, 좋은 아버지 노릇을 하기 바라며, 무엇보다 하나님의 축복과 가호가 함께 하기를 빈다.

참고문헌

스티븐 아터번과 프레드 스토커, 《〈모든 남자의 참을 수 없는 유혹〉》(Every Man's Battle), 좋은씨앗

스티브 파라, 《〈영적 리더십을 발휘하는 아빠〉》(Point Man), IVP(한국기독학생회출판부)

존 엘드리지, 《〈마음의 회복〉》(Wild at Heart), 좋은씨앗

켄트 휴즈, 《〈남성의 경건 훈련〉》(Disciplines of a Godly Man), 생명의 말씀사

로버트 루이스, 《〈아들은 어떻게 남자로 자라는가〉》(Raising a Modern-Day Knight), 복있는 사람

패트릭 몰리와 데이비드 델크, 《〈거울 속의 아버지〉》(The Dad in the Mirror), 사랑플러스

패트릭 몰리, 《〈거울 속의 남자 : 현대 남성의 자화상〉》(The Man in the Mirror), (주) 아가페 출판사

스투 웨버, 《〈남자들이여 부드러운 전사가 되라 – 진정한 남자의 리더십〉》(Tender Warrior), 미션월드

게리 스몰리와 존 트랜트, 《〈가정을 세우는 아버지의 힘〉》(The hidden value of a man), 요단출판사

래리 크랩, 《〈영적 가면을 벗어라〉》(inside Out), 나침반출판사

데니스 와 바바라 레이니, 《〈부부가 함께 하는 순간〉》(Moments Together For Couples), 서로사랑

고든 맥도날드, 《〈남자는 무슨 생각을 하며 사는가〉》(When Men Think Private Thoughts), IVP(한국기독학생회출판부)

고든 맥도날드, 《〈좋은 아빠가 되기〉》(The Effective Father), 비전북출판사